国家自然科学基金资助项目（项目编号：70440004）
河南省科技攻关资助项目（项目编号：142102310141）

经济增长的国际比较
共协理论方法

International Comparison of Economic Growth
The Synergy Theory

刘建华 姜照华◎著

科学出版社
北 京

内 容 简 介

本书通过对经济增长理论的发展脉络进行系统梳理和分析，构建了新的经济增长理论和测算方法——共协理论方法，据此对中国等 15 个国家的经济增长进行实证研究，建立起经济增长与固定资本存量增长、固定资产投资增长、科技进步、人力资本素质提高、劳动力增长、制度创新、经济环境外部性等直接决定因素的新的实证模型。对相关国家经济增长因素进行分析，对新理论进行检验，并对中国实施的创新驱动的经济中高速增长实践提出对策建议。

本书可供广大科技与经济管理人员、研究人员使用，也可作为高等院校有关专业研究生、高年级本科生的教材或参考书。

图书在版编目（CIP）数据

经济增长的国际比较：共协理论方法 / 刘建华，姜照华著. —北京：科学出版社，2018.1
ISBN 978-7-03-055494-9

Ⅰ. ①经⋯　Ⅱ. ①刘⋯ ②姜⋯　Ⅲ. ①经济增长-对比研究-世界　Ⅳ. ①F113.4

中国版本图书馆 CIP 数据核字（2017）第 281839 号

责任编辑：孙　宇　杨婵娟 / 责任校对：何艳萍
责任印制：张欣秀 / 封面设计：有道文化
编辑部电话：010-64035853
E-mail：houjunlin@mail.sciencep.com

科学出版社 出版
北京东黄城根北街 16 号
邮政编码：100717
http://www.sciencep.com

北京凌奇印刷有限责任公司 印刷
科学出版社发行　各地新华书店经销
*

2018 年 1 月第 一 版　开本：B5（720×1000）
2020 年 1 月第三次印刷　印张：15 1/4
字数：300 000
定价：78.00 元
（如有印装质量问题，我社负责调换）

前言

纵观人类过去几千年的文明发展历程，平均每年2%以上的经济增长率主要出现在近200多年来，且主要集中在一些西方发达国家（如英国、法国、德国、美国等）。在此之前，各国经济通常以很低的增长率缓慢地发展着。而中国自改革开放以来的高增长则堪称人类经济发展史上的奇迹。

对于如何解释经济增长，或者定量地分析经济增长？在经济学领域，从亚当·斯密和大卫·李嘉图的古典经济增长理论时代就开始了，他们提出了古典的劳动价值论；马克思的资本论和劳动价值论则开了定量分析经济增长的先河；而后，凯恩斯提出了国民经济运行的四部门理论，哈罗德和多马在此理论基础上建立起资本决定论的经济增长模型；作为新古典经济增长理论的代表人物，索洛则在凯恩斯的四部门理论基础上，强调科技进步的作用，虽然科技进步在他那里只是一项"剩余"；这样，到了20世纪80年代，以阿罗、谢辛斯基、罗默、卢卡斯、熊彼特等为代表的新增长理论开始成为主流，这些理论总体上都强调创新在经济增长中的作用，而弱化了资本的作用，因此产生了很大争论。例如乔根森的经济增长理论就是倾向于资本决定论的。另外，科斯和诺斯的新制度经济学理论与方法也被引入对经济增长问题的研究中来。

当前的国际学术界，有着各种各样的"生产函数"和经济增长模型，学者们多从自己的视角和某种理论基础出发，研究经济增长问题。本书主要从共协理论的角度研究多个国家的经济增长源泉问题，是笔者多年研究、探索的结果。就理论基础、建立的经济增长模型和对十几个国家的实证测算结果而言，共协理论既不倾向于资本决定论也不倾向于创新决定论，而倾向于物质资本、人力资本、科技、制度、劳动力以及经济环境外部性共同决定经济增长。当然，不同时期、不同国家，这些因素在经济增长中的贡献率是不同的。例如，自1982年以来，美国技术创新（科技进步）、人力资本创新（人均受教育年限的提高）以及制度创新的贡献率之和超过60%，因而属于创新驱动；而在1978~2000年，资本（固定资本存量和固定资产投资）对中国经济增长的贡献率为53%，而在2001~2012年，资本在经济增长中的贡献率更是高达78%。

对于上述问题，学者做出了大量卓有成效的研究，本书正是在此基础上所做出的一些研究探索。对于书中可能存在的缺点和不当之处恳请各位专家学者批评指正。

本书是两位作者与众多学生多年来通力合作的成果，李伟、潘宋、蒲俊敏、孟战、王贤文、杨名、姜朝妮、马瑞俊迪、王明照、徐国泉等以研究生身份参加了本书的研究和写作，嵩山智库秘书长陈中武先生对本书也提出了建设性意见，在此表示感谢！

感谢郑州大学、大连理工大学有关领导和师生的指导与帮助！感谢科学出版社为本书的顺利出版所作出的大量、辛苦的工作！

目录

前言 /i

1 绪论 /001

1.1 问题的提出 /001
1.2 关于经济增长的国内外文献综述 /002
1.2.1 哈罗德-多马模型 /002
1.2.2 索洛-斯旺模型与生产函数法 /003
1.2.3 新增长理论 /010
1.3 制度创新与经济增长关系的研究 /016
1.3.1 国外关于制度变迁与经济增长关系的研究 /016
1.3.2 国内关于制度创新与经济增长关系的研究 /018
1.4 经济增长理论演变的知识图谱分析 /022
1.4.1 主要代表人物及其重要作品 /022
1.4.2 经济增长理论的发展脉络 /023
1.5 经济增长模型的包容式演化 /024
1.5.1 科学理论的演化类型 /024
1.5.2 经济增长模型的包容式演化轨迹 /027
1.6 本书的研究方法与创新之处 /030
1.6.1 研究方法 /030
1.6.2 创新之处 /031

2 经济增长的共协理论 /033

2.1 经济增长的决定因素 /034
2.1.1 经济增长的多种决定因素 /034
2.1.2 制度创新的作用 /037

2.1.3 经济环境外部性 /040
2.2 共协理论 /043
2.2.1 创新与投资的共协关系 /043
2.2.2 共协的含义 /045
2.2.3 共协的基础 /046
2.3 新的经济增长模型 /047
2.3.1 收益分解方法 /047
2.3.2 经济增长率分解 /050
2.3.3 各因素对经济增长贡献率测算的步骤 /051
2.4 经济学的三个假设与内生增长问题 /053
2.4.1 当代经济学的三个假设 /053
2.4.2 从共协理论角度看经济学的三个假设 /054
2.4.3 内生增长问题 /057
2.5 小结 /058

3 制度创新在经济增长中贡献率的测算与实证分析 /059
3.1 DEA 方法 /059
3.1.1 C^2R 模型 /059
3.1.2 制度创新对经济增长贡献率的测算公式 /061
3.2 制度创新对经济增长的促进作用：以英国为例 /063
3.2.1 撒切尔政府的改革 /064
3.2.2 布莱尔政府"第三条道路"的改革 /068
3.3 制度创新的层次与类型 /069
3.3.1 制度的层次 /069
3.3.2 制度创新的类型 /070
3.4 生产要素资源配置效率周期与经济周期的关系 /073
3.4.1 经济周期理论概述 /073
3.4.2 制度创新周期理论 /078
3.4.3 生产要素资源配置效率周期与经济周期之间关系的计量经济学检验 /079
3.5 小结 /081

4 科技进步与人力资本在经济增长中贡献率的测算 /082

4.1 科技进步在经济增长中贡献率的测算：以韩国为例 /082
4.1.1 劳动报酬函数模型 /082
4.1.2 投资价值函数模型 /084
4.1.3 总体模型 /084
4.1.4 科技进步在经济增长中贡献率的测算公式 /085
4.1.5 对韩国的测算结果及分析 /085

4.2 人力资本创新在经济增长中贡献率的测算 /087
4.2.1 人力资本创新在经济增长中贡献率的测算方法 /087
4.2.2 人力资本创新在经济增长中贡献率的测算公式 /088

4.3 研究开发经费时间序列数据的选择问题 /089
4.3.1 数据选择时的几点考虑 /089
4.3.2 研究开发经费时间序列数据的自相关 /089

4.4 经济增长模型的检验问题 /091
4.5 小结 /092

5 对美国等典型国家经济增长因素的分析 /093

5.1 100多年来美国经济增长与转型分析 /093
5.1.1 关于经济增长因素分析的相关研究 /093
5.1.2 对100年来美国经济增长的测算 /095
5.1.3 创新型国家与美国发展方式的转型 /099

5.2 对日本经济的测算及分析 /100
5.2.1 日本经济增长模型 /100
5.2.2 20世纪90年代以来日本经济衰退的原因分析 /104

5.3 对德国经济增长因素的分析 /107
5.3.1 德国经济发展的相关研究 /107
5.3.2 德国的"经济奇迹"与衰退 /108
5.3.3 固定资产投资下降与德国经济的缓慢增长 /110
5.3.4 德国国内投资增长缓慢的原因分析 /112

5.4 对新加坡经济增长因素的分析 /117
5.4.1 新加坡经济增长的相关研究 /117

	5.4.2	新加坡经济增长的动力分析	/119
	5.4.3	资本-创新双驱动型的经济增长方式	/120
	5.4.4	推动创新与转型的政策	/123

6 中国经济增长因素测算与创新驱动——转型分析 /124

6.1	关于中国经济增长的研究	/124
6.2	关于制度创新对中国经济增长贡献率的研究	/126
6.3	1953~1976年经济增长模型及其因素分析	/129
	6.3.1 经济增长模型	/129
	6.3.2 经济增长因素分析	/130
6.4	1977~2012年经济增长模型与核算	/131
	6.4.1 经济增长模型的构建	/131
	6.4.2 经济增长因素分析	/132
	6.4.3 对测算结果的讨论	/133
	6.4.4 对1978年以来中国制度创新对经济增长贡献率的评价和解释	/134
6.5	中国经济创新驱动与增长方式转型的分析设计	/135
	6.5.1 经济增长中存在的主要问题	/135
	6.5.2 2015~2020年中国经济持续增长与转型的优化设计方法	/136
	6.5.3 对2020年中国的优化设计	/138
	6.5.4 对能耗和污染物排放量的预测分析	/141
6.6	结论	/145

7 研究结论 /147

参考文献 /152

附录1 中国经济增长数据和模型 /164

附录2 美国经济增长数据和模型 /170

附录3 英国经济增长数据和模型 /178

附录4 韩国经济增长数据和模型 /183

附录5 法国经济增长数据和模型 /188

附录 6	德国经济增长数据和模型	/192
附录 7	加拿大经济增长数据和模型	/195
附录 8	日本经济增长数据和模型	/199
附录 9	澳大利亚经济增长数据和模型	/204
附录 10	新加坡经济增长数据和模型	/208
附录 11	新西兰经济增长数据和模型	/212
附录 12	意大利经济增长数据和模型	/216
附录 13	爱尔兰经济增长数据和模型	/220
附录 14	瑞典经济增长数据和模型	/224
附录 15	芬兰经济增长数据和模型	/228

1 绪 论

1.1 问题的提出

"新增长理论"是 20 世纪 80 年代以来经济增长理论研究的热点,但已有许多经验证据对"新增长理论"提出了质疑。早在 1992 年,曼昆、罗默和魏尔(1992)就指出,具有外生技术进步和资本边际报酬递减的索洛-斯旺新古典模型能够解释人均产出的大部分跨国差异,而新增长理论却做不到这一点;强调技术创新及研发的内生增长理论的新熊彼特模型受到的攻击尤为严重。由乔根森等(1989)所进行的增长核算分析认为,相较于资本积累而言,技术进步并非经济增长的主要源头;根据琼斯(1995b)的观点,第二次世界大战后"研发支出巨幅增加,但生产率上升却不加快"驳斥了新熊彼特增长理论,而支持人口增长率是长期经济增长率的唯一决定因素的观点(J. Gaspar et al.,2014)。由此看来,经济增长理论需要新的发展和突破(K. Hosoya,2012),需要从新的理论角度、采用新的方法研究经济增长问题(刘则渊,1998)。为此,本书在分析国内外学者对中国经济增长研究状况的基础上,以经济增长的共协理论为基础,构建包括科技进步、人力资本等因素在内的新的经济增长模型。

从实践来看,中国迫切需要转变经济发展方式。目前中国经济中高速增长主要是靠投资驱动,以高物耗率、高能耗率、高地耗率、高水耗率等高消耗率为特征的粗放型增长方式,不仅面临着日趋严峻的能源和资源短缺、环境压力等问题,而且也不可能长期维持较高的经济增长率。因此,中国经济迫切需要转型,这就要求从新的经济增长理论出发,结合中国实际进行实证研究,找到中国经济转型的科学途径。

针对上述理论与实践问题,需要探索新的经济增长理论,以建立起经济增长与固定资本存量增长、固定资产投资增长、科技进步、人力资本素质提高、劳动力增长、制度创新、经济环境外部性等的新的关系模型；并对中国等国家的经济增长进行实证研究，在有关数据的支持下，建立起它们的经济增长实证模型，对其经济增长因素进行分析，以此对新理论做出检验，从而对中国经济转型[①]实践进行指导。

建立新的经济增长模型，首先需要对原有模型存在的问题进行分析。因而本章的研究，旨在从理论上对经济增长理论的发展脉络做出新的梳理，并对其存在的问题进行分析。

1.2 关于经济增长的国内外文献综述

现代经济学家关于经济增长的理论起源于凯恩斯（J.M. Keynes）的《就业、利息和货币通论》一书，在此基础上建立了以哈罗德-多马模型为代表的第一代经济增长模型，以及以索洛-斯旺模型为代表的第二代经济增长模型[②]。目前的主流则是以罗默和卢卡斯为代表的新增长理论模型，即第三代经济增长模型。

1.2.1 哈罗德-多马模型

对科学、技术、知识、信息和创新等在经济增长中作用的研究可以追溯到英国古典经济学的奠基人亚当·斯密（1972），他在其代表作《国富论》中就对科学技术在生产中的作用给予了高度的肯定。斯密将分工的发展作为研究问题的切入点，指出生产专业化便于科学技术在生产中的应用，由此可以大幅提高劳动生产率。

受英国古典经济学的影响，马克思（1978）更是高度重视科学技术在经济增长中的作用，认为科学技术的发展不断提高生产力从而在经济增长中起到十分重要的作用。马克思把科学技术的高度发展看作所有形式社会进步的原动力。

古典经济学还不能提出一个完整的经济增长理论模型。完整的经济增长理论模型是20世纪四五十年代在动态化发展凯恩斯宏观经济理论的过程中被建立起来的，其中最主要的经典模型就是英国经济学家哈罗德（Harrod）和美国经济学

---

① 中国提出从投资驱动转型为创新驱动，那么此背景下如何衡量创新对经济的作用就成为一个必须研究透彻的问题。

② 哈罗德-多马模型和索洛-斯旺模型的基本假设是凯恩斯的两部门均衡模型，即投资=储蓄，在此基础上推导出经济增长模型。

家多马（Domar）各自独立提出的模型。哈罗德（1981）和多马（1983）试图在凯恩斯的分析中整合进经济增长的因素。

经济增长理论中的哈罗德-多马模型是依据在均衡状态下"投资＝储蓄"的基本前提而推导出来的：

$$\because I=S \tag{1-1}$$

$$\therefore \frac{\Delta Y}{Y} = \frac{\Delta Y}{I} \cdot \frac{I}{Y} = \frac{\Delta Y}{I} \cdot \frac{S}{Y} \tag{1-2}$$

令 $s = \frac{S}{Y}$，称为储蓄率；$v = \frac{I}{\Delta Y}$，称为资本-产出率；而把 $\frac{\Delta Y}{Y}$ 写成 G_W（均衡时的增长率），则

$$G_W = s/v \tag{1-3}$$

这就是整个经济实现稳定增长的条件（多马，1983）。

哈罗德-多马模型只是利用一个简单的数学变换技巧和凯恩斯的先验的公式 $I=S$，掩盖了经济发展中投资-产出之比在各个经济部门发展不平衡的事实。其次，哈罗德-多马模型假设资本-产出率在所有部门都是一样的，并且是永恒不变的，这也是不符合事实的。由于决定经济发展的各种因素的水平不同，它们的资本-产出之比是不相同的。再者，哈罗德-多马模型没有考虑到科技进步在经济增长中的作用，只是认为在中短期内科技不可能有明显的进步。然而长期不过是中短期的累加，若对中短期科技进步不加以考虑，那么哪又会有一个长期内的科技进步呢？这与现代科技快速发展的事实是相矛盾的。现代科学技术进步在经济管理、经济预测与决策、新产品开发、劳动者的素质等方面都在日新月异地更新着，它们对经济的发展起着加速作用。新古典模型推翻了哈罗德-多马模型的几条形而上学的假说，认为存在科技进步，并且认为一切都是可以变动的。

1.2.2 索洛-斯旺模型与生产函数法

1.2.2.1 索洛-斯旺模型

哈罗德-多马模型的主要缺陷在于不变的资本系数和无科技进步这两个假设。针对哈罗德-多马模型所存在的问题，以索洛（1989）为代表的经济学家提出了新古典增长模型。

新古典增长模型将技术进步引进基本模型，当经济存在中性的技术进步时，总产出增长率、总消费增长率、资本增长率等于技术进步率与劳动力增长率之和；人均收入增长率等于技术进步率，这表明人均收入增长是由外生的技术进步引起的。

据此，索洛-斯旺模型得出了如下结论：①经济存在一条平衡增长路径；②不管经济处于什么初始位置，经济最终都将回到平衡增长路径上，因而平衡增长解是稳定的；③总产出的长期增长率与储蓄率无关，储蓄率的变化只改变收入水平，因此储蓄率的变化只具有水平效应，不具有增长效应。

1.2.2.2 测算科技进步在经济增长中贡献率的索洛余值法

所谓生产函数（production functions），按照美国著名经济学家萨缪尔森（P. A. Samuelson, 1992）的观点，其是一种技术关系，被用来说明一种具体的投入物（生产要素）的组合所可能产生的最大产出，而不同的经济学家往往构造出不同形式的生产函数。

如果 Y 代表产出，K 与 L 分别代表以"物理"单位计算的资本投入与劳动投入，则总生产函数就可以写成

$$Y = F(K,L,t) \tag{1-4}$$

索洛指出，之所以在 F 中出现 t，是为了考虑技术的变化。他指出，这是在短期的表达含义上使用的技术变化，它表达生产函数的任何类型的变化，即减速、加速等。

索洛进一步指出，如果生产函数的变化使劳动与资本之间的边际替代率不变，而只是简单地使既定投入量所达到的产出量增加或减少（胡神松，2012），那么，这种变化就是中性的技术变化（希克斯中性变化）。在这种情况下，生产函数式（1-4）的形式就变为

$$Y = A(t)f(K(t),L(t)) \tag{1-5}$$

其中，$A(t)$ 为技术水平。

对上式两边微分则得

$$\frac{\mathrm{d}Y}{\mathrm{d}t} = f\frac{\mathrm{d}A}{\mathrm{d}t} + A\frac{\partial f}{\partial K}\cdot\frac{\mathrm{d}K}{\mathrm{d}t} + A\frac{\partial f}{\partial L}\cdot\frac{\mathrm{d}L}{\mathrm{d}t} \tag{1-6}$$

对上式两边同除以 $Y = Af$

则得

$$\frac{\mathrm{d}Y}{Y\mathrm{d}t} = \frac{f}{Y}\cdot\frac{\mathrm{d}A}{\mathrm{d}t} + \frac{A}{Y}\cdot\frac{\partial f}{\partial K}\cdot\frac{\mathrm{d}K}{\mathrm{d}t} + \frac{A}{Y}\cdot\frac{\partial f}{\partial L}\cdot\frac{\mathrm{d}L}{\mathrm{d}t} \tag{1-7}$$

即

$$\frac{\mathrm{d}Y}{Y\mathrm{d}t} = \frac{f}{Af}\cdot\frac{\mathrm{d}A}{\mathrm{d}t} + \frac{A}{Af}\cdot\frac{\partial f}{\partial K}\cdot\frac{\partial K}{\mathrm{d}t} + \frac{A}{Af}\cdot\frac{\partial f}{\partial L}\cdot\frac{\mathrm{d}L}{\mathrm{d}t} \tag{1-8}$$

亦即

$$\frac{\mathrm{d}Y}{Y\mathrm{d}t} = \frac{\mathrm{d}A}{A\mathrm{d}t} + \frac{K}{f}\frac{\partial f}{\partial K}\cdot\frac{\mathrm{d}K}{K\mathrm{d}t} + \frac{L}{f}\frac{\partial f}{\partial L}\cdot\frac{\mathrm{d}L}{L\mathrm{d}t} \quad (1\text{-}9)$$

在上式中令

$$\alpha = \frac{K}{f}\frac{\partial f}{\partial K}, \quad \beta = \frac{L}{f}\frac{\partial f}{\partial L} \quad (1\text{-}10)$$

则

$$\frac{\mathrm{d}Y}{Y\mathrm{d}t} = \frac{\mathrm{d}A}{A\mathrm{d}t} + \alpha\frac{\mathrm{d}K}{K\mathrm{d}t} + \beta\frac{\mathrm{d}L}{L\mathrm{d}t} \quad (1\text{-}11)$$

令

$$a = \frac{\mathrm{d}A}{A\mathrm{d}t}, \quad z = \frac{\mathrm{d}K}{K\mathrm{d}t}, \quad w = \frac{\mathrm{d}L}{L\mathrm{d}t}, \quad y = \frac{\mathrm{d}Y}{Y\mathrm{d}t}$$

则

$$y = a + \alpha z + \beta w \quad (1\text{-}12)$$

这就是著名的索洛经济增长方程。而科技进步的贡献份额为

$$\frac{a}{y} = \frac{y - \alpha z - \beta w}{y} = 1 - \alpha\frac{z}{y} - \beta\frac{w}{y} \quad (1\text{-}13)$$

利用模型（1-13）来测算科技进步在经济增长中的贡献率的方法称为索洛余值法。

肯德里克把 a 叫作全要素生产率的贡献。在概念上，全要素生产率作为一种剩余，包括科技因素、政策因素、自然因素、体制因素、管理因素等。如袁嘉新（1991）认为，全要素生产率包括：①科技进步因素，它为使资金和劳动力具有相应的效率水平提供了物质基础；②政策因素，它通过影响劳动者的积极性而影响资金和劳动力效率的发挥；③市场因素，原材料、燃料、外协等的供应和产品的销售都会直接影响到资金和劳动力的使用效率；④自然因素和其他随机因素也会影响到资金和劳动力的效率。

他进一步指出，科技进步因素和政策因素是最重要的，并且科技进步因素尤为重要，因而全要素生产率可以作为广义科技进步的度量。

正因为如此，许多人企图利用生产函数法测算全要素生产率，并把科技进步等因素从全要素生产率中"分离"出来。①

1.2.2.3 Cobb-Douglass 生产函数

关于 C-D 生产函数，它的形式是 $Y = AK^{\alpha}L^{\beta}$ [模型（1）]。这一生产函数集中体现了某些假说：

（1）生产函数是一个齐式，即，如果 $K' \Rightarrow \lambda K$、$L' \Rightarrow \lambda L$，则 $Y' \Rightarrow$

---

① 通常认为，如果在模型中未列入科技、人力资本和制度这些因素，那么在全要素生产率中，则必然也包含着这些因素。

$A(\lambda K)^{\alpha}(\lambda L)^{1-\alpha} = A\lambda^{\alpha}K^{\alpha}\lambda^{1-\alpha}L^{1-\alpha} = \lambda Y$，即如果 K 和 L 都按照某个比例增加，那么产出 Y 也按同比例增加。

（2）生产服从报酬递减规律，即如果一个要素的数量维持恒定不变，则另一个要素的增加将使产量的增加额变得越来越小。

（3）技术变化是中性的。这意味着技术变化将使两种生产要素同比例增长，因而边际代替率（边际产量的比率）是恒定的。即

$$\frac{\partial Y}{\partial K} = \alpha \frac{Y}{K} \tag{1-14}$$

$$\frac{\partial Y}{\partial L} = \frac{Y}{L}(1-\alpha) \tag{1-15}$$

而

$$\left(\frac{\partial Y}{\partial K}\right) \Big/ \left(\frac{\partial Y}{\partial L}\right) = \frac{\alpha}{1-\alpha} \cdot \frac{L}{K} \tag{1-16}$$

即与技术变化无关。

另外，我们可以把这个生产函数改写成

$$Y = A\left(\frac{L}{K}\right)^{1-\alpha} K \tag{1-17}$$

这与哈罗德-多马模型 $Y = \tau K$ 何其相似，只不过 $\tau = A\left(\frac{L}{K}\right)^{1-\alpha}$。然而，由此得出的结论是，资本系数将随同科技进步和劳动力与资金比率的提高而提高。

从柯布-道格拉斯模型中可参得出如下结论，若 $\dot{Y}/Y = \dot{K}/K$，即 $y = z$，亦即总产出增长率等于资本增长率，则

$$y = \alpha(1-\alpha)^{-1} + w \tag{1-18}$$

这就是所谓的长期均衡增长条件。而如果 $\alpha = 0$，则

$$y = w \tag{1-19}$$

这样，总产出增长率就等于劳动力增长率。

1.2.2.4 不变替代弹性生产函数模型（CES 模型）

CES（Constant Elasticity of Substitution）模型的一般形式为

$$Y = A\left[\delta_1 K^{-\rho} + \delta_2 L^{-\rho}\right]^{-r/\rho} \tag{1-20}$$

其中，$\delta_1 + \delta_2 = 1$，$r \leqslant 1$，$\rho \geqslant -1$。ρ 和 r 分别称为替代参数、规模参数，δ_1 称为分配率。

取 $\delta_1 = \alpha$，则式（1-20）变成：

$$Y = A\left[\alpha K^{-\rho} + (1-\alpha)L^{-\rho}\right]^{-(r/\rho)} \qquad (1\text{-}21)$$

在式（1-21）中，令 $\rho \to 0$，则得到模型（1），因此，C-D 函数是 CES 函数的一种特例。令 $A = A_0 e^{\alpha t}$，然后对模型（1-21）两边取对数，则得

$$\ln Y = \ln A - (r/\rho)\ln\left[\alpha K^{-\rho} + (1-\alpha)L^{-\rho}\right]$$
$$= \ln A_0 + \alpha t - (r/\rho)\ln\left[\alpha K^{-\rho} + (1-\alpha)L^{-\rho}\right] \qquad (1\text{-}22)$$

式（1-22）中，$A_0 = \exp(\beta_0), \alpha = \beta_1/(\beta_1+\beta_2), r = \beta_1+\beta_2, \rho = -2\beta_3(\beta_1+\beta_2)/\beta_1\beta_2$。

在 $\rho = 0$ 附近把上式对 ρ 用泰勒级数展开，略去高阶无穷小量，则得

$$\ln Y = \beta_0 + \alpha t + \beta_1 \ln K + \beta_2 \ln L + \beta_3 \ln(K/L) \qquad (1\text{-}23)$$

由式（1-23），可以通过回归方法求得各参数。而对式（1-23）双边微分，则得

$$y = \alpha + \beta_1 z + \beta_2 w + \beta_3 \frac{\mathrm{d}K/L}{K/L} = \alpha + \beta_1 z + \beta_2 w + \beta_3(z-w) \qquad (1\text{-}24)$$

若 $z = w$，则

$$y = \alpha + (\beta_1 + \beta_2)w = \alpha + rw \qquad (1\text{-}25)$$

取 $\rho = r = 1$，即规模收益不变、替代参数不变，则

$$Y = A\left[\alpha K^{-1} + (1-\alpha)L^{-1}\right]^{-1} \qquad (1\text{-}26)$$

由此可得

$$A = \alpha(Y/K) + (1-\alpha)(Y/L) \qquad (1\text{-}27)$$

若 Y/K 不变，则

$$\frac{\mathrm{d}A}{\mathrm{d}t} = (1-\alpha)\frac{\mathrm{d}\dfrac{Y}{L}}{\mathrm{d}t} \qquad (1\text{-}28)$$

即劳动生产率的提高幅度由科技进步所决定。

1.2.2.5 随机前沿面函数

这种函数的一般形式为

$$Y = f(x_1, x_2, \cdots, x_n) \exp(v-u) \qquad (1\text{-}29)$$

其中，v 具有对称性，服从正态分布 $N(0, \sigma_v^2)$，u 则服从截尾正态分布。

式（1-29）的对数形式为

$$\ln Y = \ln f(x_1, x_2, \cdots, x_n) + v - u \qquad (1\text{-}30)$$

而 $u = 0$ 时生产达到前沿，此时

$$\ln Y = \ln f(x_1, x_2, \cdots, x_n) + v \qquad (1\text{-}31)$$

而 $\ln f(x_1, x_2, \ldots, x_n)$ 可以采用超越对数的形式表示为

$$\ln f = \alpha_0 + \sum_i (\alpha_i \ln x_i) + \frac{1}{2} \sum_i \sum_j \beta_{ij} \ln x_i \ln x_j \qquad (1\text{-}32)$$

式（1-32）包括了 CES 作为它的特例。

1.2.2.6 乔根森函数

设资本存量为 K、劳动力为 L、时间为 T、增加价值为 Y，则

$$Y = F(K, L, T) \qquad (1\text{-}33)$$

将式（1-33）写成超越对数形式，即

$$Y = exp\big[\alpha_0 + \alpha_K \ln K + \alpha_L \ln L + \frac{1}{2} \beta_{KK} (\ln K)^2$$
$$+ \beta_{KL} \ln K \ln L + \beta_{KT} (\ln K) T + \frac{1}{2} \beta_{LL} (\ln L)^2$$
$$+ \beta_{LT} (\ln L) T + \frac{1}{2} \beta_{LL} T^2 \big] \qquad (1\text{-}34)$$

在式（1-34）中，各 α、β 均为待定参数，它满足以下各项假设（通过计量经济学方法在历史数据支持下估算得出）：

$$\alpha_K + \alpha_L = 1$$
$$\beta_{KK} + \beta_{KL} = 0$$
$$\beta_{KL} + \beta_{LL} = 0$$
$$\beta_{KT} + \beta_{LT} = 0 \qquad (1\text{-}35)$$

1.2.2.7 生产函数法的问题

我们在上文讨论了多种著名的生产函数，实际上正如萨缪尔森所说，当前存在着难以计数的生产函数。这些生产函数过多、过严的假设使其严重脱离了实际，影响了它们的适用性。例如，在索洛-斯旺模型中存在如下三项假设：

（1）仅有资本和劳动两个生产要素，且这两个要素能够相互替代。

（2）技术进步是中性的。

就直观而言，它割裂了 A、K、L 之间的联系，纵是按照索洛的思路，也应该是

$$Y = F(A, K, L, t) \qquad (1\text{-}36)$$

从而

$$\frac{\mathrm{d}Y}{\mathrm{d}t} = \frac{\partial F}{\partial A} \cdot \frac{\mathrm{d}A}{\mathrm{d}t} + \frac{\partial F}{\partial K} \cdot \frac{\mathrm{d}K}{\mathrm{d}t} + \frac{\partial F}{\partial L} \cdot \frac{\mathrm{d}L}{\mathrm{d}t} \tag{1-37}$$

所以

$$\frac{\frac{\mathrm{d}Y}{\mathrm{d}t}}{Y} = \frac{\frac{\partial F}{\partial A}}{Y} \cdot \frac{\mathrm{d}A}{\mathrm{d}t} + \frac{\frac{\partial F}{\partial K}}{Y} \frac{\mathrm{d}K}{\mathrm{d}t} + \frac{\frac{\partial F}{\partial L}}{Y} \cdot \frac{\mathrm{d}L}{\mathrm{d}t} \tag{1-38}$$

即

$$\frac{\frac{\mathrm{d}Y}{\mathrm{d}t}}{Y} = \frac{A}{Y} \frac{\partial F}{\partial A} \cdot \frac{\frac{\mathrm{d}A}{\mathrm{d}t}}{A} + \frac{K}{Y} \frac{\partial F}{\partial K} \frac{\frac{\mathrm{d}K}{\mathrm{d}t}}{K} + \frac{L}{Y} \frac{\partial F}{\partial L} \frac{\frac{\mathrm{d}L}{\mathrm{d}t}}{L} \tag{1-39}$$

亦即

$$\frac{\dot{Y}}{Y} = \alpha_1 \frac{\dot{A}}{A} + \alpha_2 \frac{\dot{K}}{K} + \alpha_3 \frac{\dot{L}}{L} \tag{1-40}$$

式中,

$$\alpha_1 = \frac{A}{Y} \frac{\partial Y}{\partial A}$$
$$\alpha_2 = \frac{K}{Y} \frac{\partial Y}{\partial K}$$
$$\alpha_3 = \frac{L}{Y} \frac{\partial Y}{\partial L} \tag{1-41}$$

这样,就不是 $\alpha_2 + \alpha_1 = 1$,而是

$$\alpha_1 + \alpha_2 + \alpha_3 = \frac{A}{Y} \frac{\partial Y}{\partial A} + \frac{K}{Y} \frac{\partial Y}{\partial L} + \frac{L}{Y} \frac{\partial Y}{\partial L} \tag{1-42}$$

(3) 规模收益不变。

此外,该模型还假定,在任何时候,资本和劳动都得到充分的利用,而且经济增长处于完全的竞争条件之下。

替代弹性的定义为

$$\sigma = \left[\mathrm{d}\ln(K/L)\right] \big/ \left[\mathrm{d}\ln(F_L/F_K)\right] \tag{1-43}$$

式中,$F_L = \partial F/\partial L$,$F_K = \partial F/\partial K$,$F$ 为生产函数。而 C-D 生产函数假设 $\sigma = 1$ 不仅与大多数生产现象不符,也使生产函数的理论分析难以深入。

CES 的基本假定是替代弹性不变、规模收益不变,且投入要素和产品处于完全竞争的市场之中。针对 CES 的基本假定存在的问题,勒凡大(Revandar)、霍夫曼(Hoffman)等提出了可变替代弹性函数(VES)。

再者,生产函数法的主要困难是参数问题。正如宋家第、汤冰勇(1992)指出的,"目前估计 α、β 的方法(如分配法、比例法、经验法及回归分析法等)

都有一定的经济或数学方面的假设,不能在任何情况下都适用;而且各有优缺点,不同方法又可能导致不同的计算结果,并一般都静态地假定 α 和 β 是常数;有时会出现 $\alpha(t)$ 为负值的现象,无法作实际意义的解释;这样,最终的结果可信度就较低,且不稳定"。

中国较早引进和研究生产函数法的史清琪、秦宝庭、陈警(1988)指出,"国内外学者在这个问题(α 和 β 的估计)上做过大量研究,提出了许多估计方法,但归纳起来,不外乎分配比例法、计量经济学分析法、经验确定法。上述三大类方法各具有优缺点,任何一种方法都不是十全十美的。分配比例法,需要很强的经济学假设,并不一定适合于中国。计量经济学分析法,事先假定技术进步速度为常数。经验确定法虽然带有一定的主观性,却是一种比较实用的估计参数的方法"。

1.2.3 新增长理论

新增长理论以保罗·罗默 1986 年的论文《递增收益与长期增长》及卢卡斯 1988 年的论文《论经济发展机制》的发表为标志。新增长理论不像新古典增长理论那样有一个为多数经济学家共同接受的基本理论模型,而是一些持有相同或类似观点的经济学家所提出的诸多增长模型组成的松散集合体(朱勇,1999)。下面我们将对其中比较重要的模型进行简要综述(徐志平,2006)。

1.2.3.1 阿罗-谢辛斯基边干边学模型

(1) 阿罗模型。

阿罗(K.J. Arrow, 1962)的《边干边学的经济含义》(1962)一文是使技术进步成为增长模型的内生因素的最初尝试,是内生增长理论的思想源头。论文旨在提出一个知识变化的理论,其重要贡献在于提出了"边干边学"的概念,在阿罗模型中,有两个基本假定:边干边学或知识是投资的副产品,提高一个厂商的资本存量会导致其知识存量相应增加[①];知识是公共产品,具有"外溢效应"(spillover effect)。因此,任一给定厂商的生产力是全行业积累的总投资的递增函数,随着投资和生产的进行,新知识将被发现,并由此形成递增收益。

阿罗认为,技术进步是一个学习的过程,其中主要是对经验的学习,而经验主要来自于"干",因而要在干中学(learning-by-doing)。为此,他对模型(1)

---

① 这一假定意味着厂商的技术变化是边干边学的结果,并进而是其资本存量的函数。在定量上,技术可以用投资的函数来表达,因而使技术成为一个内生变量,因而开创了内生增长理论的先河。

进行了修正，将生产函数写成

$$Y = AK^\alpha \left[b(t)L\right]^{1-\alpha} \tag{1-44}$$

式中，A 是常数；$b(t)$ 是劳动力效率，由阿罗学习函数 B 来决定。如没有折旧，则

$$b(t) = B\left[K(t)\right] \tag{1-45}$$

按照阿罗的思路，也可构造如下生产函数：

$$Y = A(aK)^\alpha (bL)^\beta \tag{1-46}$$

式中，a、b 分别为技术创新系数和学习系数，二者合起来则表示技术进步的作用，而 A 是一常数。

（2）阿罗-谢辛斯基模型。

1967年，谢辛斯基（E. Sheshinski，1967）在《具有边干边学的最优积累》中对阿罗模型结构进行了简化和扩展，提出了一个简化的阿罗模型，人们称其为阿罗-谢辛斯基模型。这一模型存在类似于新古典增长模型中经济增长取决于外生的技术进步的缺陷，经济增长取决于外生的人口增长，这一结论显然与观察到的事实不符。尽管如此，阿罗-谢辛斯基模型在把技术进步内生化，建立收益递增与竞争性均衡的动态模型方面的贡献，使其成为内生增长理论的重要理论基础。

1.2.3.2　宇泽最优技术变化模型

宇泽弘文（H. Uzawa，1965）在《经济增长总量模型中的最优技术变化》一文中，运用两部门模型结构描述了一个人力资本和物质资本都能生产的最优增长模型。在这一模型中，线性产出的人力资本会导致经济的无限增长。宇泽模型的重要贡献是为解释内生技术变化提供了一个可能的尝试，这种尝试后来成为卢卡斯人力资本积累增长模型以及罗默内生技术变迁模型的重要理论基础。宇泽模型的基本思路为技术变化源于专门生产思想的教育部门。假定社会配置一定的资源到教育部门，则会产生新知识（人力资本），而新知识会提高生产率并被其他部门零成本获取，进而提高生产部门的产出。因此，在宇泽模型中无须外在的"增长发动机"，仅由于人力资本的积累就能导致人均收入的持续增长（徐志平，2006）。

1.2.3.3　罗默模型

罗默（P.M. Romer，1986）将阿罗模型向前推进了一步。罗默的内生技术变迁模型的四点假设是：

——人口、劳动力供给不变。
——人力资本总存量不变,其用于市场的份额不变。
——放弃的消费等于资源从消费部门转入资本品部门。
——整个经济由三个部门构成:研究部门,它投入的是人力资本、知识,产出的是新设计(新产品、新工艺等);中间产品部门,它投入新设计、已有产品,产出的则是耐用资本设备;最终产品部门,它投入的是劳动力、人力资本、耐用资本设备,产出的则是消费品(包括用于生产新资本品的那一部分)。

则生产函数可以写成

$$Y = H^{\alpha} L^{\beta} \sum_{i=1}^{A} X_i^{1-\alpha-\beta} \tag{1-47}$$

式中,H 是致力于最终产品的人力资本(用正规教育或在职教育培训的累积效应计量);L 是劳动力(以就业人数计量);X_i 为耐用资本设备,$i=1,2,\cdots,n$;A 为设备编号。假设 i 为连续变量,则罗默内生型生产函数(1-47)也可以写成

$$Y = H^{\alpha} L^{\beta} \int_0^A x(i)^{1-\alpha-\beta} \mathrm{d}i \tag{1-48}$$

1.2.3.4 卢卡斯的"专业化人力资本积累增长模式"

1988 年,罗伯特·卢卡斯(R.E. Lucas)在美国《货币经济学杂志》上发表了《论经济发展的机制》一文,将宇泽的技术进步方程作了修改,也建立了一个人力资本增长模型。卢卡斯模型由两个模型组成。第一个是"两时期模型"(Two Periods Model);第二个是"两商品模型"(Two Goods Model)。"两时期模型"将资本区分为物质资本和人力资本两种形式,将劳动划分为"原始劳动"和"专业化的人力资本",认为专业化的人力资本才是促进经济增长的真正动力。由于该模型中的人力资本完全是在生产过程以外形成的,这不能代表人力资本获得的全部情况,因此,卢卡斯又提出了建立在"实践中学习"思想上的第二个人力资本模型——"两商品模型"。"两商品模型"认为产出增长的决定性因素是生产某一种商品所需的特殊的或专业化的人力资本,即专业化的劳动技能。人力资本的获得有两种途径,通过学校教育和通过实践中学习,专业化的人力资本主要是通过"干中学"获得的。该模型强调了人力资本投资中的内部效应与外部效应的区别(徐志平,2006)。

假定经济中共有 N 个劳动力,每人都有相同的技术水平或称人力资本水平 h。每名劳动者都将他工作时间的 u 部分用于当期的生产,而将余下的 $(1-u)$ 部分接受在校教育,也就是进行人力资本投资。另外,个人人力资本的提高除了提升

自身的生产能力,即具有内部效应(internal effect)外,还具有提升社会整体生产能力的外部效应(external effect):$h_a^\gamma = h^\gamma$。这样,卢卡斯将生产函数的形式表达为(沈坤荣,2003):

$$Y = A \cdot K(t)^\beta [u(t)h(t)N(t)]^{1-\beta} h_a(t)^\gamma$$
$$= N(t)c(t) + \mathrm{d}K(t)/\mathrm{d}t \qquad (1\text{-}49)$$

由此可见,卢卡斯采用的产出形式包含了递增的规模报酬假定:同比例的物质资本和人力资本的增加将由于人力资本的外部溢出效应而使得产出高于该比例的增长。

同时,人力资本的形成并不受制于报酬递减的假定,而采取线性的生产形式:
$$\mathrm{d}h(t)/\mathrm{d}t = h(t) \cdot \delta[1-u(t)] \qquad (1\text{-}50)$$

仍然采用如下的形式代表无限期界家庭的总效用:
$$\int_0^\infty \mathrm{e}^{-\rho t} \cdot [(c^{1-\theta}-1)/(1-\theta)] \cdot N(t)\mathrm{d}t \qquad (1\text{-}51)$$

而此时面临的动态最优化问题是:在式(1-49)和式(1-50)两个资本水平的约束下,最大化家庭的总效用。建立现值 Hamilton 函数:

$$H(K,h,\theta_1,\theta_2,c,u,t) = [(c^{1-\theta}-1)/(1-\theta)] \cdot N + \theta_1$$
$$\cdot [A \cdot K^\beta (uhN)^{1-\beta} h^\gamma - Nc] + \theta_2 \cdot [\delta h(1-u)] \qquad (1\text{-}52)$$

动态最优一阶必要条件(此处 c、u 为控制变量,K 与 h 为状态变量)为

$$\partial H/\partial c = 0 \Rightarrow c^{-\theta} = \theta_1 \qquad (1\text{-}53)$$

$$\partial H/\partial u = 0 \Rightarrow \theta_1(1-\beta)AK^\beta(uhN)^{-\beta}Nh^{1+\gamma} = \theta_2\delta h \qquad (1\text{-}54)$$

$$\partial H/\partial K = \rho\theta_1 - (\mathrm{d}\theta_1/\mathrm{d}t) \Rightarrow$$
$$(\mathrm{d}\theta_1/\mathrm{d}t) = \rho\theta_1 - \theta_1\beta AK^{\beta-1}(uhN)^{1-\beta}h^\gamma \qquad (1\text{-}55)$$

$$\partial H/\partial h = \rho\theta_2 - (\mathrm{d}\theta_2/\mathrm{d}t) \Rightarrow$$
$$(\mathrm{d}\theta_2/\mathrm{d}t) = \rho\theta_2 - \theta_1(1-\beta+\gamma)AK^\beta(uN)^{1-\beta}h^{-\beta+\gamma} - \theta_2\delta(1-u) \qquad (1\text{-}56)$$

对式(1-53)两边求导并代入式(1-55)可以得到:
$$\beta AK^{\beta-1}(uhN)^{1-\beta}h^\gamma = \rho + \theta\gamma_c \qquad (1\text{-}57)$$

由式(1-49)和式(1-57)可以进一步求得:
$$N(t)c(t)/K(t) + [\mathrm{d}K(t)/\mathrm{d}t]/K(t) = (\rho + \theta\gamma_c)/\beta \qquad (1\text{-}58)$$

在稳态中,γ_c 和 $\gamma_K = [\mathrm{d}K(t)/\mathrm{d}t]/K(t)$ 为常数,所以 $N(t)c(t)/K(t)$ 也为常数,进而有:

$$\gamma_K = [\mathrm{d}K(t)/\mathrm{d}t]/K(t) = [\mathrm{d}N(t)/\mathrm{d}t]/N(t) + [\mathrm{d}c(t)/\mathrm{d}t]/c(t) \qquad (1\text{-}59)$$

若令 λ 为劳动力增长率,则有 $\gamma_K = \gamma_c + \lambda$,假定劳动力不发生变化($\lambda = 0$),则人均物质资本的增长率与人均消费的增长率相等,即 $\gamma_k = \gamma_c$。

对式 (1-57) 两边取自然对数并求导，可以得到：
$$\gamma_k = \gamma_c = [(1-\beta+\gamma)/(1-\beta)] \cdot \gamma_h \tag{1-60}$$
这表明，人均物质资本与人均消费水平的增长速度正向取决于人均资本的增长速度，即教育的投资、人力资本的积累将显著地提高物质资本与消费水平的增长速度。

1.2.3.5　斯多克（Stokey）的"新产品引进知识外溢内生增长模式"

斯多克（1988）在其模型中加入"新产品引进"要素，解决了随着时间的推移知识外溢或边干边学的效果终究会耗尽并丧失其作为增长的发动机的地位这一难题。新产品不断被引进，旧产品不断被淘汰，且边干边学各产品间具有溢出效应。这样，只要不断有新产品引进，边干边学就会绵延不断，从而经济就能保持持续的增长。斯多克认为经济增长的唯一源泉即知识外溢，并且强调人力资本投资是新产品引进的关键要素[①]（徐志平，2006）。

1.2.3.6　阿尔文·杨（Alwyn Young）的"有限的边干边学增长模式"

该模型进一步突出了边干边学的有限性，强调只有持续的技术进步才能维持持续的边干边学，否则，知识外溢就会失去增长发动机的性质。通过构建一个边干边学与发明相互作用的杂交模型（hybrid model），进一步拓展了外在性研究，并且在发明模型中引入了不确定因素。

通过上述文献回顾，我们可以发现新增长模型区别于传统增长模型的地方在于传统增长模型将技术变迁归为模型无法解释的残差项，而新增长模型将经济增长率与技术项（知识、人力资本和内生的技术增长）的各种分解紧密地联系起来（徐志平，2006）。

1.2.3.7　新经济增长理论的新进展

R&D 内生经济增长模型始于罗默 1990 年提出的内生技术变迁模型，认为增加中间投入能实现 R&D 部门的生产率增长。然而琼斯（C. I. Jones, 1995a）在研究了第二次世界大战后 OECD 国家的 R&D 对生产率增长的作用后却发现，彼时 OECD 国家 R&D 开支的急剧提高对于其生产率的提高并没有实质性的作用。因此，琼斯（1995b）继承 Arrow（1962）的干中学思想，建立了一个 R&D 内生增

---

① 这与本书的一个基本观点（技术进步与投资、人力资本提升是共协关系）是一致的。

长模型。该模型保留了内生增长理论中的最终产出部门和研究部门的两部门模型框架，从而保留了知识跨时扩散的本质特征；但放弃了内生可积累要素具有不变规模收益的强假定条件，从而得出无规模效应的结论。在琼斯的两部门模型中，知识存量的产出弹性不再像罗默模型那样设定为1，而是假定为一个比1小的数。这一假定暗示了人口或知识存量对其自身积累的贡献远不如R&D内生经济增长模型所设想的那样大。

琼斯和威廉姆斯（C. I. Jones and J. C. Williams，1998）提供了一种测量R&D的社会回报的方法，他们在社会回报率与R&D投入占经济产出的份额之间建立了一个函数关系，认为市场的扭曲（专利权、税收和垄断力）影响R&D投入的份额，而与函数关系本身无关。

1.2.3.8 其他相关模型

（1）技术含量型生产函数[①]。

这种生产函数把技术看成是将一种资源转化为另一种资源的手段，这就是说生产过程中投入与产出之间的转化是由技术来实现的。而技术是技术要素 T、人力要素 H、信息要素 I 和组织要素 O 的组合，即

$$S = (T, H, I, O) \tag{1-61}$$

由此，"技术含量系数" TCC 就可以定义为

$$TCC = T^{\alpha_1} H^{\alpha_2} I^{\alpha_3} O^{\alpha_4} \tag{1-62}$$

其中，$0 \leq \alpha_1、\alpha_2、\alpha_3、\alpha_4 \leq 1$。

若 $\sum_{i=1}^{4} \alpha_i = 1$，则规模收益不变；$\sum_{i=1}^{4} \alpha_i < 1$，则规模收益递减；$\sum_{i=1}^{4} \alpha_i > 1$，则规模收益递增。

对式（1-62）求导则得：

$$\frac{dTCC}{TCC} = \alpha_1 \frac{dT}{T} + \alpha_2 \frac{dH}{H} + \alpha_3 \frac{dI}{I} + \alpha_4 \frac{dO}{O} \tag{1-63}$$

（2）知识型生产函数。

这种由波西纳（Posner）、格默尔卡（Gomulka）、康沃尔（Cornwall）开创，由费格（Fagerberg）继承下来的生产函数的形式为

$$Y = A_0 O^{\alpha_1} T^{\alpha_2} C^{\alpha_3} \tag{1-64}$$

式中，A_0 是一个常数；O 是来自国外的知识水平；T 是本国创新的知识水平；C 是一国利用知识的能力。

[①] 这是联合国推荐的方法，这种方法类似于指标体系法，只是采用了生产函数的计量形式。

由式（1-64）可得：

$$\frac{dY}{Y} = \alpha_1 \frac{dO}{O} + \alpha_2 \frac{dT}{T} + \alpha_3 \frac{dC}{C} \tag{1-65}$$

据上式可知，经济增长取决于来自国外的知识（技术引进等）、本国创新的技术知识的增长，以及本国利用知识能力的增长等。

1.3 制度创新与经济增长关系的研究

新制度经济学的制度变迁理论以新古典经济学的"理性人"范式为基点，以产权理论和交易费用学说为理论背景，致力于分析制度的功能以及制度变迁的机制和过程（蒲小川，2007），以说明制度在社会经济发展中的作用和地位、制度变迁原因以及这些原因之间的相互关系。在这方面的研究中，诺斯（D. North）做出了开创性的贡献，他用历史与经验相结合的研究向人们表明，历史上的经济革命并不仅仅是由技术革命导致的，是制度的变迁为技术革命铺平了道路。良好的制度环境是经济增长不可缺少的要素，制度对经济增长的作用主要在于其服务和协调功能，适应生产发展要求的制度变迁会给技术变革和经济增长提供良好的土壤与巨大的发展空间。

诺斯（1971）在他的著作《制度变迁与美国经济增长》中提出了制度创新理论，分析了制度创新与经济增长的关系。他认为制度创新是能使创新者获得追加利益的现存制度的变革，其动力是个人利益最大化；其实质是通过制度的调整和变革，创新者把握新的盈利机会以实现预期的收益增长；其结果是出现制度均衡。制度创新是一个变量，制度均衡也可能在新的外在条件和潜在利益下被打破，因此制度变迁的过程是制度均衡与制度创新交替出现的过程，一些国家（如美国）的经济增长就可以通过制度创新过程来解释（王瑞泽和陈德山，2006）。

新制度经济学认为，在制度因素中产权制度的作用最为重要，而导致制度变化的诱因和动力是产权的界定与变化。由于国家在制度创新中具有不可替代的作用，因此政府通过推行制度上的创新使产权结构更有效率是实现经济增长的有效途径（侯为民，2008）。

1.3.1 国外关于制度变迁与经济增长关系的研究

西蒙·库兹涅茨在关于经济增长源泉的分析上，强调了制度的重要性。他在大量统计资料的基础上对促进经济发展的各种因素进行综合分析，从数量和结构方面对经济增长的趋势做了说明。他发现了制度在经济增长中的作用，认为一个国家的经济增长，可以定义为不断扩大地供应它的人们所需要的各种各样的经济商品的生产能力有着长期的提高，而生产能力的提高是建立在先进技术基础上的，并且进行先进技术所需要的制度和意识形态上的调整（代琳琳，2008）。

在较早的研究中，舒尔茨（Schultz，1979）将制度作为经济体系中的内生变量进行研究，他批评新古典经济学只注重最大化范式，从不考察实现最大化的现实制度与组织条件。舒尔茨认为，经济增长与经济制度结构之间存在着内在的联系，经济制度不仅会发生变迁，而且事实上正在不断地发生变迁，人们做出制度变迁的选择和组织制度的创新不过是为了增进经济效率和经济福利（金玮，2008）。

Kormendi 和 Meguire（1985）以及 Scully（1988）在其各自的文章中探讨了反映政治自由度（包括公民自由和政治权利）的 Gastil 指数和经济增长之间的关系，发现公民自由对经济增长有轻微影响。

Knack 和 Keefer（1995）首先在经济增长文献里使用了"产权安全度"这一指标来分析产权和经济增长的关系，他们的研究结果表明，对产权的保护是经济增长的关键所在。Mauro（1995）的贡献转向良性制度在经济增长中的作用，他的研究得出腐败会阻碍经济增长的结论，他使用的制度变量是腐败指数，该指数其实是 ICRG 和 BI 的均值，其中 BI 是由一个叫 Business International 的公司提供的各国风险指数（王瑞泽等，2006）。

近年来越来越多的研究者使用经济自由化指数（Economic Freedom Index）来实证分析制度和经济增长的关系，经济自由化指数分别由美国传统基金会（The Heritage Foundation）以及加拿大的弗雷泽研究所（Fraser Institute）提供，该指数由十几个经济指标和 50 多个经济变量组成，其分值介于 1 和 5 之间，得分越小表示经济自由程度越高（王瑞泽等，2006）。

Barro（1996）发现民主政治对经济增长总体上具有微弱的负效应，而且存在着非线性关系，即如果政治自由度水平低，则较大的民主自由会促进经济增长，但一旦政治自由度达到一个比较适度的水平，则较大的民主自由反而会危害经济增长。Barro 据此得出结论，认为西方发达国家应该将其经济制度（尤其是产权制度和自由市场理念）输送到贫穷国家以提高这些国家的福利，而不是向这些国家输出政治制度。原因很简单，因为这些贫穷国家的生活水平提升到一个合理水平之后，其政治制度自然会进步。早期的民主可以促进经济增长，而当经济发展到一定程度时，所有的民主制就会对经济增长产生负面的影响，若想经济继续进步，就需要更民主的制度来促进经济增长。Stepan Jurajda 和 Janet Mitchel（2001）

研究证明，在全球范围内，再分配制度是影响经济增长最重要的因素。

Ali（1997）发现经济自由比政治自由和民主权力更能影响经济增长。Dawson（1998）的研究表明，经济自由和经济增长有正的相关关系。Easton 和 Walker（1997）发现，对稳态水平的收入而言，经济自由是一个重要的解释变量，而且在新古典增长模型里加入经济自由变量将会增加模型的解释力，在有限政府的政治制度影响下可以促进经济增长（王瑞泽等，2006）。

在最近的研究中，Letty Yan-Yee Kwan 等用九个指标衡量制度进步的程度：国家或经济体有一个稳定的政治环境，高质量的公共和民用服务，良好的公共治理，新闻自由，建立法治、产权、劳动保护的法律保护，促进私营部门发展的衔接政策和商业环境鼓励创业的事业，并得出制度变迁与人力资本提升具有互动关系，从而促进经济增长的结论（Letty Yan-Yee Kwan and Chi-yue Chiu，2015）。

根据杨友才（2015）对国外近年来制度创新与经济增长的研究，目前的主要研究成果有 Siong（Siong Hook Law et al.，2013）在 ICRG 和 WGI 数据库基础上，使用格兰杰因果方法发现在60多个国家都存在制度与经济增长的双向因果关系，而高收入国家制度创新是促进经济增长的重要原因，低收入国家则经济增长是增强制度质量的重要原因；Ryan 等（Compton Ryan et al.，2013），以"经济自由度"作为制度的代理变量，发现经济自由促进了人们的收入增长。

1.3.2　国内关于制度创新与经济增长关系的研究

国内对制度因素对经济增长影响的研究主要偏重于对中国改革开放及各区域的实证分析及理论构建。

刘伟、李绍荣（2001）提出结构分析方法，指出经济体制变化最为根本的在于所有制结构的变化，在所有制结构变化中最为突出的则是非国有经济比重的上升。非国有制比重的提高提升了全社会劳动和资本的效率，当非国有制经济部门扩大时，由制度创新决定要素产出弹性的变化，特别是资本的产出弹性将增大。他们由此构造出包括制度创新（代理变量为非国有制比重）在内的生产函数。这一研究在国内外有代表性地开创了在提出制度影响生产要素配置效率的机制的基础上，应用非国有制比重等制度变量构造生产函数，研究中国改革开放和经济增长的先河，特别是提出了制度创新决定要素产出弹性的变化思想，成为制度创新定量研究的基础。

金玉国（2001）认为1978~1999年中国宏观制度的变迁主要表现在产权制度

变迁、市场化程度提高、分配格局变化和对外开放扩大四个方面。基于此,他设计了四个制度变量:非国有化率、市场化程度、国家财政收入占 GDP 比重和对外开放程度。通过动态关联分析得出以下结论:市场化程度对 1978~1999 年中国经济增长的影响力位居第一,产权制度改革的影响力仅次于市场化改革,名列第二(许莉,2009)。

王文博等(2002)认为影响一国经济增长的主要因素有制度因素、产业结构因素、劳动力因素和资本因素四个方面。为此他们设计了四个制度变量(非国有化率、市场化指数、市场化收入比重、对外开放度)来代理制度因素,并用主成分法分析制度对经济增长的贡献(许莉,2009)。

刘赣州(2003)对经济增长中资本要素作用的有关研究成果进行了总结和批判,并且建立了资本配置效率测算的计量模型,对中国经济增长中资本配置效率进行了实证分析。他的分析结果显示,中国资本配置制度安排上的缺陷使资本配置效率低下。为了使中国资本配置合理化,必须创新和完善制度安排,使资本配置制度由"政府主导型"向"市场主导型"转变。

叶飞文(2004)也构造了四个相类似的制度变量来对中国的经济增长进行实证分析,这四个制度变量分别是非国有化程度、市场化程度、社会占有财富程度和开放程度。回归分析结果显示,技术进步和制度创新在改革开放后对中国经济增长具有重要作用,使要素效率提高,技术和制度创新共同推动综合生产率提高,对经济增长贡献 42.4%,拉动经济增长 3.25 个百分点(王瑞泽等,2006)。

姜忠辉、边伟军(2004)的研究采用了金玉国(2001)的制度变迁量化指标,通过对 1978 年以来的制度变革在山东省经济增长中的作用进行实证分析,发现制度变革对山东省的经济增长具有显著贡献,贡献率为 25.2%。

王洪庆、朱荣林(2004)的研究用进出口总额占 GDP 的比重、市镇人口占总人口的比重、非国有工业总产值占工业总产值的比重、非国有部门固定资产总投资占全社会固定资产总投资的比重、第二和第三产业从业人数占总从业人数的比重之和作为衡量制度变迁的指标。他们利用经济计量学的方法对改革开放以来的制度变迁在河南省经济增长中的作用进行了实证分析,发现制度变迁对河南省的经济增长具有显著贡献,其贡献率为 23.17%。研究认为制度变迁是促进河南省经济增长的重要变量,并据此对经济体制改革提出了一些有益的建议(许莉,2009)。

王维国、杜修立(2005)研究了改革开放以来中国经济增长的情况。他们采用增广索洛模型,结合内生增长理论和新制度经济学,分析了中国的经济增长机制。以 1978~2001 年的数据,利用 panel data 建模方法,对中国经济增长进行了经验分析,得出了实物资本的收入份额、人力资本的收入份额、劳动的收入份额以及制度变迁对经济增长的影响强度依次为 0.41、0.56、0.03 和 0.147。可见,教育投入的重要性，同时也说明制度变迁对经济影响的强度十分显著。

陈华（2005）以非国有化率来代表制度因素（非国有化率用非国有工业总产值占全部工业总产值的比重计算得到），基于柯布-道格拉斯生产函数，引入代表制度因素的变量，建立计量经济模型。利用 1978~2003 年度统计数据，经回归得到如下结论：当非国有化率增加 1%时，经济的生产规模将扩大 0.23%。可见制度因素对中国经济增长的影响是明显的，并以此探讨西部大开发中利用制度促进西部经济增长的问题。

章安平（2005）的研究采用金玉国（2001）的制度变迁量化指标，建立了一个包含制度因素的中国经济增长模型，并就相应指标进行了分析。采用了 1983~2001 年的数据，分析得到制度因素对中国经济增长的影响是显著的，制度因素主成分得分每增加 1 个百分点，国内生产总值增长率增加 0.2506 个百分点。此外，通过灰色关联度的分析方法对影响中国经济增长的各个制度变量的重要性进行了细致分析，得出了一些有益的建议。

宋冬林、赵新宇（2005）的研究以吉林省为例，测算了非公有制经济发展水平、市场化程度和对外开放程度三个制度变量对经济增长影响力的大小，并相应的给出吉林省和全国的制度因素对经济增长影响的综合回归模型。

郭路（2006）在新古典流派的框架下分析了制度对经济增长的影响，并使用 SEM（结构方程模型）技术对制度的量化做出一定的尝试。得出中国经济增长中劳动力的投入对经济的影响比资本投入和制度因素要小。制度因素主要是通过资本的投入和劳动力的投入来影响经济增长的。尽管在直接效应中，制度因素对经济增长起反向作用，但在总效应中，制度对经济增长起正向作用。

韩秀丽、左理（2006）采用柯布-道格拉斯生产函数，基于宁夏 1985~2003 年的数据，研究得出制度因素对宁夏经济增长的影响是显著的，其贡献率为 7.15%。

高萍、孙群力（2006）的研究则是利用 1978~2003 年 28 个省市区的面板数据，采用对生产函数进行估计检验的计量经济学方法，选用资本、劳动、制度作为影响经济增长的三个因素来构建三要素模型，对计量经济模型进行估计检验，证明了制度变迁差异是地区间经济增长差异的主要因素之一。

杨晓萍（2006）的研究从柯布-道格拉斯生产函数出发，建立起了经济增长与各因素增长之间的数量关系；结合中国的具体情况，引进了人力资本、R&D 资本、产业结构、产权制度、市场化程度、对外开放程度等变量并且建立模型，通过对 1978~2003 年的有关数据进行实证分析，揭示出各个影响因素自身的情况及其经济增长贡献率的大小，从而进一步论证了各因素与经济增长的关系。研究指出，代表制度变迁的市场化程度和对外开放程度对经济增长的贡献率分别为 16.91%和 15.14%，表明市场化程度和对外开放程度的提高有助于中国经济的增长

(许莉，2009)。

吴建国（2006）的研究模型与杨晓萍（2006）的相似，通过对长沙市经济增长因素的定量分析，得出除资本存量外，政府支出、劳动力投入量和市场化程度等也是长沙经济增长的重要因素，市场化程度对经济的影响的系数为0.5565。

李占风（2005）用相似的研究模型，对湖北省经济增长因素进行了定量分析，探讨了资本因素、制度因素和劳动力因素对经济增长的贡献，指出对外开放程度和市场化程度对湖北省经济增长的贡献率分别为1.42%和12.81%。

邓攀、李增欣（2006）则相似地用劳动力投入数量、产业结构变化指数、制度变迁指数、物质资本存量、人力资本存量、劳动生产率建立经济增长的计量经济模型，实证分析了制度变迁、产业结构转变、资本等要素对湖南省经济增长的贡献率。研究指出，制度因素对经济增长的贡献率为7.49%（许莉，2009）。

黄永兴（2007）基于中国1982~2004年的数据资料，利用因子分析与主成分回归法，就中国经济增长因素进行了实证分析。研究得出对经济增长作用较大的5个因素，即政府消费、制度变迁、物质资本、国内居民消费和R&D资本的回归系数依次为0.179 12、0.116 36、0.111 03、0.109 54和0.092 77，可见制度变迁对经济增长的影响作用仅次于政府消费（许莉，2009）。

贺东伟（2007）通过对1953~2004年与经济增长相关因素的统计数据进行回归分析，得出资本投入和劳动投入与经济增长的相关系数分别为0.6739和0.4223，而制度变量与经济增长的相关系数为0.0176，认为支撑中国经济增长的长期动力主要来自于要素投入，而要素投入的效果却与经济发展战略制定的一些非经济因素有关。

目前，国内关于中国改革开放中制度创新在经济增长中贡献的研究，以刘伟等的结构分析方法为代表，其主要思路是先选择制度创新的代理变量，例如非国有制比重提高、市场化程度提高、分配格局变化和对外开放扩大等，然后构造生产函数。而在生产函数中，制度创新决定要素产出弹性的变化，这种方法是中国学者在国际学术界的首创，奠定了制度创新定量研究的基础。之后，正是在此基础上，按照制度决定生产要素资源的配置效率的思路，采用非参数的包络数据分析方法（姜照华，2003）研究制度创新在经济增长中的贡献率。不仅得到与实际相符合的结果（1978~2012年的中国，1992~2002年的美国，1980~2010年的英国、1987~2000年的新西兰、1980~2000年的爱尔兰等），而且可以同时发现测算国家的生产要素资源配置效率提高（或降低）的原因。

本书的测算模型基于结构分析方法关于制度决定资源配置效率的基本原理，采用客观的测算方法（DEA方法不需要估计参数），只需要固定资本存量、人力资本存量、劳动力存量以及GDP四项数据，具有简单实用的特点，特别是测算结果符合经济实际,因而可以用于对某国家或地区或产业等的实证测算和进一步分析。而结构分析法采用"非国有制比重"等作为代理变量测算制度的作用,与本书测算的生产要素资源配置效率具有一致性,就 1977~2012 年的中国经济而言,生产要素资源配置效率主要由"非国有制比重"决定。结构分析方法可以比较具体的揭示制度创新的原因、因素和路径,因而与效率分析(DEA 方法)结合起来分析制度创新对于经济增长的作用问题,效果会更好。

本书对中国的测算结果表明,改革开放后制度创新在中国经济增长中起到了相当重要的作用,制度创新对经济增长的贡献率,1978~2000 年平均达到了 31%,2001~2012 年为 5%。而在当前经济进入新常态的状态下,只有全面深化改革,大力进行制度创新,才能实现经济持续中高速增长的目标。

1.4 经济增长理论演变的知识图谱分析

本书选取美国科学情报研究所(ISI)建设的 Web of Science 数据库的网络版,应用 Web of Science 引文索引法,揭示经济增长文献之间的内在关系,反映经济增长理论的演进过程。

本书针对 Web of Science 中的 SCI-EXPANDED、SSCI、A&HCI 三大引文数据库进行检索,设置入库时间=所有年份,检索式设定为:主题=("economic* growth" and model*),再以学科类别=(ECONOMICS)为精炼依据,共得到 3341 条数据(每一条数据记录主要包括文献的题目、作者、摘要和文献的引文)。考虑到经济增长理论的演化分析需要在一个较长的时间范围内观察进行,再根据所下载数据的特点和经济增长模型的发展阶段,将其划分为 1957~2000、2001~2010 两个时间段,应用美国德雷赛尔大学信息科学与技术学院陈超美教授开发的 CiteSpace 软件[1],进行知识图谱的绘制。

1.4.1 主要代表人物及其重要作品

对 1957~2000 年的文献进行引文分析,引文网络中出现的关键节点代表了在经济增长模型发展中的代表人物及其重要作品。在图谱中出现时间最早的关键

---

[1] 目前陈超美教授开发的 CiteSpace 软件已广泛用于各类自然科学理论和社会科学理论的知识图谱的绘制,从而揭示出理论的前沿和热点。

节点为1939年哈罗德在 *Journal of Political Economic* 上发表的 *Towards a Dynamic Economics：Some recent Developments of Economic Theory and their Application to Policy* 一文，在这篇文章中提出了著名的哈罗德模型。与哈罗德模型密切相连的关键节点主要有两个，其一是詹姆斯·爱德华·米德（J. E. Meade）于1960年出版的 *A neo-classical theory of economic growth* 一书，其二是1961年宇泽弘文发表的 *Neutral Inventions and the Stability of Growth Equilibrium* 一文。从引文网络图谱来看，索洛发表于1956年的 *A Contribution to the Theory of Economic Growth* 在图谱中表现为圆圈的形式，它的中介中心度最高，为0.22，表示该文献具有很高的结构属性，文献中所提出的索洛模型也因此成为模型演化的关键节点（图1-1）。

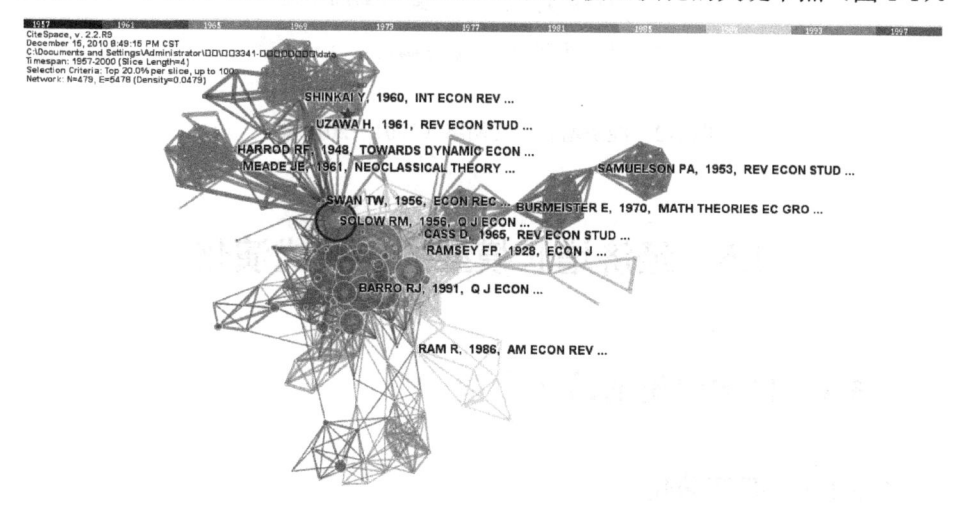

图1-1　经济增长引文网络（1957~2000年）

1.4.2　经济增长理论的发展脉络

经济增长理论主要研究经济系统中各增长要素在经济增长中的作用，按发展脉络和内在关系，其共经历了三个发展阶段：资本决定论、外生知识（技术进步）决定论（徐志平，2006）以及内生知识（技术进步）决定论。其中，资本决定论以古典增长理论的哈罗德-多马模型为代表，外生知识（技术进步）决定论以新古典增长理论的索洛模型为代表，而内生知识决定论则以内生增长理论的罗默的知识溢出模型和卢卡斯的人力资本溢出模型为代表。从图1-2中可以看出，巴罗、卢卡斯、罗默等内生增长理论的代表人物的论文占据了经济增长引文网络（2001~2010年）的中心位置。

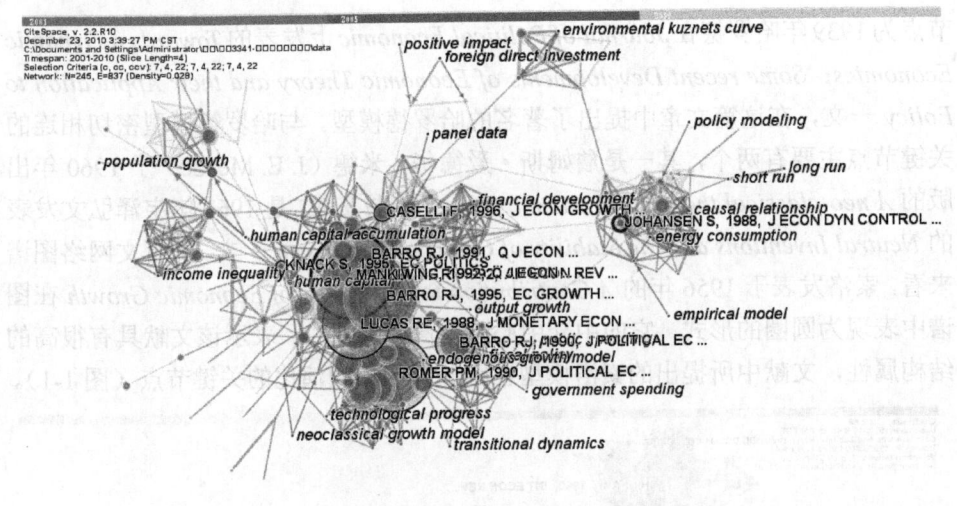

图 1-2　经济增长引文网络（2001~2010 年）

1.5　经济增长模型的包容式演化

1.5.1　科学理论的演化类型

1.5.1.1　博弈演化

博弈演化的思想可追溯到 20 世纪中叶，纳什的"群体行为解释"被认为是最早的演化博弈思想成果（王文宾，2009）。它是把博弈理论分析和动态演化过程分析结合起来的一种新理论，其基本思路是在具有一定规模的博弈群体中，博弈方进行着反复的博弈活动。由于有限理性，博弈方不可能在每一次博弈中都能找到最优的均衡点。于是，他的最佳策略就是模仿和改进自己和别人过去的最有利战略（朱兵和张廷龙，2010）。

1.5.1.2　库恩式演化

库恩式演化又称范式演化[①]，库恩定义的范式是某一科学共同体在某一专业

[①] 库恩的范式理论是科学哲学中最重要的理论之一，他的科学演化理论建立在对科学发展史的系统考察和大量的案例研究基础上，类似的研究还有波普尔的证伪主义、拉卡托斯的科学研究纲领方法论等。

或学科中所具有的共同信念,这种信念规定了他们的共同的基本观点、基本理论和基本方法,为他们提供了共同的理论模式和解决问题的框架,从而成为该科学的一种共同的传统,并为该科学的发展规定了共同的方向。库恩式演化遵循以下规律:前科学→常规科学→反常和危机→科学革命→新的常规科学(李怀等,2013)。

1.5.1.3 包容式演化

包容式演化在演化过程中遵循共同的研究方法和框架,新阶段的理论包含前一阶段的重要理论成果并在此基础上不断发展。包容的演化内涵可从以下方面来加以考察:

(1)包容体现了对现有理论观点的容纳。在包容式演化过程中,各学派具有相同的理论基础和意识形态,即学者们对基本的理论概念已达成一致,理论的发展不是对基本理论的怀疑和争议,而是对相关理论研究的深入和在现有理论基础上不断融入自己的新观点。因此,包容的显性表现是对当前观点的容纳、完善和改进(李怀等,2013)。

(2)包容体现了对现有研究方法的肯定。其具体表现为包容式演化具有较强的路径依赖性。路径依赖最早用来解释经济制度的演进,这里的路径依赖是指在理论的发展过程中,当学者选择了一种研究方法后,由于惯性力量的驱使,会使这一选择不断自我强化,进而使后来的研究人员很难走出该理论模式。诺思认为,路径依赖类似于物理学中的"惯性",一旦进入某一路径就可能对这种路径产生依赖。某一路径的既定方向会在后续发展中得到自我强化。人们过去做出的选择决定了他们现在及未来可能的选择(李建设和王行佳,2009)。当这些选择进入锁定状态时,想要另辟新路径就显得十分困难。对侧重点不同的研究者来说,在包容式演化过程中,首先他们会接纳现阶段学者研究该问题的方式和理论模式,遵循共同的指导思想,简言之,他们在解决问题的框架和思路方面存在着一致性。

包容式演化主要包括以下四个特点:

(1)从假设条件的角度来看,包容式演化包含了基本假设条件的演变,它是一个逐步假设→逐层递进→接近现实的过程。由于各理论的发展都是在一定假设条件的基础上,通过逻辑演绎和推理过程而得出结论,因而假设条件越接近现实,越能推动结论不断向现实靠拢。如以假设演变为逻辑起点,可以把现代经济学的发展路径归结为新古典经济学、信息经济学、新制度经济学和可持续发展经济学四个不同阶段。新古典经济学分析的基础为理性人假设(以最小的经济成本去追逐最大的经济利益)、完全信息假设(在经济中进行交易的双方都具备完全的信息)、稀缺性假设(资源不能满足人们不断增长的需求)、既定的市场经济制度假设等；信息经济学对完全信息假设做出了更为接近现实的修正，即在现实经济中交易双方拥有的信息处于不对称的状态；而新制度经济学把信息视为一种稀缺而昂贵的商品，因此获取信息也是一种交易行为，必须支付一定的费用——"信息费用"，它作为交易费用的一部分而存在。另外，新制度经济学还将理性人的假设做了三方面修正：人的有限理性；人的行为并非只在于追求财富的最大化；人的机会主义倾向。由于新制度经济学的假设前提更接近于现实，因而对现实问题也就具有更强的解释力（陈安国和饶会林，2005）。可持续发展经济学对稀缺性假设和理性人假设进行了修正，新古典经济学中不同的资源间都存在一定的替代性，而可持续发展经济学中资源的可替代性受到很大程度的限制。某些稀缺性资源的不可替代性对人类的持续发展提出了挑战，同时人不再是为追逐利润最大化而对大自然有无限掠夺欲的"理性人"，而是有着长远发展眼光的"环保人"。本研究所说的包容式演化正是通过不断改进与现实状况不符的假设来发展原来的理论，从而经过每一次演化后的理论成果都拥有比前者更强的解决现实问题的能力。

（2）从建模考虑变量的角度来看，包容式演化的过程也是一个保持已有变量并不断加入新的解释变量的过程，同时演化中暗含着核心要素的内生化，即模型中的核心变量发生了由外生→内生的转变。首先必须对内生变量和外生变量加以区分，所谓内生变量，是指在理论模型中，由给定的经济系统模型本身所决定的变量。所谓外生变量，则是指在理论模型中，经济系统模型无法决定，而是由这个模型以外的其他因素所决定的变量。也就是说，在理论模型中，当一个变量只是用来解释其他变量，而其自身却不能被该模型中的其他变量所解释时，这个变量就是外生变量；而能够被该模型中的其他变量所解释的变量就是内生变量（王敏正，2008）。包容式演化一方面在模型中不断加入新的变量；另一方面通过新变量的融入达到对原有核心变量的内生化解释。

（3）从生产函数的角度来看，包容式演化的过程也是一个模型种类不断增多的过程。生产函数所体现的是在一定时期内，在特定技术水平下，生产的最大产量和达到这一产量所使用的各种生产要素的数量之间的关系。当现有的生产函数能对经济的持续增长做出合理解释时，包容式演化会在原有生产函数的基础上，寻求生产函数在种类方面的变化以增加解释力。在包容式的演化进程中，学者们在新的假设条件和不断引入新要素的前提下，使生产函数的变量发生变化。

（4）在模型的未来发展方面，包容式演化的建模方式与理论基础有待突破。由于包容式演化以已有的研究框架和理论模式为依托，使研究过于拘谨，在模型的构建上缺乏创新性。由于模型所依托的理论基础一直没有脱离原始标准的制约，缺乏与其他方法的全面比较，使其进一步发展受限。同时，较强的路径依赖也在研究者的心中形成了一种心理上的契约，当出现与原有理论基础相违背的观念思想时，往往会遭到研究者们的排斥与抵抗，因而这种观念惯性使得演化过程难以向新的理论方法做突破。

1.5.2 经济增长模型的包容式演化轨迹

从以上对代表性经济增长模型的演化分析，得到以下四方面的演化轨迹和发展方向：

（1）模型的假设条件越来越接近现实，适应性越来越强。哈罗德-多马模型中只包含两种生产要素，即资本和劳动，假设资本-劳动比例不变，生产规模报酬不变，要素边际报酬递减，生产技术不变；索洛-斯旺模型放宽了哈罗德-多马模型的假设，认为资本和劳动能相互替代，资本-劳动比率可变，同时模型考虑了技术进步对经济增长的影响，对经济增长的假设向现实靠近了一步；阿罗模型把知识视为投资的副产品，同时做出了知识作为公共产品，具有"外溢效应"的假定，将技术进步视为由投资决定的内生变量；宇泽弘文模型假定经济中存在着教育部门，从而将索洛模型中外生技术进步的部分作用内生化；罗默继承了阿罗的知识"溢出效应"思想，认为知识是追求利润的厂商进行投资的产物；卢卡斯改进了宇泽弘文的两部门模型，假定每个生产者既从事生产，又能通过学习而提高人力资本，最终揭示了人力资本才是经济持续增长的持续根源，比较符合经济发展现状；包含制度因素的模型将制度性假设引入到经济增长的发展过程中，从而对复杂制度背景下发展中国家的经济发展做出了解释；而包含生态资本的经济增长模型则增加了对生态资本的假定，突出了环境因素在经济增长中的地位。因此，从总体来看，模型的发展过程也是假设条件不断接近现实的过程（李怀等，2013）。

（2）建模考虑的因素越来越多，变量越来越丰富。哈罗德-多马模型将资本和劳动视为经济增长的要素，并认为经济增长的根本动力在于物质资本的积累，索洛-斯旺模型在哈罗德-多马模型的基础上，将技术因素引入到增长模型的分析中，最终得出劳动力的人均产出由技术、投资率和人口增长率三个因素共同决定的结论。阿罗模型不但肯定了技术进步对经济增长的促进作用，同时从知识积累的角度实现了对技术进步的部分内生化解释。而罗默将人力资本要素直接引入模型，卢卡斯的人力资本溢出模型则从人力资本的角度实现了技术进步的内生化；包含制度因素的模型逐渐意识到制度对经济增长的促进和抑制作用，在模型中引入制度变量，开始论证政府中的某些政策能够增强促进经济增长的因素，同时某些政策也会对经济增长起到阻碍作用；包含生态资本的经济增长模型，则强调了生态环境因素对经济增长的影响作用，更加贴近当前的经济发展现状，具体的要素内生化过程如图 1-3 所示。

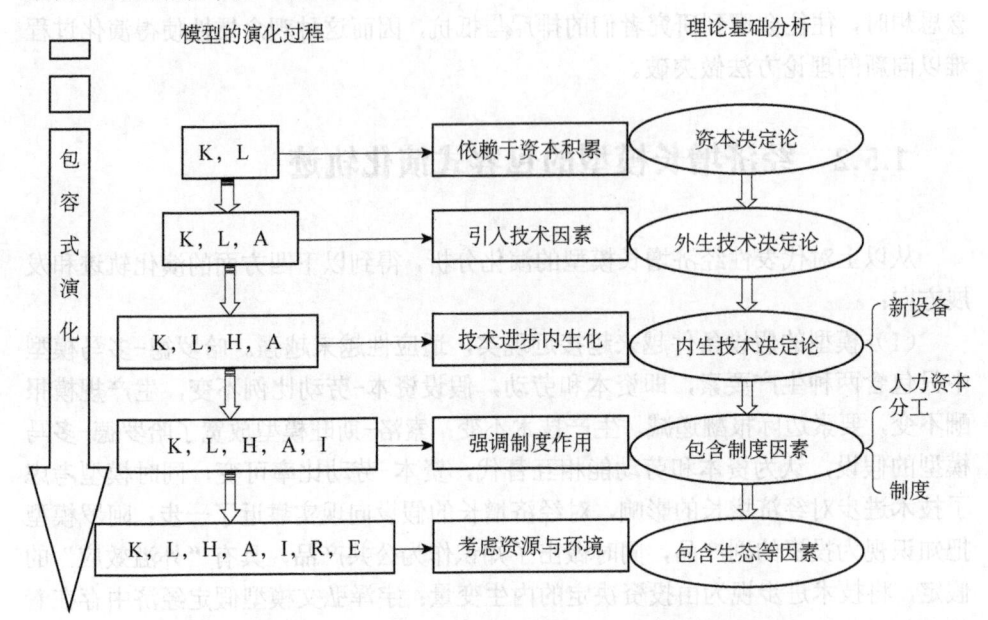

图 1-3 经济增长模型的包容式演化分析架构（王洛林和牛凤瑞，2005）

（3）从生产函数的角度来看，不同类型的模型数量越来越多。在经济增长模型演化过程中，生产函数类型的增加体现在如下几个方面：首先，由要素融入导致模型种类的增长。在索洛-斯旺模型、阿罗模型中引入了技术进步因素，卢卡斯的人力资本溢出模型则同时建立了人力资本和技术进步的关系，而包含制度因素、生态资本的经济增长模型中又增加了制度、生态资本与宏观生产函数关系的研究。其次，由模型内核心要素的内生化导致不同种类模型数量的增长。在模型要素内生化的过程中，内生要素成为推动经济发展的关键，它随着经济发展不断变化演进，经济学家分别从知识、人力资本等方面达到对外生变量的内生化解释，导致了模型种类的不断增多。最后，对生产部门的划分导致模型种类的增加。如宇泽弘文模型中假定经济系统中除了生产部门外还存在着教育部门，而罗默又将其划分为研究部门、中间产品部门和消费品部门，这种对经济部门的划分也势必得到不同的生产函数类型。由此可见，在经济增长模型的演进阶段，随着假设条件的不断完善、经济变量的逐次引入、核心要素的内生化实现及经济部门的细致划分，不同类型的模型数量也趋于增长（李怀等，2013）。

（4）从建模方式的角度来看，阶段性模型的构建依存共同的理论框架。从古典经济增长模型到新古典经济增长模型，都以科布-道格拉斯生产函数为研究基础进行扩展。模型在演化过程中仅在不同阶段融入了不同的经济增长要素，不断地将模型的外生变量内生化,因此采取的是一致的建模方式。在新增长理论中,由于开始关注经济分散化的动态均衡问题,引入了动态一般均衡分析法;而包含制度因素的模型和包含生态资本的模型仍以科布-道格拉斯生产函数为研究的基础。由此可见,经济增长模型的演变急需新的理论框架作为支撑,在经济增长模型的未来发展中,其建模方式与理论基础有待进一步的突破(李怀等,2013)。

表1-2展示了从哈罗德-多马模型到包含生态资本的模型的演化轨迹,模型在假设条件、生产函数方面的演进路线,以及它们相对于前者模型的改进和历史缺陷。

表1-2 经济增长模型的演进脉络

模型		假设条件	生产函数	相对于已有模型的改进之处	缺陷
资本决定论模型	哈罗德-多马模型	均衡时的增长率取决于储蓄率和资本-产出率	$G_W = s/v$		假定储蓄会完全转化为投资;单一强调资本的增加对经济增长率的影响
外生技术决定论模型	索洛-斯旺模型	资本和劳动能相互替代;资本-劳动比率可变	$Y = A(t)f(K,L)$	考虑了技术进步对经济增长的影响	均衡增长率由人口自然增长率决定;技术进步为外生变量
内生技术决定论模型	阿罗模型	知识是投资的副产品;知识是公共产品,具有"外溢效应"	$Y(t) = K(t)^\alpha [A(t)L(t)]^{1-\alpha}$, $0<\alpha<1$ $A(t) = BK(t)^\beta$, $B>0, \beta>0$	将技术进步视为由投资决定的内生变量	均衡增长率仍是由人口自然增长率决定
	宇泽弘文模型	改进了索洛单纯生产部门的模型;假定经济中存在着教育部门	$Y = F(K, \dot{A}L_p)$ $\dot{A} = G(A, L_E)$	将索洛模型中外生技术进步的部分作用内生化;是最早的人力资本增长模型	均衡增长率仍是由人口自然增长率决定
	罗默的知识溢出模型	内生的技术进步是经济增长的核心;假定经济中存在三个部门:研究部门、中间产品部门、消费品部门;知识是厂商进行投资的产物;知识具有溢出效应	$Y_i = AK_i^{1-\alpha-\beta}H_i^\beta \sum_{j=1}^N x_{ij}^\alpha$ $0<\alpha<1, 0<\beta<1$	拓宽了资本的外延,在模型中引入了人力资本要素	缺乏对制度的研究;缺乏对人类学习机制的分析;仍采用动态一般均衡法构建模型
	卢卡斯模型	改进了宇泽弘文的两部门模型;假定每个生产者既从事生产,又能通过学习而提高人力资本	$Y(t) = K^\alpha(t)[u(t)h(t)N(t)]^{1-\alpha} h_E^\gamma(t)$ $\dot{H}(t) = h(t)\delta[1-u(t)]$	揭示了人力资本是经济持续增长的根源	

续表

模型		假设条件	生产函数	相对于已有模型的改进之处	缺陷
内生技术决定论模型	贝克尔和墨菲模型	专业化或知识存量的增加将提高人均产出水平;分工演进受到协调成本的限制;人力资本(知识)的增长、技术进步和协调成本的降低会促进经济增长	$Y = AH^{\alpha}n^{\theta}$ $C = \lambda \cdot n^{\beta}$ $y = A \cdot H^{\alpha} \cdot n^{\theta} - \lambda \cdot n^{\beta}$	分工水平由协调成本和社会知识水平决定,分工演进和知识积累相互促进决定经济增长	
	直接将制度因素引入的模型	社会禀赋为L单位劳动和H单位人力资本,劳动只从事最终产品的生产,人力资本中一部分从事制度创新,一部分从事技术创新	$Y = AK^{\alpha}H^{\beta}(IL)^{1-\alpha}$ $dA/dt = \theta(H - H_1)A$	在经济增长模型中引入了制度因素	
包含生态资本的模型		假定生态资本模型与实物资本模型相似;自然界引起的生态资本损失为零;生态资本存量不低于其刚性阈值	$Y(t) = K(t)^{\alpha}H(t)^{\beta}E(t)^{\gamma}$ $[A(t)L(t)]^{1-\alpha-\beta-\gamma}$ $E(t) = E(N, P, Y, P_d, C, \cdots)$ $\dot{E}(t) = s_E Y(t) - mE(t)$	将生态资本作为内生变量嵌入模型	生态因素与资本因素并非同一层次内的因素

本节在博弈演化和库恩式演化的基础上,提出了一种新的演化方式——包容式演化,通过对典型经济增长模型的分析发现,它们在假设条件、建模要素、生产函数和建模变量等方面均满足包容式演化的特点和机理,从而证明了经济增长模型的演化是一种包容式演化。而经济增长模型的演变急需新的理论框架作为支撑,在经济增长模型的未来发展中,其建模方式与理论基础有待进一步突破。

1.6 本书的研究方法与创新之处

1.6.1 研究方法

在中国、美国、日本等多个国家经济增长数据库基础上,运用案例比较研究、计量经济学和数据包络分析等方法,吸收新增长理论和新制度经济学的重要成果,从共协理论出发,建立这些国家的经济增长模型,测算出各因素的贡献率,并归纳总结出若干研究结论。本书的基本研究思路和方法见图1-4。

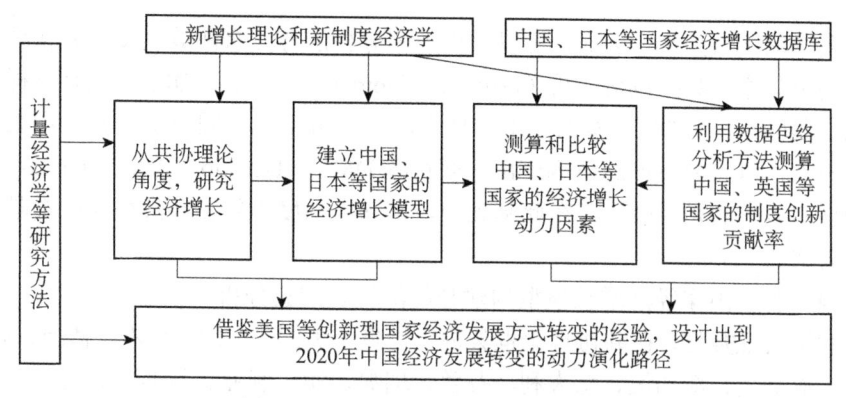

图 1-4　本书的基本研究思路和方法

1.6.2　创新之处

本书主要在如下三个方面进行新的探索。

(1) 研究了经济增长的多种决定因素。

本书认为决定和影响经济增长的因素，除了劳动力、固定资本（固定资本存量及固定资产投资）、人力资本、科技以及制度因素外，经济环境外部性（包括自然环境、社会环境、市场环境、政策环境等的外部性）也是一个重要的影响因素。本书不仅研究劳动力、固定资本（固定资本存量和固定资本增量源泉——固定资产投资）、人力资本、科技、制度对经济增长的决定方式和贡献率测算问题，而且研究了经济环境外部性对经济增长的影响问题，并提出采用余值法进行测算。

(2) 构建经济增长的共协理论框架及建模方法。

本书从科技、人力资本与投资共协的角度研究经济增长，把国内生产总值分解为劳动报酬、资本收益和共协利益，据此建立新的经济增长模型。并在新的经济增长模型基础上推导出内生经济增长的充分条件，给出均衡时的基本特点：人均消费水平、人均资本存量和人均产出的增长率为相等的正常数；同时对当代经济学理论中常见的三点假设，即产出耗尽假设、分解假设（全部产出分解为资本报酬和劳动报酬）和边际收益假设（在利润最大化的条件下，生产要素的价格等于其边际产出）等假设的适用条件进行研究，从经济增长的共协理论角度揭示这些假设的局限性。

(3) 利用数据包络分析方法测算生产要素资源的配置效率，由此建立起制度创新贡献率测算公式。

从作用机理来看，制度创新对经济增长的最基本、最本质的作用是提高生产要素资源的配置效率。因而，可以采用效率分析的方法来测算制度创新在经济增长中的贡献率，数据包络分析（Data Envelopment Analysis，DEA）正是这样一种方法（姜照华，2004）。本书运用这种方法，以劳动力、固定资产存量和人力资本为投入，以国内生产总值为产出，获得各 DMU（Decision Making Units，以各年为样本点）的相对效率。在此基础上，推导出制度创新在经济增长中贡献率的测算公式。

（4）若干国家经济增长模型构建与经济增长因素分析。

利用实证数据，在共协理论框架内，构建了美国、中国、日本、韩国、英国、法国、加拿大、新加坡、意大利、芬兰、瑞典、澳大利亚、新西兰、爱尔兰等国家的经济增长模型，并对这些国家的经济增长因素进行分析。

（5）对中国创新驱动力量与经济发展方式转型的优化分析。

建立中国经济增长模型，以及污染物排放量-能源消耗-环保投入模型，构造哈密顿函数，确定到2020年创新驱动与经济发展方式实现转型的GDP、投资、科技投入、污染治理投入、能耗等重要指标之间的关系及最优增长率。

2

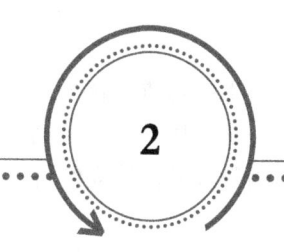

经济增长的共协理论

第 1 章对 1957 年以来经济增长理论的演化进行了简要梳理，通过对典型经济增长模型的分析发现，它们在假设条件、建模要素、生产函数和建模变量等方面均满足包容式演化的特点和机理：所包括的要素越来越多，模型越来越复杂；新古典经济增长理论提出了各种形式的生产函数，但这些生产函数过多过严的假设，严重脱离了实际，影响了它的适用性。在索洛-斯旺模型中，假设仅有资本和劳动两个生产要素，且这两个要素能够相互替代；其技术进步是中性的，且规模收益不变。这是不符合实际的，实际上科技、人力资本和制度等也是决定经济增长的重要因素；而新增长理论，例如罗默内生增长理论的"人口、劳动力供给不变；人力资本总存量不变，其用于市场的份额不变"等假设也存在着类似的局限性；诺斯等的新制度经济学为经济增长理论开辟了新的道路，但新制度经济学缺乏对制度在经济增长中作用的定量研究；目前国内关于中国改革开放中制度创新在经济增长中贡献的研究，以结构分析方法为代表，主要思路是选择制度创新的代理变量，然后构造生产函数。而制度创新决定要素产出弹性的变化，这种方法是中国学者在国际学术界的首创。

本章将在第一章的基础上，对经济增长的共协理论进行较为系统的论述。论述的主要内容包括：

（1）共协理论关于经济增长的多种决定因素的研究。论述了决定和影响经济增长的多种因素，包括劳动力、固定资本存量及固定资产投资、人力资本、科技、制度因素以及经济环境外部性。

（2）共协、共协利益的概念解释。本书论述的"共协"概念的含义是指互动和协作，而在经济增长中创新与投资是互动与协作的。共协的基础是知识流动和共享，而共协利益的存在则是经济组织得以存在和发展的基础。共协利益是经济活动中各主体（投资者、就业者以及其他利益相关者）通过相互作用、互相依赖、协同行动等而获得的某种程度上共享的利益，这种利益的存在使主体之间相互支持、彼此有利、共同繁荣（刘建华，姜照华，2015）。

（3）经济增长模型构建的共协理论基础。共协理论将国内生产总值分解为劳动报酬、资本收益和共协利益。通过建立劳动报酬、资本收益、共协利益与劳动力、固定资本存量及固定资产投资、人力资本、科技之间的函数关系，建立经济增长模型（姜照华等，2014）。

（4）制度创新和经济环境外部性在经济增长中的作用的测算方法。从作用机理来看，制度创新对经济增长的最基本、最本质的作用是提高生产要素资源的配置效率。因而，利用测算效率的 DEA 方法测算出制度创新对经济增长的贡献率。在测算出固定资本存量、固定资产投资、科技、人力资本、劳动力、制度等因素在经济增长中的贡献率后，经济环境外部性的影响率采用剩余法进行测算。

（5）在共协理论的经济增长模型基础上推导出内生经济增长的充分条件，给出均衡时的基本特点；同时对当代经济学理论中的产出耗尽假设、分解假设（全部产出分解为资本报酬和劳动报酬）和边际收益假设（在利润最大化的条件下，生产要素的价格等于其边际产出）等假设的适用条件进行研究，从经济增长的共协理论角度揭示这些假设的局限性（姜照华，2008）。

2.1 经济增长的决定因素

2.1.1 经济增长的多种决定因素

究竟是什么因素决定经济增长，对此，人们起初认为资本和劳动力是决定经济增长的两个主要因素，这可以称为二因素论。而索洛把决定经济增长的因素归纳为科技进步、资本积累、劳动力增长这三个要素。

根据伍仁行（1988）提供的资料，丹尼森从美国经济增长的历史数据着手，并与西欧和日本相比较，对促进经济增长的各种因素在经济增长中的重要性进行了分析。对此，他在一系列著作如《美国经济增长因素和我们面临的选择》、《日本为什么增长得这么快》中详细提出并研讨了决定经济增长的七个要素（E.F. Denison, 1962; Denison and Chung, 1987）：①就业人数及其年龄-性别构成；②工时数；③教育程度；④资本存量；⑤知识进展；⑥资源配置（低效率使用的劳动力比重的减少）；⑦规模的节约（以市场的扩大来衡量）。

关于上述因素在经济增长（1929~1957年）中所占的份额的分析：

关于第一个因素，根据丹尼森的估计，从 1929 年到 1957 年，美国企业就业人数增加 872 万人，增加 21.2%，年平均增长 0.8%。

关于第二个因素，丹尼森认为，工时的缩短，一方面减轻了疲劳程度；另一方面，则是引起产量的损失。因为劳动生产率的提高只能弥补工时缩短而引起的损失的 40%~50%，其余 50%~60%则被资本家负担了。

关于第三个因素，丹尼森认为，美国劳动力教育程度的迅速提高，提升了劳动者的技能，增加了劳动技术的等级，提高了经济增长的质量，从而提高了国民收入。

关于年龄-性别构成，总的说来男子创造的产值是女子创造的产值的 2.17 倍（在相同工作时间的条件下）。

关于规模节约，是指由于生产规模的扩大、产量的增加，降低了成本，实现了原材料、能源的节约，因而增加了利润。值得指出的是，规模节约一般先是一个企业受益，而后扩展到其他企业。

关于知识进展，丹尼森认为知识进展是引起单位投入量的产出量持续增长的最重要和最基本的因素。知识的进展包括技术知识、管理知识的进展与由于采用新的知识而产生的结构的更新等。丹尼森特别强调管理的改进在知识进展中的重要地位，认为知识进展不光是指技术进步，而且也包括管理的进步。他还指出知识进展与其他因素不同的地方还在于，由于传播技术的发达、信息的畅通，任何一个区域或产业、企业的技术创新所创造的新产品、新物质、新技术和新经验，都会很快地传播到所有的国家。上述因素在经济增长中占有的份额见表 2-1。

表 2-1 美国 1929~1957 年实际国民收入增长率按增长因素的分布情况（增长率，%）

变量	各要素的贡献率		
实际国民收入			2.93
1 总投入的增加			2.00
1.1 劳动力及其质量调整		1.57	
1.1.1 就业和工时	0.80		
1.1.2 教育	0.67		
1.1.3 其他	0.10		
1.2 资本		0.43	
2 每单位投入增加的产出			0.93
2.1 知识进展		0.58	
2.2 规模节约		0.34	
2.3 其他		0.01	

与丹尼森的分析类似，金森久雄（1980）在《日本经济增长讲话》一书中将影响经济增长的因素大至分为：①经济增长的主观原因；②知识的增长；③资本

的积累;④劳动力质和量的提高;⑤经济制度;⑥贸易;⑦自然资源。

将决定经济增长的因素区分为直接因素和间接因素,这是苏联学者卡马耶夫(1983)的一个贡献,如表2-2所示。但是他的分类方法是需要改进的,一方面,它把"科学研究和试验设计"划入"间接因素"是错误的;另一方面,还有一些间接因素没有列入,如文化氛围、社会状况、政治局势等。

表2-2 经济增长的因素结构和结果结构的基本图式

增长因素			增长结果
I	II		
间接因素	直接因素	最终产品生产	
劳动力资源	全体劳动者的劳动力		消费品(物质资料、文化资料和其他资料)
普通教育和专业教育制度			用于非生产性的积累和补偿非生产基金的物质资料
人口增长过程			
科学研究和试验设计研究	生产工艺和生产组织		满足社会需要的物质资料
自然资源的利用	生产基金		用于生产性积累的物质资料
周围的环境	社会生产的管理		补偿固定生产基金损耗的物质资料

本书认为决定和影响经济增长的直接因素,除了劳动力、固定资本(固定资本存量及固定资产投资)、人力资本、科技以及制度因素外,经济环境外部性(包括自然环境、社会环境、市场环境、政策环境等等的外部性)也是一个重要的影响因素。这里讨论的经济增长中的经济环境外部性包括自然环境变化所带来的经济损失以及自然环境恢复、治理和污染防治的成本增加等环境压力成本;自然资源开采条件变化所带来的资源开采压力成本;社会保障、社会救济等社会因素变化所带来的社会压力成本;落后区域的资源型产品与先进区域的加工型产品的不合理的溢价;落后区域成熟人才向先进区域流动(由此造成落后区域的人力资本流失);落后区域远离市场中心地;以及先进区域与落后区域的政策环境的变化(如1990~2000年中国沿海区域享受到优惠政策,而中西部区域没有享受到);如此等等(姜照华等,2015)。

不能单纯从理论上推断出究竟是资本还是科技是经济增长的第一推动力。不同的经济系统,在不同的环境条件下,资本、科技、劳动力等在经济增长中的作用是不同的。例如,在有些条件下,资本起决定性作用,而在另一些条件下,科技起决定性作用;在前一阶段,资本起决定性作用,而在后一阶段,科技则起决定性作用。

2.1.2 制度创新的作用

制度有利于减少摩擦、矛盾,让人们将有限的精力与时间用到财富生产上去。制度创新能够提高效率、促进经济增长(刘赣州,2006),这是新制度经济学的一大发现。

由科斯、诺斯、威廉姆森等开创和发展起来的新制度经济学,把制度作为经济增长的重要因素(R. 科斯等,1994)。所谓制度是管束人们行为的一系列规则(正式规则、非正式规则)及其实施机制。制度不是单一的规则,而是多种规则的体系,这些规则之间有着各种复杂的、非线性的动态关系。在某种意义上,这些规则之间是相互一致的、协调的,但另一方面某些规则之间也可能存在着矛盾、冲突、对立和不协调(姜照华,2004)。这种矛盾运动是制度变迁的内在动力。

正式规则是指人们有意识创造的一系列政策法则。正式约束包括政治规则、经济规则和契约,以及由这一系列的规则构成的一种等级结构,从宪法到成文和不成文法,再到特殊的细则,最后到个别契约,它们共同约束着人们的行为。

正式规则也叫正式约束。这些规则可作如下分类描述(保罗·A. 萨缪尔森,1992):

(1)界定两人在分工中的"责任"的规则。用亚当·斯密著名的制针的例子来说明,就是要约定哪些工作由哪些人做,所有的工人一起来完成针的制作。也可用市场的例子来说明,就是约定哪些商品由哪些人生产。用新古典经济学的话说,就是为人们制定行动的目标。

(2)界定每个人可以干什么、不可以干什么的规则。因为每个人追求以最小的努力(或成本)换取约定的好处的行为可能会危害他人的利益,例如制造假、冒、伪、劣产品。或者,用新古典理论的话说,就是为人们划定"选择空间"的边界(刘宛晨,2005)。

(3)关于惩罚的规则。约定对违反(2)中规则要付出什么样的代价。

(4)"度量衡"规则。交换的各方需要约定如何度量每个人的物理投入与物理产出。在此基础上才可能确定交换的价值量。

在非正式规则中包括伦理规范、道德观念、风俗习性、意识形态等因素。在非正式规则中,意识形态处于核心地位。因为它不仅可以蕴涵价值观念、伦理规范、道德观念和风俗习性,而且还可以在形式上构成某种正式制度安排的"先验"模式(卢现祥,1996)。

制度是一种耗散结构，如果存在某种正反馈机制，就有可能把某种扰动因素放大，从而使制度变迁。从耗散结构论视角看，正式规则是人们在长期交往中无意识形成的，具有持久的生命力，并构成代代相传的文化的一部分。从历史视角来看，在正式规则设立之前，人们之间的关系主要靠非正式规则来维持，即使在现代社会，正式规则也只占整个规则很少的一部分，人们生活的大部分空间仍然由非正式规则来约束。

制度创新也就是秩序的变化过程，既可能是从无序向有序的变化，也有可能是从有序向无序的变化。制度有内部制度和外部制度之分，外部制度是外在的规则及其实施机制，它表现为法律规章及市场秩序，其中意识形态、文化等起到很大作用；而从新制度产生的机理看，制度创新可以分为强制性的和诱致性的两类（姜照华，2004）。

关于制度对于经济增长的影响。科斯定理表明，在交易费用为零时，任何一种制度安排只对财富或收入的分配有影响，而对产出的构成，亦即对资源配置没有影响，有效率的结果总可以通过无代价的市场谈判达到；而在交易费用大于零时，制度安排不仅对分配有影响，而且对资源配置及产出的构成有影响。因为在某些制度安排下会产生较高的交易费用（乔根森，2001a），从而使有效益的结果不能出现。

道格拉斯·C. 诺思（2009）在分析西方世界兴起的原因时指出，"有效率的经济组织是经济增长的关键因素；西方世界兴起的原因就在于发展一种有效率的经济组织。有效率的组织需要建立制度化的设施，并确立财产所有权，把个人的经济努力不断引向一种社会性的活动，使个人的收益率不断接近社会收益率"。

为什么首先实现现代意义上经济增长的是荷兰和英国，而不是法国和西班牙呢？诺思（2009）回答说："因为荷兰和英国是当时在确定制度和所有权体系——可以有效地发挥个人积极性，保证把资本和精力都用于对社会最有益的活动——方面走在最前面的两个欧洲国家。"

有效的所有权制度是使个人收益率不断接近社会收益率的基本条件。这里"所有权"概念的含义是指有助于确定每个人占有、使用、转让生产出来的财富的权利的一切法律、规定、惯例和条例（龚六堂，2005）。

产权制度及其相应的制度创新有利于将外部收益内在化，这是新制度经济学关于制度功能的一个重要观点。此外，制度在抑制人的机会主义动机及其行为方面也有重要的作用。综上所述，我们可以把制度功能及其对个人行为影响的过程概括成图 2-1。

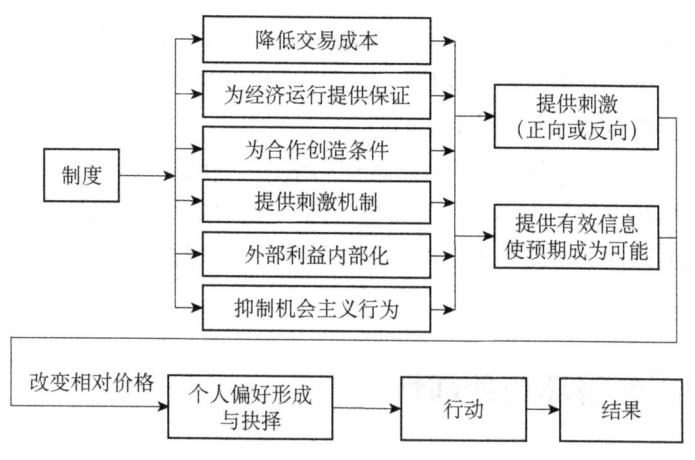

图 2-1　制度功能及其对个人行为影响

制度均衡实质上是指制度达到了"帕累托最优"（Pareto efficiency）。帕累托最优是指：此时所考察的经济已不可能通过改变产品和资源的配置，在其他人（至少一个人）的效用水平至少不下降的情况下，使任何人（至少一个人）的效用水平有所提高。反之，所谓"帕累托无效率"（Pareto inefficiency）指的就是一个经济还可能在其他人效用水平不变的情况下，通过重新配置资源和产品，使得一个或一些人的效用水平有所提高。在存在经济无效率的情况下，若进行了资源重新配置，使得某些人的效用水平在其他人的效用不变的情况下有所提高，这种"重新配置"，就称为"帕累托改进"（Pareto improvement）（徐四伟，2005）。制度变迁在某种程度上讲就是一个"帕累托改进"的过程。制度均衡类似于帕累托最优的地方在于（王文博等，2002）：现有的制度安排和制度结构已达到了理想的境地，再也没有调整的必要了。

有效率的制度应该使私人收益率不断接近社会收益率，让个人的努力与其报酬真正挂钩（陈立新，2006）。制度安排至少有两大目标，一是提供一种结构使其成员的合作获得一些在结构外不可能获得的追加收入；二是提供一种能影响法律或产权变迁的机制，以改变个人（或团体）可以合法竞争的方式。制度通过提供一系列规则界定人们的选择空间，约束人们之间的相互关系，从而减少环境中的不确定性，减少交易费用，保护产权，促进生产性活动。

制度创新在经济增长中的作用：首先在于降低制度成本。在现实世界中，信息是稀缺的，产权的执行是有成本的，市场上的交换要消耗资源，而制度创新则可以降低此等制度成本，从而为合作创造条件；制度创新改变要素相对价格，从而为经济增长提供激励机制；制度创新可以抑制"搭便车"等外部性因素。个人（单个人或其经济组织）收益率，往往不等于社会收益率（甲社会成员的经济活动，会对乙等其他社会成员产生格外的影响——例如"搭便车"），这就是所谓的外部经济性问题。而制度创新的作用在于使外部收益内在化，使个人收益率接近甚至等于社会收益率（姜照华，2004）。

从新制度经济学出发，可以得到这样的结论：制度规定人们之间的相互关系，制度创新可以减少信息成本和不确定性，降低交易成本，把阻碍合作得以进行的因素减少到最低程度，提高生产要素配置效率，使规模收益递增，从而促进经济增长。

2.1.3 经济环境外部性

外部性的概念起源于马歇尔，后经庇古和科斯的研究而得以形成相关理论，并不断得到发展。参照中外一些学者对马歇尔、庇古和科斯的研究，下面首先对外部性问题的研究脉络进行整理。

2.1.3.1 马歇尔的外部经济

马歇尔认为除了以往人们多次提出过的土地、劳动和资本这三种生产要素外，还有一种要素，即"工业组织"。马歇尔指出："我们把因任何一种货物的生产规模的扩大而发生的经济分为两类：第一是有赖于工业的一般发达的经济；第二是有赖于从事该工业的个别企业的资源、组织和效率的经济。我们称前者为外部经济，后者为内部经济。外部经济，往往能因许多性质相似的小型企业集中在特定的地方，即通常所说的工业地区分布——而获得。"（马歇尔，1890）

2.1.3.2 庇古的外部效应

庇古首次用现代经济学的方法，从福利经济学的角度系统地研究了外部性问题，在马歇尔提出的"外部经济"概念基础上提出了"外部不经济"的概念和内容。庇古通过分析边际私人净产值与边际社会净产值的背离来阐释外部性。

虽然庇古的"外部经济"和"外部不经济"概念是从马歇尔那里借用和引申来的，但是庇古赋予这两个概念的意义是不同于马歇尔的，马歇尔主要提到了"外部经济"这个概念，其含义是指企业在扩大生产规模时，因其外部的各种因素所导致的单位成本的降低；庇古所指的是企业活动对外部的影响。这两个问题看起来十分相似，其实所研究的是两个不同的问题或者说是一个问题的两个方面，庇古已经把马歇尔的外部性理论大大向前推进了一步（庇古，1920）。

2.1.3.3　科斯的交易费用与外部性

科斯理论是在批判庇古理论的过程中形成的。科斯对庇古税的批判主要集中在如下几个方面：

第一，外部效应往往不是一方侵害另一方的单向问题，而是具有相互性。

第二，在交易费用为零的情况下，庇古税根本没有必要。

第三，在交易费用不为零的情况下，解决外部效应的内部化问题要通过各种政策手段的成本-收益的权衡比较才能确定（科斯，1998）。

张五常（2000）的观点是，要弄清外部性的概念，首先要清楚界定产权，其次所有经济活动都可以看作是一种合约安排，因而合约要有完全性和完善性，但这要支付信息成本。

2.1.3.4　政治行为的外部性

艾伦·斯密德（1999）把政治行为外部性看作是与市场外部性相区别、并能影响市场外部性的另一种东西。他把外部性换成了对"相互依存性"的讨论，较为详细地分析了政治行为的外部性问题，为政府行为外部性的研究做出了重要贡献。他认为，"如果避开对外部性的狭义理解，外部性是一个有用的术语，能与'相互依存效应'或'人际间机会成本'在相同意义上进行使用"。此外，他把相互依存性或外部性，从技术、金钱和政治三方面来考察，相互依存性或外部性可分为技术外部性、金钱外部性和政治外部性三种基本类型。

而查尔斯·沃尔沃（1994）认为，政治行为外部性，"无论是消极的还是积极的，它都源于试图弥补一种现存市场缺陷的公共政策"。而正是在这样的活动中，政府干预可能"在远离公共政策运行的那些领域"产生"无法预料的副作用"。

2.1.3.5　经济环境外部性的分类

根据新制度经济学的研究，所谓外部性实质上是私人收益率与社会收益率的差额问题。外部性分为正外部性与负外部性。正外部性是私人收益率低于社会收益率，有一部分好处被别人得走了；负外部性是私人成本低于社会成本，有一部分成本转嫁给了社会或别人。外部性的产生主要有两个原因：一是产权的界定、保护和转让等是否有严格的制度约束；二是经济活动中交易费用的高低。例如，尽管产权制度约束机制很健全，但若交易费用很高，外部性就必然会产生（刘宛晨，2005）。

从私人收益率与社会收益率的关系来看，私人收益率是经济单位从事一种活动所得的净收入款；社会收益率是社会从这一活动所得的总净收益（正的或负的），它等于私人收益加上这一活动使社会其他每个人所得的净收益。所谓"搭便车"实质上是使别人经济活动的私人收益率低于其社会收益率，其中的一部分收益被"搭便车"者无偿占有，这种占有可能是有意的，也可能是无意的。

本书的经济环境外部性的概念是在以往关于外部性的研究基础上而提出来的，它是影响经济增长的重要因素，其对经济增长的影响可能是有利的，也可能是不利的。

（1）经济环境外部性的概念。外部性亦称外部成本、外部效应或溢出效应，是就外部因素对经济主体的影响效果而言的。萨缪尔森和诺德豪斯（1999）给外部性下的定义是："外部性是指那些生产或消费对其他团体强征了不可补偿的成本或给予了无须补偿的收益的情形。"经济主体用 A 表示，经济主体 A 的环境用 B 表示。经济环境 B 的外部性（英文为 externality，简称经济环境外部性，它是相对于经济主体 A 而言的）是指经济环境对经济主体造成了影响，而相应于这种影响，经济环境 B 却没有承担相应的义务或获得相应的回报。

（2）外部性的分类。经济环境 B 的外部性是针对经济主体 A 而言的，可以分为"正的外部性"和"负的外部性"。

经济环境负的外部性是指经济环境对经济主体产生的有利的影响，相应于这种有利影响，经济环境 B 却没有获得相应的回报。这时，经济环境 B 是有利于经济主体 A 的。

经济环境正的外部性是指经济环境对经济主体产生的不利的影响，相应于这种不利影响，经济环境 B 却没有承担相应的义务。这时，经济环境 B 是不利于经济主体 A 的。

（3）外部性的测度。就定量测度而言，相应于经济环境负的外部性，"经济环境外部性的影响率"为负值；相应于经济环境正的外部性，"经济环境外部性的影响率"为正值。

例如，在 1953~1976 年，中国经济环境具有正的外部性，总体来说，内外经济环境是不利于经济增长的；而在 1977~2012 年，经济环境具有负的外部性，总体来说，内外经济环境是非常有利于经济增长的。

1953~1976 年，西方发达资本主义国家对中国经济进行封锁，阻碍中国经济发展；而中苏关系由好变坏，苏联先是援助中国经济和技术，后又迫使中国还债。而中国国内也由于"大跃进"等政治运动和恶劣气候等自然条件原因而影响了经济发展。

改革开放后，西方发达资本主义国家先后与中国建立友好关系，进行了规模越来越大的外商直接投资和经济技术交流；而中国与俄罗斯等国家的关系也越来越好。改革开放 30 多年来中国经济的持续高速增长，是与内外良好的经济环境密不可分的。

2.2 共协理论

本书论述的共协理论的主要观点可以概括为：

（1）决定经济增长的直接因素不仅包括资本（固定资本存量和增量——固定资产投资）、劳动力、科技、人力资本，而且包括制度和经济环境外部性。

（2）科技、人力资本与固定资产投资具有共协关系，这种共协关系是经济系统中共协利益的基础，而共协的基础是知识流动和知识共享。

（3）经济系统的产出，从收益分解的角度看不仅包括劳动报酬、资本收益，而且还包括共协利益。共协利益在某种程度上是劳动者、投资者以及其他利益相关者共同的、共享的而又不能明确划分给任何一方的利益，共协利益函数的形式取决于科技、人力资本与固定资产投资的共协关系的类型。

2.2.1 创新与投资的共协关系

本书使用广义的"创新"概念。广义的"创新"概念包括科技进步、制度创新，也包括人力资本创新——在经济增长模型中以就业者就业年限的提高来度量——内化在就业者脑中的知识、智力、智慧等的增长（刘建华，姜照华等，2016）。

科技进步包括技术创新和技术改造两方面的内容。技术创新是指创造和应用新知识和新技术、新工艺，采用新的生产方式和经营管理模式开发新产品，提高产品质量，提供新服务的过程。在技术创新的内涵中，不仅包括新产品、新工艺的商业化，而且包括现代科技引领的管理创新。在上述含义的基础上，本书把技术改造也纳入技术创新的范畴。这样，技术创新可以被分成四种类型：产品创新、工艺创新、技术改造带来的新知识和现代科技引领的管理创新。

共协利益来自于科技进步、人力资本积累与固定资产投资的互动，正如陈宝森等评价的那样，卡尔多将技术进步型的知识进展看成是由资本积累决定的。在他看来，工具的发明所带来的进步是这一事实的充分证明。这个时代的特点是边干边学，边试验边学习。在稀缺条件带来的刺激下，人们都致力于一项工作，越做越熟练,最后,发现了做好它的办法。阿罗(K.J. Arrow,1962)假定,技术进步或生产率提高是资本积累的副产品,也就是说,新投资具有溢出效应。不仅进行投资的厂商可以通过积累生产经验知识而提高其生产率,其他厂商也可以通过"学习"而提高他们的生产率;在罗默模型(P.M. Romer,1990)中,技术进步表现为生产知识的厂商进行投资的产物;卢卡斯认为,厂商在教育部门的自愿投资带来技术进步;在巴罗模型中,技术进步是政府投资带来的;扬(Young Alwyn,1991)则认为技术进步是发明和技术扩散(往往伴随着投资)共同作用的结果。中国学者在研究中国经济增长中资本积累与技术进步的动态融合问题(赵志耘等,2007),以及资本体现式技术进步对经济增长的贡献率问题时,均强调了固定资产投资与科技的结合问题(宋冬林等,2011)。

新技术通过新设备投资而外溢。目前关于技术外溢的问题有许多研究和论述,例如 Jones(1994)和 Lee(1995)强调设备进口对经济增长率的正向刺激作用。之所以在实证上存在这样的关系,一个重要的理论观点认为大量的技术进步隐含在资本投资中。

吴易风(2005)认为,经济若要持续增长,不仅要求资本增长推动产量增长,而且还要求产量增长和利润率的变化引致资本投资的增长。技术进步函数概括了前者关系,投资函数概括了后者关系,并且投资函数可以同储蓄函数和收入分配联系起来。经济增长就是投资函数和技术进步函数相互作用的结果。例如,假设某一时期产量的增长超过了该时期资本的增长,按照投资函数的定义,下期的资本增长率就会在产量和利润率的作用下提高,然后较高的投资按照技术进步函数增加产出,接着又会出现一轮投资的调整,但这个调整过程是逐渐收敛的,直到收入增长率与资本增长率彼此相等。而资本增长与产量增长相等时的生产力增长率为生产力均衡增长率,这个增长率仅仅取决于技术进步函数。在均衡中,增长率、利润率和资本-产量比率随时间的进程保持不变(曾永章,2007)。

科恩和利文索尔(W.M. Cohen and D.A. Levinthal,1989)也低估了外溢效应对刺激作用的消极影响。他们认为,其他公司的外溢效应为一个公司去从事它自己的研究与开发投资,这个公司才能真正获得由其他公司创造的知识和相关的利益。

Chuang(1998)假定进出口都可以引致技术学习,并建立了一个两国的追赶模型,以表明学习和技术外溢可以成为经济增长的发动机,促使各国之间的经济收敛。Ben 和 Loewy(1998)也持类似的看法。Dodzin 和 Vamvakids(1999)的模型给出了从进口机器设备中学习新技术,并由此带动经济增长的理论机制。他们同时利用跨国的数据,证明制造业在 GDP 中所占的比重与贸易的开放度呈现显著的正相关。Hendricks(2000)认为劳动力的技能和隐含在资本投资中的技术进步之间是互补的。使用代表新技术水平的资本品，是工人提高自身技能的一个主要途径。设备价格的差异反映了扭曲性的贸易政策，限制资本品的进口和过高的设备价格将抑制技术进步（张雄林，2006）。其贡献在于将技术进步的过程由 learning-by-doing 改为了 learning-by-using（对 learning-by-trading 的具体化）（阿吉翁等，2004）。

林毅夫、蔡昉、李周等（1994，1999）基于近几十年来发展中国家实施发展模式和战略转型的若干经验教训，通过对大量历史证据的归纳，对上述看法进行了系统整理，并利用该分析框架对中国的工业化过程乃至整个发展中国家的工业化实践提出了一个完整的理论解释。按照他们的研究思路，技术学习成本可以分成两部分：购置的成本和应用的成本。其中，技术购置成本是由国际市场决定的，而应用成本则主要受本国禀赋结构的影响。技术结构内生于要素投入结构，即一项技术的实现，需要通过相应的要素投入结构（包括人力资本和物质资本）来加以实现，而投入品的相对价格是由经济体系内部的禀赋结构所决定的。在他们看来，在技术扩散的过程中，极小化应用成本是选择适宜技术结构的关键，其基本原则在于保持技术结构和禀赋结构之间的一致性。对于遵循比较优势的经济，由于技术进步更多地隐含在引进的资本设备中，所以在 TFP（全部要素生产率）实证分析中，技术进步应当并不显著。这在一定程度上可以解释为什么经济增长迅速的东亚，其 TFP 反而很低（阿吉翁等，2004）。

引进设备与自主创新的共协关系。一些学者指出，资本积累与创新是互补的、协同的，更多的投资将通过提高均衡利润流而刺激创新，正如更多的创新将通过提高生产率增长率而刺激资本积累一样。在长期中，这两个过程互不可缺，因为如果没有创新，递减的回报将阻止新投资；而没有净投资，那么不断增加的资本成本将抑制创新（李伯涛，2005）。

2.2.2 共协的含义

根据生物学的观点，共协指不同种类的生物共同生活在一起的现象，它们相互依赖、相互协作，彼此有利，同时彼此也有矛盾，可能存在相互竞争、破坏的一面。"共协"，可以是互利的，也可以是互损的，或者一方受益或受损而另一方不受任何影响。在生态学中，共协指两个不同有机体之间在一定程度上有益的相互协作关系。

在社会学中，共协是指社会群体内形式不同或性质不同的人口单位之间的相互依存和协作关系。每个单位的生存都离不开其他单位的持续存在，同时每个单位的协作就是其他单位赖以发展的条件。

（1）本书论述的"共协"概念的含义是指互动和协作，而在经济增长中创新与投资是互动与协作的。

（2）共协的基础是知识流动和共享，而共协利益的存在则是经济组织得以存在和发展的基础。

（3）在某种意义上，经济系统与其环境之间也是共协关系，好的外部环境会促进经济增长，而差的外部环境则会抑制经济增长。

这种共协理论与新古典增长理论关于长期增长率不受资本积累影响的外生增长不同。在新古典增长理论的索洛-斯旺模型中，技术进步独立于资本积累，并决定长期增长率。同样，共协理论也与罗默（1990）、格鲁斯曼和赫尔普曼（Grossman and Helpman，1991）等的内生增长理论不同，内生增长理论认为产品种数、生产中的设备数量决定了长期增长率，而与资本存量无关（Aghion，2004）。

2.2.3 共协的基础

"共协"的基础是知识的流动和共享，劳动者和投资者的协作是建立在知识流动和知识共享基础上的。知识的流动是知识内生、外溢、内化、外化的循环过程。创新（科技进步、人力资本创新——内化在就业者脑中的知识、智力、智慧等的增长、制度创新）与固定资产投资通过知识的内化、外化、内生和外溢等过程，通过干中学、知识共享而共协。这种共协既包括知识内生（新技术通过研究开发而内生于投资品中等），也包括技术外溢（物化知识通过反求工程、干中学等而从机械设备中溢出等），也是显性知识和隐性知识的相互转化过程。

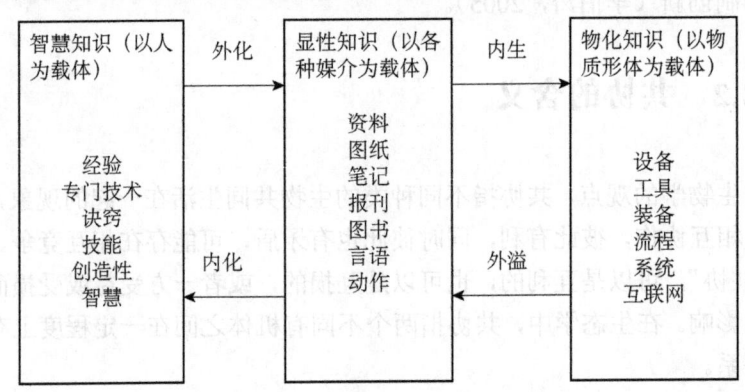

图 2-2 知识流动的四种过程

关于显性知识和隐性知识，阿尔弗雷德·D.钱德勒等（2005）在其著作中论述了野中郁次郎和竹内弘高的观点：显性知识是系统的、正式的东西。显性的知识可以用语言或数字表达，而且可以通过"硬"数据、科学公式、成文的程序或通用的原则等形式交流和共享。因此，显性知识被看成是计算机编码、化学方程式或者一套通用规则的同义词；然而，用文字和数字表达的知识仅仅是"冰山一角"，知识主要是以"隐性"（难以看到和表达的东西）的形式存在的。隐性知识是非常个性化的，很难将其正式化，因此难以和他人交流和共享，主观的见解、直觉和预感就属于此类知识；而且，隐性知识深深的植根于个人的行动、经历、理念、价值观和情感中。

更精确地，隐性知识可以划分成两个维度。第一个维度是技术维度，包含"诀窍"所指的非正式和难以记录下来的技巧、技艺。例如，一位技艺高超的工匠在长期的实践中积累了大量"存在于指尖"的专门技能，但是通常他并不能说出该技能背后的科学或技术原理。第二个维度是认知维度，也是更为重要的一个维度。它包括在人们心中根深蒂固的、通常被视为理所当然的图标、心智模式、信念和认知等。隐性知识的认知维度反映了人们对现实的印象（是什么）以及人们对未来的愿景（应该怎样）。虽然人们无法很轻松地把它们清楚地表述出来，但这些隐性的模式决定了我们如何认识周围的世界。

显性知识可以很容易地被计算机"处理"，以电子方式传输或存储在数据库中。但隐性知识本质上是主观的、直觉的，很难以系统的、合理的方式进行处理或传输。组织中需要交流和共享的隐性知识必须转化为文字或者数字等这些所有人都可以理解的形式，就是在这个转化过程中，完成了从隐性知识到显性知识的转化。

2.3 新的经济增长模型

2.3.1 收益分解方法

刘伟等（2006）指出，在增加值（国民收入）中，既包含着由于投资所带来的财产收入，也包含着对这些投资进行经营和管理所取得的经营收入等混合收入。这种混合收入的迅速增加，一方面增加了资本的总量；另一方面也为中国经济增长提供了动力。它是改革开放后中国居民（主要是城镇居民）收入分配差距扩大的一个重要原因。按照这个逻辑，对国民收入可以做这样的分解：

$$国民收入=劳动者的收入+投资者的收入+混合收入 \qquad (2-1)$$

这表明，建立包括科技进步和制度创新等因素在内的普适的经济增长模型，应当从某种基本的经济学原理出发，共协理论方法把国内生产总值分解为劳动者报酬、投资者收益和共协利益，采用收益价值分解方法研究经济增长。

利用收益分解方法，国内生产总值可以分解为劳动报酬（广义的劳动报酬包括工资、社会保障、相关税收等）、资本收益（广义的资本收益包括折旧、投资者分得的利润、利息、相关税收等）和共协利益等。这是经济增长的共协理论的出发点，可以表述为：

$$国内生产总值 = 劳动报酬 + 资本收益 + 共协利益 + 其他 \quad (2\text{-}2)$$

共协利益是经济活动中各主体（投资者、就业者以及其他利益相关者）通过相互作用、互相依赖、协同行动等而获得的某种程度上共享的利益，这种利益的存在使主体之间相互支持、彼此有利、共同繁荣。在式（2-2）中，"共协利益"在股份公司账户中包括"交税额"、"公积金"、"未分配利润"、"贷款利息"等，是独立于劳动报酬和资本收益之外的"第三项"，是"国内生产总值"中去除"劳动报酬"和"资本收益"这两项后的"剩余"，这些剩余是提高创新能力（扩大再生产和新产品生产能力）的源泉。共协利益首先是由固定资产投资、科技投入、人力资本等具有一定的"公共产品特征"的知识因素决定的，同时也与生产中的污染物排放、能源消耗、产业结构等内外环境因素有关（姜照华等，2014）。

从共协利益的形成机制看，共协利益首先是由固定资产投资、科技、人力资本等具有一定的"公共产品特征"的知识因素决定的，因而共协利益的函数形式可以写为

$$G = G(S, H, D, K, L\cdots) \quad (2\text{-}3)$$

在式（2-3）中，G 代表共协利益，L 代表劳动力，H 代表人力资本（用就业者受教育年限来计量），S 代表科技投入（用研究开发经费来计量），D 代表固定资产投资；K 代表上期的固定资本存量（如果是年度数据，K 为上一年年底的固定资本存量）。

共协利益函数有多种形式，常见的一种形式是

$$共协利益 = cSHD/(LK) \quad (2\text{-}4)$$

在共协利益函数中，科技、人力资本、固定资产是结合在一起的，从数学上说它们是乘在一起的。值得指出的是，由于共协利益具有多种形式，因而式（2-3）具有多种形式，式（2-4）只是式（2-3）的一种比较简单的形式。例如，共协利益的另一种形式是 $cHD/K + cSD/K$，等等，它们代表科技投入、人力资本与固定资产投资的共协关系的不同类型。

这样，把式（2-2）写成一种比较简单的定量形式（还有其他的定量形式，详细见表 2-3 所列的各种形式的函数）即

$$Y = aL^{\alpha}H^{\beta}S^{\gamma}D^{\delta} + bK + cSHD/LK + u \tag{2-5}$$

在式（2-5）中，Y代表经济系统的产出（国内生产总值），L代表劳动力，H代表人力资本（用就业者受教育年限来计量），S代表科技投入（用研究开发经费来计量），D代表固定资产投资，K代表上期固定资本存量，α、β、γ、δ、a、b、c是参数，他们由制度和环境外部性决定；$aL^{\alpha}H^{\beta}S^{\gamma}D^{\delta}$代表劳动报酬，$bK$代表资本收益，$cSHD/LK$代表共协利益，$u$代表式（2-2）中的"其他"一项。

表2-3 劳动报酬函数、资本收益函数和共协利益函数的多种形式

国家	时期（年）	劳动报酬函数	资本收益函数	共协利益函数
中国	1953~1976	$537(HL)^{0.76}(SD/L)^{-0.23}$	$0.33K$	$0.867SD/K - 13.5S$
中国	1977~2012	$0.001243(HL)^{0.803}(SD/L)^{0.228}$	$0.19K$	$1334HSD/K^2$
美国	1900~2008	$0.00316(HL)^{0.482} \cdot (SD/L)^{0.001461t-0.000000048t^3}$	$0.12K$	$0.0007SH/K + 0.007HD/K$
英国	1960~2010	$0.000002(HL)^{0.83}(SD/L)^{0.115}$	$0.12K$	$139SD/K$
韩国	1960~2010	$1.16(HL)^{0.53}(SD/L)^{0.18}$	$0.189K$	$19SD/K + 11.5LD/K$
法国	1980~2010	$0.013(HL)^{0.57}(SD/L)^{0.08}$	$0.142K$	$74SD/K$
德国	1980~2010	$0.038(HL)^{0.292}(SD)^{0.15}$	$0.235K$	$0.48SD/K$
加拿大	1980~2010	$0.0436H^{1.04}(SDH)^{0.091}$	$0.115K$	$83.7SD/K$
日本	1955~2009	$0.11788(HL)^{0.4}(SD/L)^{0.36}$	$0.117K$	$99.5SD/K - 332SD/L$
澳大利亚	1980~2010	$0.102(HL)^{0.487}(SD/L)^{0.13}$	$0.14K$	$83SD/K$
新加坡	1980~2009	$0.038(HL)^{0.276}(SD/L)^{0.247}$	$0.27K$	$112.3HSD/K^2 - 8.69S$
新西兰	1980~2010	$6.6(HL)^{0.32}(SD/L)^{0.14}$	$0.105K$	$84.9SD/K + 1.64L$
意大利	1980~2010	$95.5(HLSD)^{0.12}$	$0.168K$	$0.106SD/K$
爱尔兰	1980~2010	$7.56(HL)^{0.4}(SD/L)^{0.15}$	$0.316K$	$0.144SDH/K^2$
瑞典	1993~2009	$0.06(HL)^{0.42}(SD/L)^{0.268}$	$0.166K$	$0.36SD/K$
芬兰	1980~2010	$1.235(HL)^{0.338}(SD/L)^{0.17}$	$0.154K$	$5SHD/K^2$

2.3.1.1 劳动报酬函数

劳动报酬函数可以写为

$$V = aL^{\alpha}H^{\beta}S^{\gamma}D^{\delta} \tag{2-6}$$

其中，既包括劳动力L的作用，也包括知识的作用。而知识的作用由三部分组成：物化知识，它内生于固定资产投资D；科技投入S带来的新知识；人力资本H，可以用受教育年限来计量，也可以采用专业人员数来计量。我们看到，在劳动报酬函数中，科技、人力资本、固定资产是共协在一起的，从数学上说它们是以指

数的形式乘在一起的。

2.3.1.2 资本收益函数

固定资本存量的收益的函数形式为

$$\text{固定资本存量的收益} = bK \tag{2-7}$$

式中，K是上期固定资本存量；b是上期固定资本存量的收益系数。

2.3.2 经济增长率分解

按照上述模型（2-5），可以通过求全微分的方法建立起经济增长率模型，确定在经济增长中国内生产总值与劳动力、人力资本、科技投入、固定资本存量、固定资产投资、制度因素及经济环境外部性的关系，从而把新增长理论和新制度经济学的合理因素有机地结合起来（姜照华等，2015）。

从生产要素的观点看，固定资本存量 K 和固定资产投资 D 是两个固定资本要素，而人力资本 H 和科技投入是两个知识要素（姜照华，2004，2012）。

从模型（2-5）出发，可以推导出下面的经济增长率分解模型：

$$y = \frac{bK - cSHD/LK}{Y}k + \frac{cSHD/LK + a\delta L^\alpha H^\beta S^\gamma D^\delta}{Y}d$$

$$+ \frac{cSHD/LK + a\gamma L^\alpha H^\beta S^\gamma D^\delta}{Y}s + \frac{a\beta L^\alpha H^\beta S^\gamma D^\delta + cSHD/LK}{Y}h \tag{2-8}$$

$$+ \frac{a\alpha L^\alpha H^\beta S^\gamma D^\delta - cSHD/LK}{Y}l + i + q$$

在式（2-8）中，y是Y（国内生产总值）的变化率（经济增长率）；k是K（固定资本存量）的变化率；d是D（固定资产投资）的变化率；s是S（科技投入）的变化率；h是H（人力资本）的变化率；l是L（劳动力）的变化率；i是制度创新对于经济增长的作用；q是经济环境外部性对经济增长的影响。

利用式（2-8）可以方便地测算出各因素对经济增长的贡献率：

$$\eta_K = \frac{bK - cSHD/LK}{Y} \cdot \frac{k}{y}; \quad \eta_D = \frac{cSHD/LK + a\delta L^\alpha H^\beta S^\gamma D^\delta}{Y} \cdot \frac{d}{y};$$

$$\eta_S = \frac{cSHD/LK + a\gamma L^\alpha H^\beta S^\gamma D^\delta}{Y} \cdot \frac{s}{y}; \quad \eta_H = \frac{a\beta L^\alpha H^\beta S^\gamma D^\delta + cSHD/LK}{Y} \cdot \frac{h}{y};$$

$$\eta_L = \frac{a\alpha L^\alpha H^\beta S^\gamma D^\delta - cSHD/LK}{Y} \cdot \frac{l}{y}; \quad \eta_I = i/y; \quad \eta_C = q/y \tag{2-9}$$

在式（2-9）中，η_K、η_D、η_S、η_H、η_L、η_I、η_C分别是固定资本存量增长对经

济增长的贡献率、固定资产投资增长对经济增长的贡献率、科技进步对经济增长的贡献率、人力资本增长对经济增长的贡献率、劳动力增长对经济增长的贡献率、制度创新对经济增长的贡献率、经济环境外部性对经济增长的影响率。

式（2-9）中的各参数 α、β、γ、δ、a、b、c 需要通过计量经济学方法来确定，而 η_I 的测算则需要采用数据包络分析（DEA）方法。η_C（经济环境外部性对经济增长的影响率）则是"去除各种因素后的剩余"，采用余值法来测算。

2.3.3　各因素对经济增长贡献率测算的步骤

具体分为如下 6 个步骤（姜照华等，2014）：

第一步：建立经济增长事实与数据库。

包括产出 Y（国内生产总值等）、劳动报酬 V、固定资产投资 D、固定资本存量 K、人力资本 H、科技投入 S、劳动力 L 等的序列数据[①]。

第二步：建立劳动报酬模型。

以劳动力（就业人数或劳动小时）L 的对数 $\log L$、固定资产投资 D 乘以科技投入 S 再乘以人力资本数（人均受教育年限乘以就业人数）H 再除以劳动力 L 后的对数 $\log HSD/L$ 为自变量，以劳动报酬 V 的对数 $\log V$ 为因变量，对数据进行多元回归，得到模型（2-6）。

第三步：建立投资价值模型。

如果把资本收益与共协利益之和写为 M，并称 M 为投资价值函数，则投资价值函数的模型（简称投资价值模型）为

$$M = bK + cSHD/LK + eS + u \qquad (2\text{-}10)$$

这样模型（2-5）可以写为

$$Y = V + M \qquad (2\text{-}11)$$

即

$$M = Y - V \qquad (2\text{-}12)$$

在式（2-12）中，V 代表劳动报酬；M 是资本收益与共协利益之和。

在实证测算中，由于 V 是非线性函数，因而需要首先测算出式（2-6）劳动报酬模型中的各个参数，然后再测算出式（2-10）中的各参数。也就是说，模型（2-5）的实证模型需要经过两次建模。

建立投资价值函数（2-10）的实证模型的方法：以固定资本存量，固定资产投资乘以科技投入再除以固定资本存量为自变量；以国内生产总值减去劳动报酬

[①] 包括国内生产总值、劳动报酬、固定资产投资、（上一年的）固定资本存量、（上两年的）科技投入，以不变价格计算；人力资本=就业人数×就业者人均受教育年限，劳动力以就业人数或总的劳动时间计量。

的得值为因变量，对数据进行多元回归。

第四步：将第二步和第三步得到的模型，带入模型（2-5），从而得到国内生产总值与劳动力、固定资本存量、固定资产投资、科技投入、人力资本、劳动力等的关系模型。

第五步：利用 DEA 方法测算出制度创新对经济增长的贡献率。

第六步：测算出固定资本存量、固定资产投资、科技、人力资本、劳动力、制度等因素在经济增长中的贡献率后，经济环境外部性的影响率按照式（2-9）采用剩余法进行测算（图 2-3）。

建立经济增长事实与数据库，包括产出 Y（国内生产总值等）、劳动报酬 V、固定资产投资 D、固定资本存量 K、人力资本 H、科技投入 S、劳动力 L 等的序列数据

利用劳动报酬 V，固定资产投资 D，人力资本 H，科技投入 S，劳动力 L，等数据，建立劳动报酬模型：
$V = aL^{\alpha}H^{\beta}S^{\gamma}D^{\delta}$

总产出 Y 减去劳动报酬 V，得到 $Y-V$，作为因变量，以上一时期的固定资本存量 K，共协利益 SHD/LK，等为自变量，建立计量经济模型：
$Y - V = bK + cSHD/LK + u$

运用数据包络分析（DEA）方法，以劳动力、固定资本存量、人力资本为输入量，以国内生产总值为输出量，计算出各评价对象的相对效率 θ_i

建立经济增长因素分析模型

固定资本存量增长对经济增长的贡献率 $\eta_K = \dfrac{bK - cSHD/LK}{Y} \cdot \dfrac{k}{y}$

固定资产投资增长对经济增长的贡献率 $\eta_D = \dfrac{cSHD/LK + a\delta L^{\alpha}H^{\beta}S^{\gamma}D^{\delta}}{Y} \cdot \dfrac{d}{y}$

科技投入对经济增长的贡献率 $\eta_S = \dfrac{cSHD/LK + a\gamma L^{\alpha}H^{\beta}S^{\gamma}D^{\delta}}{Y} \cdot \dfrac{s}{y}$

人力资本增长对经济增长的贡献率 $\eta_H = \dfrac{a\beta L^{\alpha}H^{\beta}S^{\gamma}D^{\delta} + cSHD/LK}{Y} \cdot \dfrac{h}{y}$

劳动力增长对经济增长的贡献率 $\eta_L = \dfrac{a\alpha L^{\alpha}H^{\beta}S^{\gamma}D^{\delta} - cSHD/LK}{Y} \cdot \dfrac{l}{y}$

制度创新对经济增长的贡献率 $\eta_I = \dfrac{(\theta_2 - \theta_1)Y_2}{\theta_1(Y_2 - Y_1)}$

经济环境外部性对经济增长的影响率 $\eta_C = 100\% - \eta_K - \eta_D - \eta_S - \eta_H - \eta_L - \eta_I$

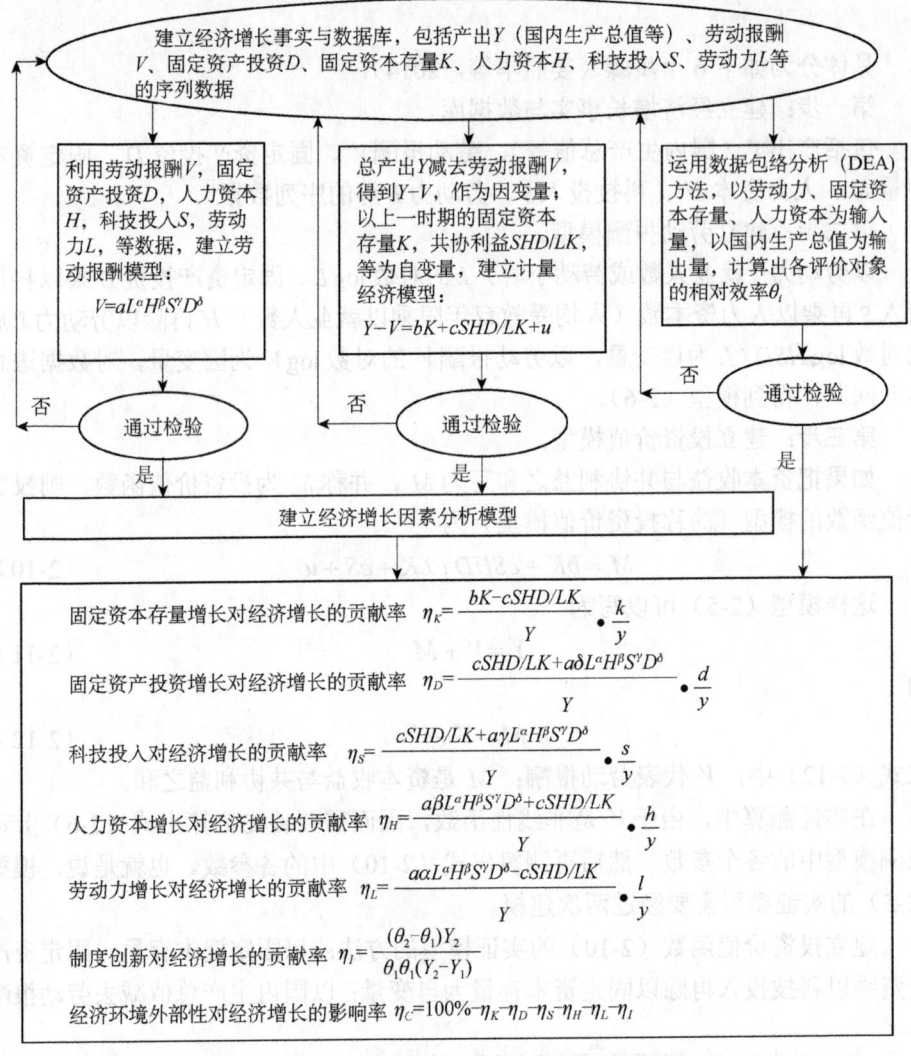

图 2-3 基于共协理论的经济增长因素分析的流程

2.4 经济学的三个假设与内生增长问题

当代经济学理论中常见的三个假设,即产出耗尽假设、分解假设(全部产出分解为资本报酬和劳动报酬)和边际收益假设(在利润最大化的条件下,生产要素的价格等于其边际产出)等假设是有适用条件的,并不是普遍适用的。从经济增长的共协理论角度看,这些假设均具有局限性。

2.4.1 当代经济学的三个假设

2.4.1.1 产出耗尽假设

保罗·A. 萨缪尔森(1992)在《经济学》一书中论述了产出的耗尽假设,"在规模收益不变的条件下,按照生产要素的边际产品来决定其价格正好耗尽整个产出,不会有剩余或者不足的情况。"

根据产出耗尽假设,生产要素所有者的报酬即代表其收入水平。它是由生产要素所有者所拥有生产要素的数量和生产要素的价格所决定的。劳动的报酬是工资,土地的报酬是地租,利息是资本的报酬,利润则是企业家才能的报酬。

2.4.1.2 分解假设:全部产出分解为资本报酬和劳动报酬

乔根森(2001b)指出,将产出分为消费和投资货物,净投入分为资本和劳动服务,投入价值和产出价值间的恒等式可以写为

$$q_C C + q_I I = p_K K + p_L L \tag{2-13}$$

式中,C 和 I 分别为消费品和投资品的数量,而 K 和 L 分别为资本和劳动投入数量,对应的价格为 q_C,q_I,p_K 和 p_L。

许多学者在其经济增长核算中采用了 SNA 核算体系下的恒等式:

$$Y = Y_K + Y_L \tag{2-14}$$

式中,Y 是增加值(或写为 GDP),Y_K 为资本报酬,Y_L 为劳动报酬。

所以,

$$Y_K / Y + Y_L / Y = 1 \tag{2-15}$$

式中,Y_K / Y 是资本报酬在产出中的份额(以 v_K 表示);Y_L / Y 是劳动报酬在产出

中的份额（以 v_L 表示）。即

$$v_K + v_L = 1 \tag{2-16}$$

2.4.1.3 边际收益假设：在利润最大化的条件下，生产要素价格等于其边际产出

很多经济学教科书在有关厂商的行为中进行了如下的推导：

假设厂商的产出由二阶连续可微的、递增的、边际生产率递减的一阶齐次的函数来表示，即

$$Y = F(K,L) \tag{2-17}$$

式中，K 和 L 分别为投入的总的资本存量和劳动力。这里没有引入技术进步，如果引入技术进步，可以同样得到相应的结果。

这样厂商的利润可表示为

$$F(K,L) - (r+\delta)K - \omega L \tag{2-18}$$

式中，δ 为资本折旧率；r 为资本回报率；ω 为工资。

厂商的行为就是选择投入多少资本和劳动力，生产多少产品来极大化自己的利润，即

$$\max_{K,L} F(K,L) - (r+\delta)K - \omega L \tag{2-19}$$

由此，便得到最优性条件：

$$F'(K) = r + \delta; F'(L) = \omega \tag{2-20}$$

上面最优性条件表明，资本的边际生产率等于市场上资本的回报率加资本折旧率；工资率等于劳动力的边际生产率。

2.4.2 从共协理论角度看经济学的三个假设

2.4.2.1 外部性与产出耗尽假设

影响经济增长的因素，主要有劳动力、固定资本（固定资本存量及固定资产投资）、知识（人力资本及科技带来的新知识等）以及制度因素和经济环境外部性（自然环境、社会环境、市场环境、政策环境等）等。"生产要素按贡献参与分配"的分配制度的内涵，指在整个社会范围内，劳动、资本、技术和管理等生产要素以其对社会财富的创造所做出的实际贡献而获取相应报酬的方式。

但是由于分配制度的客观局限性以及经济环境存在外部性，因而全部要素的

分配份额之和不可能等于 100%。现以美国为例，我们可以看到，各生产要素的报酬份额之和[①]趋近于 100%，但并不等于 100%，这绝不是因计算误差所致，而是由于存在经济环境外部性（图2-4）。

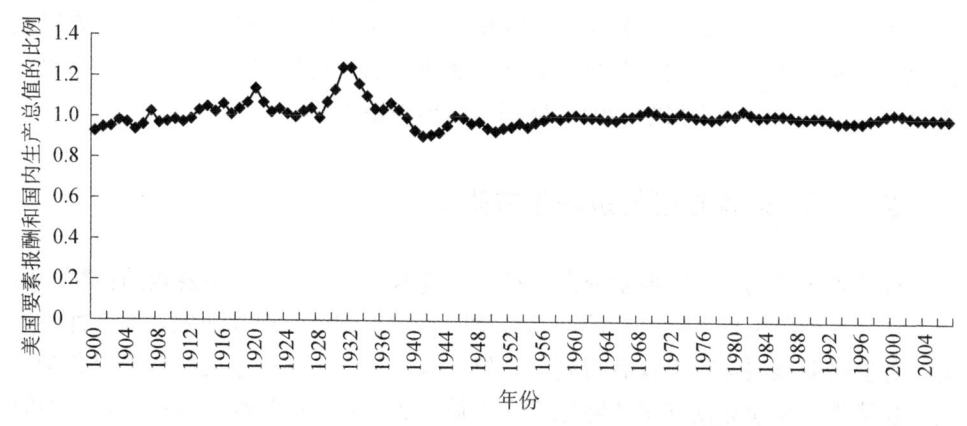

图 2-4　美国要素报酬与国内生产总值的比例

2.4.2.2　收入的多项式与分解假设

国内生产总值有三种表现形态，即价值形态、收入形态和产品形态。在实际核算中，三种表现形态对应三种计算方法，即生产法、收入法和支出法。从收入形态看，国内生产总值是所有常住单位在一定时期内所创造并分配给常住单位和非常住单位的初次分配收入之和。相对应的，"收入法"从要素收入角度出发，认为国内生产总值是各部门劳动者收入、税金、利润、固定资产折旧等项目之和（姜照华和王青芳，2008）。

在中国统计年鉴中，按照"收入法"计算的国内生产总值由四部分组成（表2-4 为 2005 年地区生产总值的项目结构），其计算公式为：

表 2-4　地区生产总值项目结构（2005 年，部分省市，亿元）

地区	地区生产总值	劳动者报酬	固定资产折旧	生产税净额	营业盈余
北京	6 886.31	3 114.15	1 095.51	1 017.05	1 659.60
天津	3 697.62	1 164.82	515.77	727.37	1 289.66
河北	10 096.11	4 160.01	1 254.97	1 316.07	3 365.06
山西	4 179.52	1 496.72	634.89	644.88	1 403.02
内蒙古	3 895.55	1 599.46	544.87	433.21	1 318.01

---

① 这里所谓的"各生产要素的报酬份额之和"是指固定资本存量要素的报酬+固定资产投资要素的报酬+科技要素的报酬+劳动力要素的报酬+人力资本要素的报酬。

收入法国内生产总值=劳动者报酬+固定资产折旧+生产税净额
+营业盈余 (2-20)

按照共协理论,从收益分解的角度看经济系统的产出,不仅包括劳动报酬、资本收益,而且还包括共协利益。共协利益在某种程度上是劳动者、投资者以及其他利益相关者的共同的、共享的而又不能明确划分给任何一方的利益。因此,将全部产出分解为资本报酬和劳动报酬这两项是错误的。

2.4.2.3 规模报酬与边际收益假设

传统理论认为,生产要素分为劳动力、资本和土地。每一种要素的报酬均由该要素最后一单位投入所生产的产品数量即该要素的边际产品决定,每一种要素的服务价格即该要素所有权者得到的单位收入应该等于该要素的边际产品价值。美国经济学家克拉克创立了边际生产率理论,他认为,各要素所有者在分配中的收入正好等于它们各自在生产中的贡献。具体而言,在静态经济中,劳动的收入即工资是由劳动的边际产出决定的,资本的收入即利息则是由资本的边际产出决定的。工资乘以劳动量等于劳动要素的总收入,利息乘以资本量等于资本要素的总收入(姜照华和王青芳,2008)。

按照本书论述的共协理论,从国民生产总值与生产要素收益之间关系的经济学原理出发,根据模型(2-6)可以得到:

$$工资\ w = \frac{aL^{\alpha}H^{\beta}S^{\gamma}D^{\delta}}{L} = aL^{\alpha-1}H^{\beta}S^{\gamma}D^{\delta} \qquad (2-22)$$

劳动者的实际工资为 $w = aL^{\alpha-1}H^{\beta}S^{\gamma}D^{\delta}$,而劳动力的边际产出为 $\frac{\partial Y}{\partial L} = \alpha aL^{\alpha-1}H^{\beta}S^{\gamma}D^{\delta}$。$\alpha$ 一般是小于1的,因此实际的工资 w 一般是大于理论的劳动力的边际产出 $\frac{\partial Y}{\partial L}$ 的,并且工资率是劳动力数量、固定资产投资、人力资本、科技投入等要素的函数。

吴易风(1999)等指出,在一定意义上,信息经济学的效率工资理论否定了边际工资理论。假设每个社会成员接受保留工资,在保留工资条件下愿意接受一定数量的劳动。假设同样愿意接受保留工资的工人的劳动能力是不同的,进而每个工人的产出数量是不同的。这样,如果支付所有工人相同的工资,有能力的人会偷懒。为了刺激这些人更好地工作,就需要对他们进行额外的支付,这些支付被称为信息租金。这是对工人显示其真实能力的激励,这样就形成了多劳多得的分配原则,这就是信息经济学家效率工资理论的基本观点。需要强调的是,效率工资理论的一个重要基础是认为人的能力是不同的,多劳者支付的代价不一定就大，而新古典经济学实际上承认人的能力是同质的[①]。

我们认为，实际工资是支付给劳动者的报酬，而劳动者的工作既包含了劳动力 L 的因素，也包括知识的作用（由三部分组成：物化知识，它内生于固定资产投资 D；科技投入带来的新知识 S；人力资本 H）。因此，实际支付给劳动者的报酬高于劳动力的边际产出 $\frac{\partial Y}{\partial L} = \alpha a L^{\alpha-1} H^\beta S^\gamma D^\delta$。

从上面的分析可以看出，按照共协理论所得到的结果，"产出耗尽"假设只有在没有外部性的条件下才可能成立；"只有在规模报酬不变的条件下，劳动力和资本才按照边际产出来分配"；而分解假设（全部产出分解为资本报酬和劳动报酬）也是有适用条件的，这个条件是：只考虑劳动和资本两个要素，规模报酬不变，并且不存在共协利益和外部性。

2.4.3 内生增长问题

根据内生增长理论的思路（龚六堂，2005），对于 CES 型效用函数和一般的生产函数，我们可以得到：

$$\gamma_k = f(k)/k - c/k - n - \delta$$
$$\gamma_c = \frac{1}{\theta}(f'(k) - \rho - \delta) \tag{2-23}$$

由横截性条件知道：

$$\lim_{t\to\infty}(f'(k) - \delta) > \lim_{t\to\infty}(\gamma_k + n) \tag{2-24}$$

增长率为正常数的条件为 $b - \varphi > \delta + n$。因此根据（2-23）式，可以得出：

$$\gamma_c^* = \frac{1}{\theta}(b - \varphi - \delta - \rho) \tag{2-25}$$

人均消费水平增长率为正，要求 $b > \varphi + \delta + \rho$，而横截性条件要求 $\rho > n$，因此这自然保证了 $b - \varphi > \delta + n$，从而人均资本存量也会无限地增长。下面来证明 $\gamma_k^* = \gamma_c^*$。

首先，由人均资本存量的积累方程，得到：

$$\gamma_k^* = b - \varphi - \lim_{k\to\infty} c/k - n - \delta \tag{2-26}$$

若 $\gamma_k^* < \gamma_c^*$，则人均资本存量的增长速度比人均消费水平的慢，因而有 $\lim_{k\to\infty} c/k = 0$，因此 $\gamma_k^* = b - \varphi - n - \delta$。这又与横截性条件 $\lim_{t\to\infty} f'(k) > \gamma_k^* + n + \delta$ 矛盾，因此，综合

[①] 异质性是信息经济学的一个重要内容。当然，效率工资将导致一定的后果，例如，部分工人的失业以及工人之间收入的差异，也许这就是一个次优的状态。

得到 $\gamma_k^* = \gamma_c^*$。

上述推导给出了出现内生经济增长的充分条件是 $\varphi = \lim_{k \to \infty} cSHD/LK^2$ 为常数。同时，给出了均衡时的基本特点：人均消费水平、人均资本存量和人均产出的增长率为相等的正常数。这个常数为

$$\gamma_y = \gamma_k = \gamma_c = (b - \varphi - \delta - \rho)/\theta \tag{2-27}$$

进一步地，均衡时的消费水平与资本存量之比趋近于常数，即

$$\lim_{k \to \infty} c/k = \zeta \tag{2-28}$$

其中，$\zeta = (b - \varphi - \delta)(\theta - 1)/\theta + \rho/\theta - n$ 为常数。

2.5 小 结

本章提出共协理论，认为科技、人力资本与固定资产投资具有共协关系，而共协的基础是知识流动和知识共享；从收益分解的角度看，经济系统的产出不仅包括劳动报酬、资本收益，而且还包括共协利益。共协利益在某种程度上是劳动者、投资者以及其他利益相关者的共同的、共享的而又不能明确划分给任何一方的利益。共协利益的形式取决于科技、人力资本与固定资产投资的共协关系的类型，以此建立不同类型的经济增长模型；提出利用 DEA 方法测算出制度创新对经济增长的贡献率。推导出内生增长的充分条件；同时对当代经济学理论中的产出耗尽假设、分解假设和边际收益假设的适用条件进行了研究，从经济增长的共协理论角度揭示了这些假设的局限性。

3

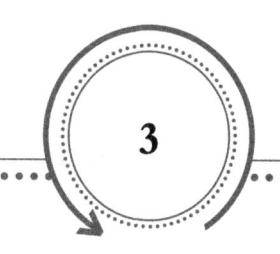

制度创新在经济增长中贡献率的测算与实证分析

本书第 2 章论述了决定和影响经济增长的多种因素,包括劳动力、固定资本存量及固定资产投资、人力资本、科技、制度因素以及经济环境外部性。那么,这些因素在经济增长中的贡献各自为多少?劳动力、固定资本存量及固定资产投资、人力资本、科技等因素的贡献的测算,按照上一章论述的经济增长的建模方法进行测算;而制度创新贡献率的测算,按照新制度经济学关于制度创新对经济增长的最基本、最本质的作用是提高生产要素资源的配置效率的理论观点,利用 DEA 方法测算出制度创新对经济增长的贡献率。本章将对此进行详细的论述。

3.1 DEA 方法

3.1.1 C^2R 模型

从作用机理来看,制度创新对经济增长的最基本、最本质的作用是提高生产要素资源的配置效率。因而,可以采用效率分析的方法来测算制度创新在经济增长中的贡献率,数据包络分析正是这样一种方法(姜照华,2004)。运用这种方法,以当期的劳动力总量、固定资产总量和人力资本存量为投入,以国内生产总值为产出,获得各 DMU(Decision Making Units,即各年为样本点)的相对效率。

利用 DEA 分析生产要素资源配置效率的基本模型是 C^2R 模型。C^2R 模型的一种形式为

$$(D)\begin{cases} \min \theta \\ s.t. \sum_{j=1}^{n} \lambda_j x_j \leq \theta x_0 \\ \sum_{j=1}^{n} \lambda_j y_j \geq y_0 \\ \lambda_j \geq 0, j=1,\cdots,n \end{cases} \quad (3\text{-}1)$$

用上述模型（D）来评价 DMU_{j_0} 的有效性，其含义是力图在"输入可能集"中，在保持产出 y_0 不变的前提下，将投入 x_0 的各个分量按同一比例 $\theta(\leq 1)$ 减少。如果这一点能够实现，则表明可以用比 DMU_{j_0} 更少的投入而使产出不变。这正说明了当下的 DMU_{j_0} 必不是有效的生产活动；反之，则表明 DMU_{j_0} 是有效的生产活动。而上述模型的对偶模型为

$$(D)'\begin{cases} \max \alpha \\ s.t. \sum_{j=1}^{n} \lambda_j x_j \leq x_0 \\ \sum_{j=1}^{n} \lambda_j y_j \geq \alpha y_0 \\ \lambda_j \geq 0, j=1,\cdots,n \end{cases} \quad (3\text{-}2)$$

用 $(D)'$ 来评价 DMU_{j_0} 的有效性，即力图在"输出可能集"内，在保持投入量不变的前提下，而使产出较 y_0 以同一比例 α 扩大，如 $\alpha > 1$，则表明当下的 DMU_{j_0} 不是有效的生产活动。

规划问题 (D) 与 $(D)'$ 的最优解之间有着非常密切的关系，一般地，设 $\lambda^*, s^{*-}, s^{*+}, \theta^*$ 为 (D) 的最优解；$\lambda^{**}, s^{**-}, s^{**+}, \theta^{**}, \alpha^*$ 为 $(D)'$ 的最优解，则有

$$\lambda^{**} = \frac{\lambda^*}{\theta^*}, s^{**-} = \frac{s^{*-}}{\theta^*}, s^{**+} = \frac{s^{*+}}{\theta^*}, \alpha^* = \frac{1}{\theta^*} \quad (3\text{-}3)$$

D 和 $(D)'$ 是分别从"产出不变，投入最少"与"投入不变，产出最多"两个不同的角度构造的线性规划模型，这实际上是分别在"输入可能集"与"输出可能集"的基础上研究 DMU 的有效性。

在上述模型中，各 s 代表投入或产出相对于最高效率（$\theta^*=1$）时的浪费。

当 $\theta^*=1$ 时，称 DMU_0 为 C^2R 有效，并根据上述模型的最优解 $\lambda_j^*(j=1,\cdots,n)$ 来判别 DMU_0 的规模收益，即

如果 $\sum \lambda_j^* = 1$，则 DMU_0 规模收益不变；

如果 $\sum \lambda_j^* < 1$，则 DMU_0 规模收益递增；

如果 $\sum \lambda_j^* > 1$，则 DMU_0 规模收益递减。

3.1.2 制度创新对经济增长贡献率的测算公式

利用 DEA 方法测算制度创新在经济增长中贡献率的步骤是：

第一步，利用模型（3-2）求出从基期到末期各年的相对效率。用模型（3-2）来评价 DMU_{j_0} 的有效性，即力图在"输出可能集"内，在保持投入量不变的前提下，而使产出较 y_0 以同一比例 α 扩大，如 $\alpha > 1$，则表明眼下的 DMU_{j_0} 不是有效的生产活动。

第二步，设基期的产出"可放大比例"为 α_1、相对效率为 θ_1；末期的产出"可放大比例"为 α_2、相对效率为 θ_2。

利用 DEA 方法测算制度创新在经济增长中贡献率，首先，测算出基期的相对效率（θ_1）和末期的相对效率（θ_2）。由于制度创新使效率提高，使损失减少，而减少的损失为 $i = Y_2/\theta_1 - Y_2/\theta_2$，这样，制度创新对经济增长的贡献率的测算公式为

$$\eta_1 = (Y_1/\theta_1 - Y_2/\theta_2)/(Y_2 - Y_1)$$
$$= \frac{(\theta_2 - \theta_1)Y_2}{\theta_1\theta_2(Y_2 - Y_1)} = \frac{\varphi(1+y)}{\theta y} \qquad (3-4)$$

在上述制度创新贡献率的测算公式中，Y_1 和 Y_2 分别是基期和末期的生产总值，θ_1 为基期的相对效率，θ_2 为末期的相对效率。φ 为效率的年均变化值，θ 为效率均值，y 为年均经济增长率。

表 3-1 是利用测算公式（3-4），对 15 个国家制度创新在经济增长中的贡献率的测算结果。对于不同国家，制度创新在其经济增长中的贡献率具有很大不同。许多国家的制度创新贡献率为零，或贡献率很小。这并不意味着制度创新在经济中不起作用，而是说明制度创新保证了经济运行效率不下降；否则，不进行制度创新，经济运行效率就会下降。而制度创新贡献率大于零，则说明制度创新不仅保证了经济运行效率不下降，而且能够促进经济增长率的提高。

表 3-1 15 个国家的制度创新贡献分析（平均每年，%）

国家	时期（年）	经济增长率	制度创新的贡献率	经济环境外部性的影响率
中国	1953~1976	5.5	-17.0	12.0
中国	1977~2000	9.7	31.0	-15.0
中国	2001~2012	9.8	5.0	-20.0
英国	1961~1980	2.2	-23.0	14.0

续表

国家	时期（年）	经济增长率	制度创新的贡献率	经济环境外部性的影响率
英国	1981~2010	2.4	17.0	−15.0
意大利	1981~2010	1.5	0.0	14.0
新西兰	1981~2010	2.5	10.0	−6.0
新加坡	1981~2010	6.5	0.0	−10.0
瑞典	1993~2010	2.2	0.0	−17.0
日本	1960~1973	9.7	−2.0	6.0
日本	1973~1993	3.4	6.0	−14.0
日本	1993~2009	0.75	−5.0	29.0
美国	1900~1929	3.1	−1.0	−6.0
美国	1930~1953	3.7	22.0	−10.0
美国	1954~1981	3.4	3.0	−2.0
美国	1982~2000	3.3	17.0	−10.0
美国	2001~2008	2.2	5.0	12.0
加拿大	1980~2010	2.5	1.0	−2.0
韩国	1960~1972	8.0	4.0	31.0
韩国	1973~1997	7.9	−10.0	6.0
韩国	1998~2010	4.0	10.0	−18.0
芬兰	1981~2010	2.3	10.0	−11.0
法国	1981~2010	1.9	0.0	3.0
德国	1990~2000	1.9	0.0	−5.0
德国	2001~2010	1.0	0.0	−5.0
澳大利亚	1981~2010	4.5	0.0	−15.0
爱尔兰	1981~2010	4.8	9.0	12.0
上述国家平均		4.0	3.3	−3.8

测算表明，制度创新是1992~2000年美国经济"高增长、高就业、低通胀"的一个重要原因。在1982~2000年，制度创新对经济增长的贡献率达到了16.7%。美国政府为企业创造了一个有利于经济增长的制度环境。例如，修改了《反垄断法》、《通信法》等法律法规，这促进了企业规模的扩大和经济进一步全球化。同时，股票期权制度、国家创新体系等也有力地促进了美国高科技产业的发展以及整个经济的增长（姜照华，2006）。

更为重要的是，信息技术"革命"带来了美国式的"制度创新"。乔根森（2001b）的观点是，信息与通信技术定价对1990年以后美国提高资源配置效率（制度创新）、促进经济增长起到了关键的作用。他们指出，信息技术设备和软件价格持续的下降平稳地提高了信息与通信技术投资的作用。1921~1970年，美国和其他国家之间的人均通讯流量每年增长约0.7%，与此相比较，美国的实际人均GDP和对外贸易却每年增长约2.7%；1970~1994年，人均通信流量每年增长约5.8%，而实际人均 GDP 和对外贸易则分别年均增长 1.8%和 4.9%。总之，美国的全球化，如果用人均国际通讯流量来衡量，在 1970 年前落后于经济的其他指标，而在此后又领先于其他指标。

新信息技术的应用大大降低了通信费用和市场交易费用以及企业内部的运营与管理成本[①]。通讯成本降低对经济产生了巨大影响，表现在跨国企业内部经营活动的协调比以前方便了、进入国际贸易的产品和服务的信息更多了、国际金融流动成本也大幅下降。如果将来其他条件不变，通讯成本的降低肯定会刺激贸易和投资取得更大的发展。特别是，必然会刺激更深层次的垂直分工（全球采购）和更大范围的产业内贸易。

3.2 制度创新对经济增长的促进作用：以英国为例

1981~2010 年，英国的经济增长率平均为 2.4%。分析英国这段时间经济增长的原因，固定资本存量增长的贡献率为 13%，固定资产投资的贡献率为 30%，这两者之和归并为固定资本贡献率（为 43%）；人力资本增长的贡献率为 27%，科技进步的贡献率为 18%，这两者之和归并为知识进展贡献率（为 45%）；制度创新的贡献率为 17%；而经济环境外部性的影响率为-15%（这说明这段时间内，英国的投资环境是好的）[②]。1960~2001 年英国生产要素配置效率见图 3-1。广义的创新（科技进步、人力资本提高、制度创新）贡献率达到了 62%，是创新驱动的经济。

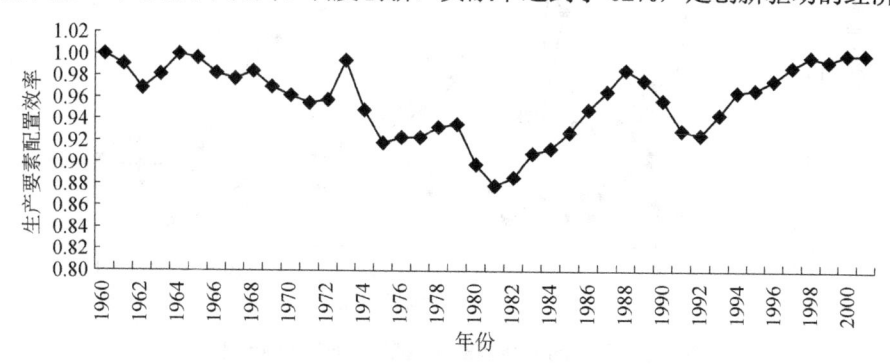

图 3-1 英国生产要素配置效率的演化（1960~2001 年）

[①] 根据 J.赫林等提供的资料，1950~1990 年，从伦敦打往纽约的 3 分钟电话的实际成本从 53.20 美元下降到 3.32 美元。到 20 世纪末前，含有与电话内容同样信息的远程电子邮件，其成本已几乎为零。

[②] 这段时间内，英国经济的增长，主要原因是撒切尔政府的改革促使固定资产投资增长，从而带动经济增长。

制度创新是对英国经济增长影响比较大的因素。1979 年至今的 30 多年中，英国社会发生了两次大的制度变革，第一次是撒切尔政府的改革，第二次是英国工党走"第三条道路"的改革。这两次变革对英国社会的各方面都产生了重大影响。

3.2.1 撒切尔政府的改革

1979 年撒切尔夫人上台以后，英国保守党政府推行了一系列重大而激进的改革计划，由于改革的幅度巨大且影响深远，有的学者甚至称之为"撒切尔革命"（N. Carter et al.，1992；Massey Andrew，1997）。

与其他发达国家一样，英国当代政府行政改革的动因主要是国内外环境的变化，政府面临的财政危机、管理危机和信任危机。20 世纪 80 年代初期，许多国家都面临沉重的改革压力，政治领导者都感受到来自技术创新、政府角色重新定位、跨国协商机制的出现，以及经济环境快速变迁等因素的冲击（N. Carter et al.，1992；B. Peters Guy，2001）。

导致这场改革的原因主要有三个方面：
（1）通货膨胀造成的经济压力（图 3-2）。

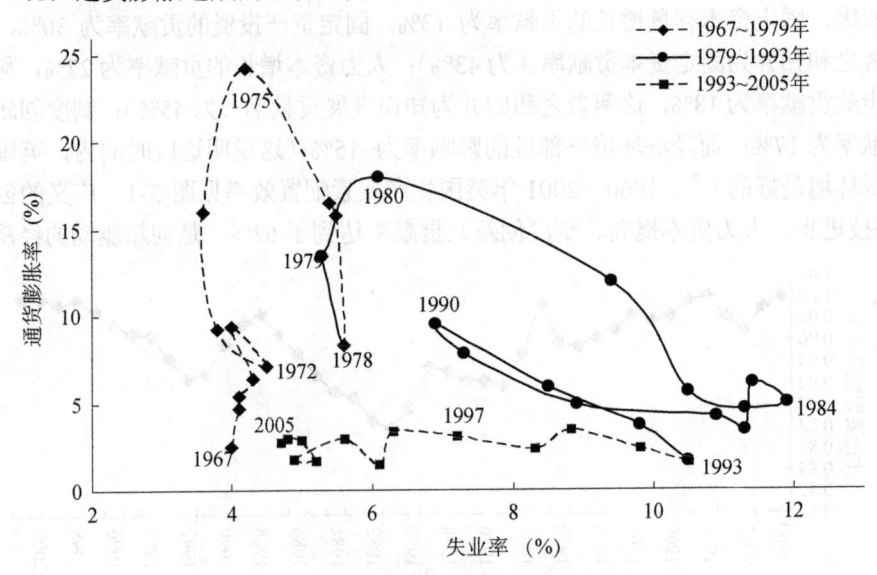

图 3-2 英国的菲利普斯曲线圈（1967～2005 年）

1973～1974 年，中东战争爆发，造成原油价格飙涨，导致世界能源危机，全球经济出现了严重的萧条。原本就有潜在经济危机的英国，同时面临经济停滞不前、通货膨胀和失业率却居高不下的"滞涨"困境，凯恩斯主义对此已无能为力。

因为要刺激经济发展、减少失业，就会把通货膨胀率推向更高的水平；而抑制通货膨胀又会使有效需求减少，加剧经济衰退，使失业现象持续下去或更加恶化。图3-2表示的是英国1967~2005年的长期菲利普斯曲线，可以看到，曲线顺时针环绕形成圈状并且向右位移，20世纪70年代英国的菲利普斯曲线圈反映了英国当时的"滞涨"困境。不仅如此，20世纪70年代中期后，英镑大幅贬值，利率波动剧烈，英国政府的财政更加恶化。第二次世界大战后经济稳定下所维持的政治共识，很快就面临瓦解；原先用以支撑福利国家政策的增税和扩大公共支出政策，也随着凯恩斯经济理论的破产而遭遇到严厉的打击（N. Carter et al., 1992; Farnham David and Horton Sylvia, 1996）。

（2）政府机构过于臃肿，政府开支几乎消耗了近一半的国民生产总值。

第二次世界大战后，英国的一般政府支出（general government expenditure, GGE）即呈现持续扩张的情况。1919~1938年，英国政府在公共财货和服务方面的支出，平均只占GDP的13%；1947~1970年，这个比重提高到20%以上；20世纪70年代中期更高达27%（N. Carter et al., 1992）。这些数据显示，英国政府的公共支出在第二次世界大战后呈现巨幅增长。英国人民对于政府GGE占GDP比重过高的情况已经越来越难以忍受（S. Zifcak, 1994），过分强调国有化和社会福利政策所带来的消极后果逐渐显现。1979年，保守党政府上台后的第一份公共支出白皮书即明白指出，公共支出是英国当前经济困境的核心问题。公共支出的巨幅成长和控制不当，被认定是造成国家经济困境的主要因素（玛格丽特·撒切尔，1998）。一方面，政府开支消耗了太多的GDP，使得生产性投资严重不足，企业用于技术创新的资金非常之少，企业发展缺乏后劲，最终导致经济停滞，失业率居高不下；另一方面，政府财政赤字飙升，使得通货膨胀愈演愈烈，1975年为24.3%，1980年为17.9%。

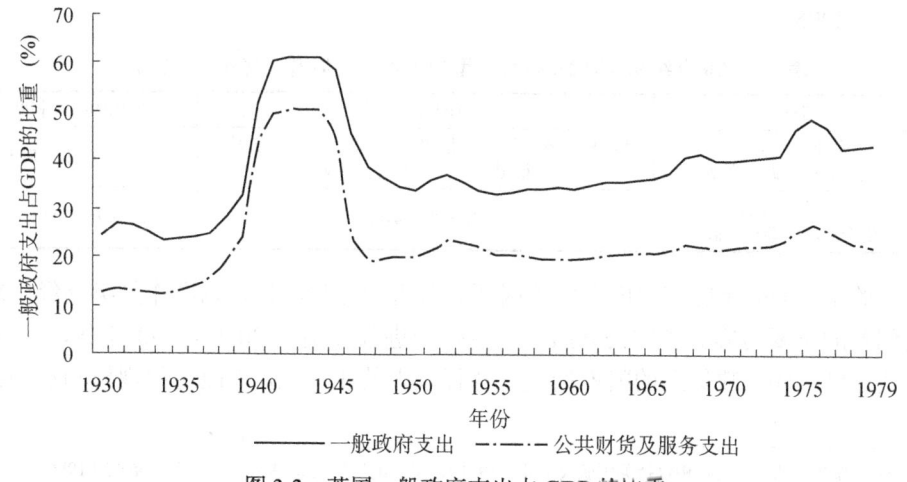

图3-3 英国一般政府支出占GDP的比重

(3) 英国政府面临的政治和行政的困局。

20世纪60年代末期，英国出现一种"反文化"（counter culture）的风潮，即各利益团体不再遵循顺服的政治文化传统，反而争相要求福利、高工资、对企业的补贴和其他种种利益，两大党则竞相承诺并提供给更多的利益团体以更多的福利，终至出现团体与团体之间、团体与政府之间，大家互相阻碍并共同耗损公共资源，最后导致"公共选择的瘫痪"（paralysis of public choice）。这种现象的发生，正显示英国第二次世界大战后和解时期所建构的协商式统合主义已告解体，政府已经不再是资源分配的强势仲裁者（N. Carter，1992；David Farnham and Sylvia Horton，1996）。

撒切尔夫人上台后，针对上述情况推行了一系列改革措施：

(1) 改革文官制度，大幅删减公共支出。撒切尔政府在1979年执政之初，即宣示将削弱文官的政治特权，强化内阁对文官系统的政治控制力，并借由缩小文官体制的规模和引进企业经营的文化来改善政府部门的管理，革除其浪费、无效率的陋习（玛格丽特·撒切尔，1998）。

(2) 减少国家对经济的干预，推动私有化进程。撒切尔夫人上任之后即开始大刀阔斧的私有化革命[①]。这项改革措施被认为是20世纪80年代英国保守党政府的政治代表作。国有事业的产值也因此从1979年占GDP的11%降至1990年的5.5%。

(3) 重建市场正常运转的基础，发起"供应经济学革命"，即取消政府管制，推动企业（供应方）的创新和发展。这方面的政策除了减税、私有化之外，在英国最重要、同时也引起了广泛争议的做法是取消工会的法定特权，解放了劳动力市场。与此同时，英国也取消了外汇管制，以及对物价、收入和股利的管制（胡西元，2005）。

表3-2　20世纪90年代初各种类型的资本主义体制（普赖尔，2004）

协调程度	普世的福利制度	个性化的福利制度
企业以上层面生产活动协调程度高	奥地利、澳大利亚、比利时、丹麦、芬兰、法国、德国、荷兰、挪威、瑞典	意大利、日本、瑞士
企业以上层面生产活动协调程度低	新西兰、英国	加拿大、美国

始于1979年撒切尔内阁的英国新公共管理运动，也可以看作是英国经济制度创新的重要内容。英国公共服务职业化的进程开始于20世纪50年代，在60年代达到高潮。政策上的凯恩斯主义和行政上的职业化，使政府的规模和活动范

---

① 那些被私有化的机构包括英国航天事业（1981）、英国电信事业（1984）、英国瓦斯事业（1986）、英国航站局（1987）、水供应及污水处理（1989）、英格兰与韦尔斯地区的电力事业（1993）及英国铁路事业（1996）。

围持续扩大,由此带来的经济、社会和政治问题在20世纪70年代石油危机之后以巨大的财政预算赤字、甚至于财政危机的形式集中表现出来,这迫使撒切尔内阁走上公共服务专业化和商业化的道路,以期提高效率、降低成本。公共服务的专业化和商业化意味着政府和公共组织的内部结构、公共服务的供给方式的根本性改变,而其最终目标则是要缩小政府规模、压缩政府活动空间、创新公共服务供给方法,以更低的费用、更高的效率实现公共目标。因此,应该说英国新公共管理运动的最直接、最明显的动因就是财政和经济需要,减少预算赤字、削减公共部门、提高公共服务效率和质量成为英国行政改革的主要推动力量(张钢,2003)。

英国新公共管理运动大致可以划分为两个大的阶段,即引进私人部门管理技术和公共服务私有化阶段(1979~1987年)、公共服务代理化和公共-私人部门伙伴关系阶段(1988年以后)(张钢,2003)。

在公共部门中引入私人企业的竞争机制,这是新公共管理运动的一大主题。但公共部门和私人企业毕竟是两个不同的领域,管理的对象、目标、性质都有各自的特殊性,不能简单等同。就以竞争机制为例,公共领域中的那些内部不经济、必要管制的部门就不宜引入市场机制,这说明引进竞争机制本身就有一个度的问题。经济学的研究方法是否能完全解读政治和行政过程,这是一个值得思考的问题。政策制定与政策执行是行政过程的两个阶段,两者功能不同、步骤不同,但其间又有连续性,不能简单地厚此薄彼。以往偏重政策制定,弱化执行功能,当然不利于管理。反过来,面对日益增多、各有章法的执行机构,如何加强政府部门的宏观控制、有效协调职能机构与执行机构的关系,这也是实践提出的新课题。行政绩效评估是管理主义的一个重要内容,其具有评估标准客观、评估过程客观、评估结果客观的三维统一性,是合同承包等管理机制的运作基础,也是建立责任制度与落实内部责任制度的联系环节。但行政绩效是一个无形与有形、长期与短期、间接与直接错综融合的综合体,行政绩效评估不能简单地等同于企业绩效评估,否则,新管理主义就会简单地等同于新泰勒主义(邓仕仑,2004)。

英国新公共管理运动的实践带来了一种"全新的公共管理"。这一运动导致了对"管理主义"的信奉,这种信奉被克里斯托夫·派洛特称为"极少得到证明的假设",即更好的管理将证明是解决一系列经济和社会痼疾的有效良方。布莱尔政府在2000年实行的最佳价值计划,超越了保守党政府改革的强制性竞标(Compulsory Competitive Tendering,CCT)对经济理性的单向追求,并强调结果导向与持续改进的和谐统一。据OECD1999~2000年分析数据库显示,2000年,英国政府支出变化(以占GDP的比重表示)比上年下降了3%,政府雇员的薪资(以占GDP的比重表示)下降了34.2%。在2003年英国政府MORI民意测验中,公众对政府部门所提供的服务质量满意度达到 55%，对政府工作人员责任认可度为 53%，其中，公众对医院满意度高达 70%。此外，通过信息网络化的政府采购建设，截至 2006 年 2 月，有 540 个客户通过"政府采购卡"付费，每月节省 800 万～900 万英镑，有效地降低了政府采购成本，提高了政府运作效率（卓越，2006）。

3.2.2 布莱尔政府"第三条道路"的改革

1997 年 5 月工党上台执政，英国政府基本承袭了保守党的客观经济政策，出现了第二次世界大战后首次非因政府更迭而大幅度改变经济政策的局面，保持了政策的稳定性与连续性。通货膨胀初步得到控制，经济呈低速增长态势（黄润中，1998）。

与此同时，英国政府也在进行"第三条道路"的改革。工党政府主要从福利和医疗制度、上议院世袭贵族特权、教育制度等方面进行了重大改革，在促进经济发展方面提出了新举措，并以此来推动英国经济的发展。面对知识经济时代的冲击，以布莱尔首相为首的工党政府力促高科技发展，通过调整产业、产品结构，保持经济的持续增长。布莱尔政府主要提出了如下新举措：①向知识经济社会转型，提倡建立混合经济模式，形成所谓的"新经济"。英国在 1998 年底正式发布了《我们有竞争力的未来：创建知识经济》白皮书，将促进知识经济发展作为制定工业、科技和贸易政策的新基石（盛昭瀚等，1996）。②增强企业活力和竞争力，促进高技术企业的发展。政府运用政策来保证和鼓励平等的竞争，鼓励扩大再生产，对用于扩大再生产的利润部分酌情减免税收，对科研设施的基本建设投资或在指定的企业区内的建设费用可 100%的免税。在刺激投资和促进企业特别是高技术企业发展方面，采取鼓励措施，实施信息产业战略，帮助企业适应信息时代的产业发展。③综合运用财政和货币政策，避免经济过热或衰退，确保经济平稳健康运行。英国财政大臣布朗将英国财政政策与货币政策协调配合实现经济稳定增长称之为"英国模式"，并作为一个经济增长的成功范例推荐给其他国家。工党上台执政以后实行货币政策改革，由英格兰银行独立决定利率，企图以此遏制通货膨胀，同时政府还通过扩大支出保持了相对宽松的财政政策（刘伟，2006）。

这两次改革的成效是显而易见的，通过及时改革制度和调整经济结构，英国经济逐渐摆脱了"欧洲病夫"的形象，各项经济指标均得以领先于欧洲各国。

3.3 制度创新的层次与类型

制度是一种约束人类行为的规则，这些规则的形成既来源于不同利益主体之间的博弈均衡状态，又来源于政府的理性构建。秩序则是制度的一种现实状态，它是指在既定制度条件下，社会、经济、政治等的结构状态。

3.3.1 制度的层次

我们把制度由上至下分为三个层次来分析，即核心制度（或称之为根本制度）、行为秩序以及实施的机制。

经济政策可以被看作是制度的一种"行动"，需要通过国家提供相应的制度安排来将自发形成的制度固定下来，自然演进的制度均衡本身并不具有合法性，只有通过国家法律的认可，它才可以维持，可自我实施的制度系统也必须具备一定的"制度框架"，这种"制度框架"便是政府提供的制度安排。

这样我们就可以讨论制度与一国法律体系的关系。根据诺斯（道格拉斯·C. 诺斯，1994）的观点，正式制度应该包括政治规则、经济规则和契约。它们形成一个等级结构，从宪法到成文法和普通法，再到明细的规则，最后是个别的契约，这些规则共同约束着人们的行为。柯武刚和史漫飞（2000）指出，正式制度的层级结构本质上由三个不同层次的规则构成，即顶层的宪法、中层的成文法和底层的政府条例。而我们认为，制度的三个层次与国家法律法规的三个层次有着对应关系，见表3-3。

与一个国家根本制度相对应的是这个国家的宪法，它规范着一切的经济规则。以中国为例，中国的根本制度是社会主义制度。这就是由中国宪法所规定的："中华人民共和国是工人阶级领导的、以工农联盟为基础的人民民主专政的社会主义国家。"

由于宪法典自身一般都规定了修改程序，故宪法所规定的一国的根本制度的稳定性很强，不易发生改变。在现代宪政国家，修宪的主体、修宪权限及修宪程序都受到宪法的严格限制。以美国宪法为例，美国宪法第5条规定"举凡两院议员各以三分之二的多数认为必要时，国会应提出对本宪法的修正案；或者，当现有诸州三分之二的州议会提出请求时，国会应召集修宪大会，以上两种修正案，如经诸州四分之三的州议会或四分之三的州修宪大会批准时，即成

为本宪法之一部分而发生全部效力,至于采用那一种批准方式,则由国会议决。"(刘晗,2013)

与行为秩序相对应的是一国除宪法以外的各个部门法,它规定了社会各个部门的行为规范。以中国为例,中国法律体系划分的主要法律部门除宪法外,还有行政法、民商法、经济法、劳动与社会保障法、科教文卫法、自然资源与环境保护法、刑法、诉讼法和军事法。

表 3-3 制度与一国的法律体系的关系

制度	对应法律法规	作用	可变化程度
根本制度	宪法	规范着一切的经济规则	不易改变
行为秩序	民商法、经济法、劳动法等部门法	规定了社会各个部门的行为规范	可以改变
实施机制	政策	规范了各项制度的具体实施	较易改变

相较于宪法而言,对一般法律修改所设立的各种限制相对较低。因此,由各个部门法所规范的行为秩序在必要时可以改变。例如,中国宪法第六十四条规定,宪法的修改"由全国人民代表大会常务委员会或者五分之一以上的全国人民代表大会代表提议,并由全国人民代表大会以全体代表的三分之二以上的多数通过",而对于其他法律和议案,只需"由全国人民代表大会以全体代表的过半数通过"。显然,一般的法律较宪法的修改要容易得多。

与实施机制相对应的是一国各级政府所制定的政策。这些政策法规由有关政府机构制订,并且随着实际情况的变化,政府机构会相应的对这些政策做出修订,以适应新的形势。因此,政策较容易发生改变,有相当的灵活性[①]。

3.3.2 制度创新的类型

从范围和程度上看,可以将制度创新分为四种类型,即制度变革、制度改进、制度摄动和制度侧滑。

3.3.2.1 制度变革

制度变革指的是政治、经济制度的根本性变革,例如从奴隶社会到封建社会的变革,从封建社会到资本主义社会的变革,都属于这一类型。

---

① 如果说根本制度的演变决定经济增长的长周期,而行为秩序的变化决定经济增长的中周期,那么实施机制的调整则决定经济增长的短周期。

3.3.2.2 制度改进

制度改进指的是在一段时间内,生产要素资源配置效率持续的增长。以美国为例,从 1982 年到 2002 年(图 3-4),美国的生产要素资源配置效率持续地增长(同时,经济也迎来比较高速的增长),便属于制度改进。

一般认为,20 世纪 80 年代后的美国经济增长主要应归功于第 40 任总统里根和第 42 任总统克林顿。1980 年底,里根同他的经济顾问班子研究确定了"经济复兴计划"和后来被称为"经济复兴税法"及"公平、简化和促进经济成长"的税制改革计划。这些计划的内容,可概括为四个基本要点:①减少联邦总开支的增长,办法是取消联邦政府的适当责任范围之外的活动和限制其他活动的开支增长;②把税收负担限制在最低水平,从而加强对储蓄、投资、工作、生产率和经济增长的刺激;③取消联邦政府对个人生活、企业有效经营或者州和地方政府的工作的不必要干预,减少联邦的管理负担;④支持稳妥可靠的货币政策,以鼓励经济增长和控制通货膨胀。这四方面的核心内容是通过减税、减支和减少政府干预来增加私人储蓄和投资,调动地方政府积极性,促进经济的发展(夫子,2004)。

正是这些制度上的持续改进,使美国经济成功走出了 1970 年以来的经济衰退,开始迎来高速的经济增长,这种经济增长在克林顿时期达到阶段高点。

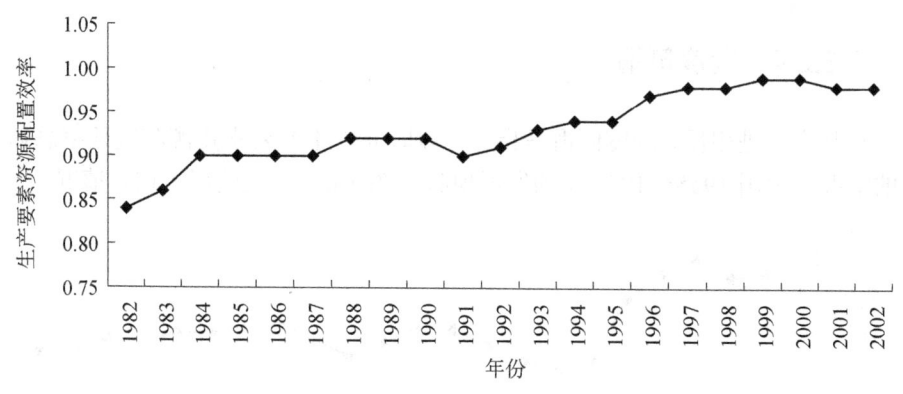

图 3-4 美国生产要素资源配置效率的演变

3.3.2.3 制度摄动

制度摄动是指,在一段时间内生产要素资源配置效率在一个范围内上下波动,使制度创新实际上陷于僵滞的情况。意大利 1961~1993 年的制度创新(图 3-5)大致就属于这种情况。

第二次世界大战后意大利的政局表现出的最大特点，便是政府更迭频繁、突发性大。自第二次世界大战结束以来到1986年底，意大利共更换了45届政府。

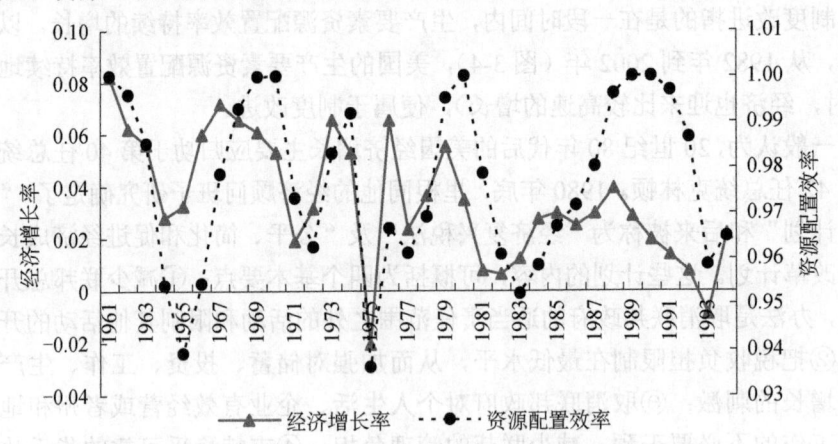

图 3-5　意大利生产要素资源配置效率与经济增长率的关系

在政府更迭频繁的政局下，无法保证国家政策的连续性，任何一项制度变革都很难持续的被执行。同时，在这样一种动荡的政局中，每届政府上台后都自然地将维持政权放在首位。因此，生产要素资源配置效率显现出摄动的态势，同时伴随着经济增长率的下滑。

3.3.2.4　制度侧滑

与制度改进相反，制度侧滑是指在一段时间内生产要素资源配置效率总体下滑的情况。中国 1955～1977 年的发展现状（图 3-6）大致就属于这种情况。

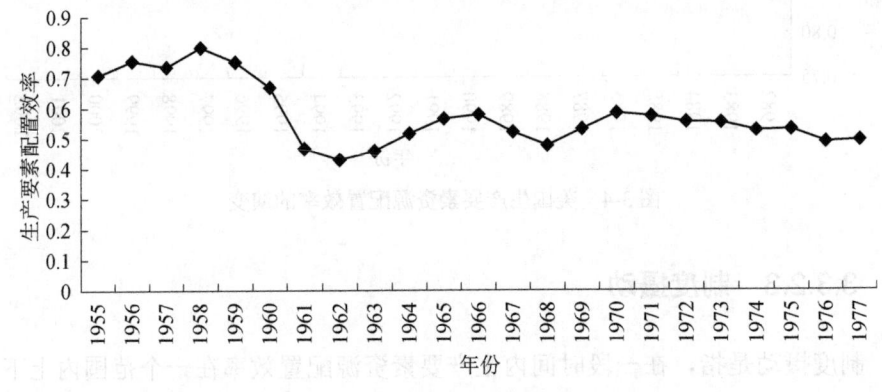

图 3-6　中国 1955～1977 年生产要素资源配置效率的变化

3.4 生产要素资源配置效率周期与经济周期的关系

本书在分析概述传统经济周期理论的基础上,分析了生产要素资源配置效率(生产要素存量资源配置效率)与经济周期的关系,并对意大利、加拿大、日本、澳大利亚、中国和美国的有关数据进行了实证分析,验证了斯诺等的制度创新是经济长期增长的重要原因的观点。本书发现,生产要素资源配置效率周期与经济周期同步,且生产要素资源配置效率周期决定经济周期,由此提出制度经济周期的观点。

3.4.1 经济周期理论概述[①]

3.4.1.1 太阳黑子说

杰文斯(1997)的太阳黑子说经济周期理论先后在1875年和1878年发表的两篇论文之中提出。他发现10年左右会出现一次太阳黑子,而商业危机也是大概10年一次,于是,他研究了大量统计资料,力图从中找出规律以解释这种被他称之为"完美的一致"的现象,并最终创立了太阳黑子说经济周期理论。他认为,10年左右出现一次的太阳黑子现象会使农业歉收,而农业在经济中的地位相当重要,农业又会影响工业和其他经济活动,从而引起经济危机。该理论在杰文斯所处的时期有其积极意义,推动了经济周期理论研究的发展,但是这种理论现在看来却不能成立,因为太阳黑子对农业的影响有限,况且仅仅农业的变化也不足以引起经济周期波动。

3.4.1.2 心理说

经济周期的心理说主要把经济的周期性波动归因于人们悲观的和乐观的预期的交互作用(胡永刚,2002)。1867年,穆勒发表了《论信用循环和商业恐慌的由来》,开创了经济周期心理说的先河。穆勒把经济周期归结为企业家对商业周期判断的情绪失常。英国经济学家庇古是心理说的代表性人物。他认为,"心理"具体表现为预期,而预期通常是不确定的,既可以乐观,也可以悲观,更会

[①] 本节参考和引用了相关学者的研究成果。

有错误,"乐观和悲观的错误,是互为因果,不断发生的"。他假定最初商业社会既没有人犯乐观的错误,也没有人犯悲观的错误,也就是说,投资的增加或投资的减少与社会需求保持一致。需求保持增长时,由于商人不能预见他们自己和竞争者对于市场信号的刺激所做出的反应将有什么后果,他们就开始犯乐观的错误。庇古认为投资者在心理上是相互依赖的,如果某个投资者犯了乐观的错误,其他人也会步其后尘,因此这种错误会增长得很快。最终这种交替出现的预期错误将最终导致经济的周期性波动。

此外,许多经济学家在其经济周期理论中都将心理因素作为解释波动的一种辅助因素,却很少将其作为影响周期的单一因素。

3.4.1.3 创新说

奥地利经济学家熊彼特(1990)用创新来解释经济周期。他的基本论点为,创新(指企业家对生产要素和生产条件的一种新组合)的推行必须支付较高的代价,尤其需要银行信用的支持。熊彼特首先假设整个经济处于均衡状态,利润为零。在这种状态之下,只有那些富有冒险精神的创新者才能勇于率先把创新活动付诸实践,借助银行扩大信用贷款的帮助,增雇工人,新建厂房增添设备,最终使企业获得垄断利润。这种垄断利润吸引大批竞争者的介入,迅速激发生产性需求和就业的增加,导致企业之间争先恐后地采购原材料,引起价格的全面上涨,出现繁荣兴旺的景象;在随后,大量企业的模仿会导致垄断利润消失,企业家不得不缩减生产规模,裁减雇员,减少投资,价格随之下降,最终产生经济萧条。

3.4.1.4 政治性经济周期理论

诺德豪斯(W.D. Nordhaus, 1975)提出了一个完整的政治性经济周期模型,该模型把政治的经济周期归因于机会主义者在选举前的操纵,认为政治家为了有利于赢得选票而制定的经济政策是引起经济波动的主要原因之一,因此经济周期随着政治周期而变动。典型的政治性经济周期为,现任政府为了连选连任,往往在选举前采用减税或增加政府开支等扩张性财政政策来刺激经济,减少失业,形成经济繁荣景象,直至选举前夜。选举之后,为了控制这种繁荣所带来的通货膨胀,就要采取紧缩性的财政政策,从而引发经济萧条。在下一个选举周期里,同样的行为会再次出现。诺德豪斯的理论以及其后由希布斯(D.A. Hibbs, 1977)和阿莱西纳(Alberto Alesina, 1988)分别提出的党派模型和理性党派模型,主要是从美国选举周期角度来分析政治对经济运行产生的影响,因此对中国经济周期变动的解释力较差。

3.4.1.5 消费不足说

消费不足理论是周期性不稳定的较为古老的解释之一,劳德达尔、西斯蒙第和马尔萨斯是消费不足说的早期代表人物,消费不足理论又可以分为购买力不足造成的消费不足和过度储蓄形成的消费不足两种。购买力不足造成的消费不足论认为,经济体系未能分配足够的购买力,造成实际购买力低于产品总价值,因而社会的全部产品不能完全以至少抵偿成本的价格出售,这是造成经济收缩的主要原因;而过度储蓄造成的消费不足论认为,由于富人的储蓄倾向相对穷人高,而大部分的资本却掌握在富人手中。随着生产的发展和社会财富的增长,富人的消费虽将增加,但其增长率比起社会财富的增长率要小得多,最终会造成整个社会的储蓄超过了一定的比例,而整个社会用于购买消费品的部分比例太小,引起消费不足,导致经济萧条。显然消费不足不可能形成繁荣,因此从严格意义上讲,消费不足说不构成一个完整的周期理论。

3.4.1.6 投资过度论

投资过度论主要从投资的角度分析经济周期的形成,其代表人物为奥地利学派的哈耶克、米塞斯和罗宾斯等人。其中心论点是:经济周期波动的主要原因在于货币方面,但也不是纯粹的货币原因,而是通过货币因素造成的生产结构的失调,使繁荣走向崩溃。货币金融当局的信用膨胀政策是干扰经济体系均衡并引起经济扩张,进而导致繁荣和萧条交替变动的根本原因。银行扩张信贷导致市场利率低于自然利率,从而工商企业贷款的投资对厂房、机器设备的需求增加,而这时银行信用扩张引起的投资和生产资料需求的增加,只能是把原来用来制造消费品的生产要素转用于制造资本品。从而,在周期的繁荣阶段,资本品生产有较快的扩张;而在萧条阶段,资本品生产又有较快的萎缩。因此,"促使繁荣趋于崩溃的原因,是生产结构实际上的失调,并非仅仅是由于银行准备不充分而形成的资金不足。"投资过度论最重要的贡献是分析了经济周期波动中的生产结构不平衡,特别是资本品生产和消费品生产之间的不平衡,此外投资过度论还分析了银行信用对经济变动的支持作用。

3.4.1.7 乘数-加速数说

萨缪尔森于1939年发表了《乘数分析和加速数原理的相互作用》一文,认为影响经济波动的最主要因素是投资的变动,仅用乘数原理不能说明经济的波动,还必须进一步把乘数原理与加速原理结合起来。萨缪尔森用时间序列分析较系统地表明了乘数和加速数之间的相互作用机制,以及由此引起的经济周期波动过程,说明了经济体系中一个小的扰动引起一个大的周期性波动的原因。其具体过程为:最初有一种自动投资出现,它将增加消费从而使乘数发生作用。相应的,要增加某一单位最终货物的生产,必须增加若干倍资本物品的投资。于是,在乘数、加速原则的共同作用下,生产增长很快达到社会生产可能性边缘,因增加资本品投入而产生的投资被迫停止。停止新的诱致投资,又将使乘数、加速原理从相反方向发生作用,使社会生产急剧衰退,进入萧条阶段。经过一段萧条期后,乘数与加速数重新发挥作用,导致经济复苏,从而形成一个不断循环的过程。萨缪尔森的分析表明只要存在乘数和加速原理的作用,就足以产生一个周期性的波动,并且其更强调内生变量的作用,指出即使没有外来因素的干扰,经济仍将处于一种反复不断的循环运动之中。

3.4.1.8 货币决定论

货币说始创于英国经济学家霍特里(R. Hawtrey)(许治,2002)。他的纯货币因素周期理论认为,经济周期纯粹是一种货币现象,经济的周期性波动主要是由货币信用体系的不稳定造成。货币流通量、货币供应量以及货币流通速度的波动将直接导致名义国民收入的波动。银行体系降低利率、扩大信用时,就会引起投资增加、生产扩张,进而导致收入增加,对经济活动产生刺激作用,使经济走向繁荣阶段。但是,由于现代货币体系建立在部分准备金的基础上,因此银行信用扩张是有限度的,当银行体系被迫紧缩货币信用时,经济便会走向萧条。按照霍特里的看法,"经济周期不过是显著的通货膨胀或通货收缩的一个缩小了的翻版而已。"

新货币决定论的代表人物是弗里德曼(M. Friedman)。弗里德曼(2010)认为,货币供应的变化导致国民名义收入发生相应的变化。由于工资和物价的调整滞后较多,货币供应量的较高和较低增长率导致总需求和实际经济活动对长期趋势的相应波动。经济扩张源于货币供应量的持续大量增加;长期较低的货币供应量增长率很可能会使经济下滑或衰退,而长期为负的货币增长率则会导致经济萧条。

3.4.1.9 存货投资周期理论

该理论认为生产的水平不仅取决于销售情况,而且取决于存货投资,存货投资的变动将引起经济周期性波动。1923年，约瑟夫·基钦（J. Kitchin）的研究指出当企业生产过多时，就会形成存货，继而就会出现减少生产的现象。企业增加存货就使生产扩张形成经济繁荣；企业减少存货就使生产收缩形成经济萧条。这样存货投资变动本身会形成轻度的繁荣与萧条交替出现的经济波动，同时又会加大因其他原因引起的经济波动幅度。由此，基钦发现了一种由存货影响的周期，当初基钦认为它的持续时间为10个月，但后来的研究表明，它的周期为2~4年。人们将这种2~4年的短期调整称之为"存货"周期亦称之为"基钦周期"或"短周期"。

劳埃德·梅尔泽就存货投资周期给出了一个简单的解释，即企业家对他们所期望的存货销售比率有一个固定的认识。当扩张中对其需求增加时，他们发现其存货减少，将其存货水平恢复到预定比率的努力导致新订单的增加，进而增加了就业和收入。在减缩期则发生相反的过程：企业家力图降低他们的存货水平，同时其销售下降，这种努力进一步使收入下降。

3.4.1.10 理性预期周期理论

理性预期学派（亦称新古典宏观经济学派）产生于20世纪70年代，它是向凯恩斯主义发起学术挑战的一个极其重要的学派。罗伯特·卢卡斯（R.E. Lucas, 1975）和巴罗（R.J. Barro, 1980）在均衡分析基础上用价格信息不完全说明了经济周期的产生。理性预期周期理论认为，货币供给的过度增加使一般物价上升，经济人由于信息不完全错将一般物价上升当作相对价格变动，从而扩大生产、增加投资，当他们意识到自己的判断错误时，产量和投资又跌至较低水平。因此，尽管经济人具有理性预期并追求利润和效用最大化，价格信息不完全仍会导致宏观经济的周期波动。可以看出，理性预期学派的观点认为，随机的货币因素的冲击导致了经济的周期波动，由于其理论观点及政策主张与货币学派有密切联系，因此该学派也被称为激进的货币主义或新古典宏观经济学。

3.4.1.11 实际经济周期理论

实际经济周期学派是在新古典主义理论基础上，从1973、1980年石油价格冲击以及1972年食品冲击的后果中发展出来的。该学派的主要代表人物有美国的基德兰德、普雷斯科特和普洛泽等（F.E. Kydland and E.C. Prescott, 1990）[①]。

---

① 在实际经济周期学派的理论方法基础上，发展起了当前的动态随机一般均衡分析（dynamic Stochastic General Equilibrium）理论方法，新凯恩斯主义也是利用此方法发展起来的。

实际经济周期学派认为，随机的实际因素的冲击（而不是货币的冲击）导致了经济的周期性波动。实际经济周期理论把经济周期看作市场自动调节机制下正常的波动，认为周期是特有的，并且在货币存量保持以不变的增长率变动时，周期仍会存在。该理论假定，最初的经济波动来源是外生的，波动的根源包括来自需求方面的冲击，但更重要的是包括技术进步等来自供给方面的冲击。同时，假定关于这些冲击的信息是不完全的，在每种情况下经济当事人都必须以某种方式从噪音中选取信号，而正是由于他们不能完全做到这一点才引起了经济周期波动。

3.4.2 制度创新周期理论

制度创新是经济长期增长的重要原因，生产要素资源配置效率周期与经济周期同步，并且生产要素资源配置效率的变化是决定经济增长率的重要因素。

造成经济周期性波动的原因是多样的，其中既有一个经济体系之内各种变量相互作用的因素（内生经济周期的因素），又有外生变量冲击的因素（外生经济周期的因素）。这些外生变量包括贸易条件、个人偏好、政府需求等来自需求方面的冲击；也包括技术进步、生产要素供给变动等来自供给方面的冲击；同时还有货币流通量、货币供应量、货币流通速度以及政策法规和自然条件的变化等。上述因素导致市场供求关系的失衡，而市场供求关系的失衡又引起"市场秩序危机"（市场秩序陷入混乱，制度的实施状态（经济秩序）发生扭曲，而这种混乱将导致既无公平又无效率的状态），从而降低生产要素资源的配置效率，影响经济的增长。

经济秩序是制度运行的结果，制度创新就是要建立并且不断地完善良好的行为秩序，在这样的制度条件下所建立起来的经济秩序，应该能对各种因素造成的经济变动及时做出反应，并且能及时有效地预防或者采取措施抑制这种经济波动。

对于由外生变量冲击造成的经济波动，制度创新就是要通过政策调整等措施引入一个负反馈的机制，这个负反馈的机制须对外生变量冲击所造成的经济变动及时做出反应，并且能及时有效地采取措施抑制这种引起经济波动的冲击。例如，如果出现了一个影响经济的外生冲击因素，比如货币供应量突然变大，一个良好的制度体系就是要能及时发现它、分析它对经济的影响，并且迅速采取措施来抑制这个冲击，进而熨平经济的波动。

而对于由内生因素造成的经济周期，制度创新则是要建立一套完备的经济机制，来避免由于市场缺陷所造成的经济波动。例如，参考消费不足学派的观点，经济萧条可能是由社会财富分配严重不均而造成的消费不足引起——"富人有钱不愿花,穷人想花花不起"。一个良好的制度体系,就是要及时发现社会经济的缺陷(如社会财富分配严重不均)并且建立一套行之有效的机制去弥补这些缺陷,进而预防经济大幅波动的发生。

总的来说,制度创新就是要通过一套行之有效的机制,来纠正或者避免可能发生的市场秩序混乱或危机,从而减轻经济波动的幅度,最后推动整个经济在消费、生产、劳动力供应和储蓄方面的调整并最终导致新平衡的建立。如果通过政策调整等制度创新措施引入的机制可以使市场秩序迅速恢复到好的状态,那么经济的波动将被熨平;反之,如果通过政策调整等制度创新措施并不能使市场秩序迅速恢复到好的状态,甚至导致市场秩序更加混乱,那么经济周期的波动必会加剧。

3.4.3 生产要素资源配置效率周期与经济周期之间关系的计量经济学检验

从芬兰 1961~2000 年生产要素资源配置效率与经济增长率的关系(图 3-7),可以看出制度创新与经济周期有着很强的相关关系。

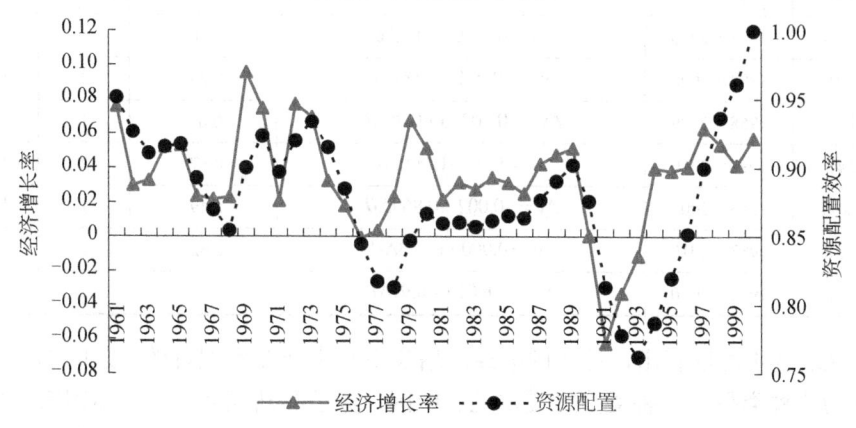

图 3-7 芬兰 1961~2000 年生产要素资源配置效率与经济增长率的关系

为了系统研究制度创新对经济周期的影响,我们用生产要素资源配置效率的变化来衡量制度创新,用经济增长率的变动作为经济周期的指标。我们对意大利、美国、中国、日本、加拿大、澳大利亚等十几个国家的数据,利用 Eviews 软件进行了数据分析。建立如下模型:

$$\Delta y = c + c_1 \Delta \theta + u \tag{3-5}$$

其中，y 为一国的经济增长率，Δy 为经济增长率的变化，θ 为该国的生产要素资源配置效率，$\Delta \theta$ 为生产要素资源配置效率的变化，u 为随机误差项。

表 3-4 为对各国数据分析的结果，模型反映了相关国家经济增长率变化 Δy 与生产要素资源配置效率变化 $\Delta \theta$ 之间的关系。表 3-4 为计量经济学模型，样本决定系数代表模型自变量 $\Delta \theta$、$y(t)$ 对因变量 Δy、$y(t+1)$ 的决定程度；"滞后期"和"概率"是指格兰杰因果关系检验中的滞后期和概率，例如对于爱尔兰，$\Delta \theta$ 不是决定 $y(t+1)$ 的原因的概率是 35%，换句话说，$\Delta \theta$ 是决定 $y(t+1)$ 的原因的概率是 65%，而滞后期是 2。

表 3-4 若干国家经济增长率变化与生产要素资源配置效率变化之间的关系

国家	时期（年）	模型	样本决定系数	滞后期	概率
爱尔兰	1983~2010	$y(t+1)=0.0115+0.543y(t)+1.009\Delta\theta$	0.65	2	0.35
中国	1980~2010	$y(t+1)=0.037+0.558y(t)+0.51\Delta\theta$	0.52	3	0.137
芬兰	1983~2010	$y(t+1)=0.00467+0.606y(t)+1.2\Delta\theta$	0.81	1	0.09
新西兰	1982~2010	$y(t+1)=0.015+0.358y(t)+0.4\Delta\theta$	0.33	5	0.338
澳大利亚	1983~2010	$\Delta y=-0.001+0.51\Delta\theta$	0.31	2	0.01
德国	1993~2010	$\Delta y=0.002+1.466\Delta\theta$	0.69	2	0.02
法国	1983~2010	$\Delta y=-0.00058+1.56\Delta\theta$	0.67	1	0.11
韩国	1963~2010	$\Delta y=-0.002+1.48\Delta\theta$	0.63	1	0.02
加拿大	1983~2010	$\Delta y=0.00025+1.3\Delta\theta$	0.38	2	0.1
美国	1903~2008	$\Delta y=-0.001+0.387\Delta\theta$	0.23	2	0.015
日本	1958~2009	$\Delta y=-0.00256+0.95\Delta\theta$	0.6	1	0.012
瑞典	1996~2010	$\Delta y=0.02+1.115\Delta\theta$	0.87	2	0
新加坡	1983~2009	$\Delta y=-0.002+0.869\Delta\theta$	0.49	1	0.13
意大利	1983~2010	$\Delta y=0.0009+1.33\Delta\theta$	0.62	1	0.016
英国	1962~2010	$\Delta y=0.00015+0.91\Delta\theta$	0.45	2	0.07

从表 3-4 可以看出，这些国家经济增长率与生产要素配置效率之间的关系可以分为两种类型。一种类型是爱尔兰、中国、芬兰和新西兰，在上述国家的模型中，自变量不仅包括 $\Delta \theta$，而且包括 $y(t)$，而因变量则是 $y(t+1)$，这些国家在较短的时期内都有较大的制度创新；另一种类型是澳大利亚、德国、法国和韩国等国家，在上述国家的模型中，自变量仅为 $\Delta \theta$，不包括 $y(t)$，而因变量则是 Δy，这些国家的生产要素配置效率在测算期内一般比较平稳[①]。

[①] 对生产要素资源配置效率与经济增长率之间关系的格兰杰因果检验说明，制度创新对经济增长是有影响的，其是经济增长的重要原因。这验证了诺斯等的制度创新是经济长期增长的重要原因的观点。而且在某种程度上，可以认为生产要素资源配置效率的周期变化是产生经济周期的重要原因。

根据上文利用 Eviews 进行计量经济学分析的结果，各国都表现出这样的规律：经济增长率或其变化与该国生产要素资源配置效率或其变化正相关，这说明制度创新对经济增长率或其变化是具有影响的，制度创新是经济增长率提高的重要因素。

3.5 小　　结

从作用机理来看，制度创新对经济增长的最基本、最本质的作用是提高生产要素资源的配置效率。因而，可以采用效率分析的方法来测算制度创新在经济增长中的贡献率，数据包络分析正是这样一种方法（姜照华，2004）。本书运用这种方法建立了制度创新对经济增长的贡献率的测算公式，对英国、美国、中国等国家的测算结果表明了这种方法的合理性。而对生产要素资源配置效率与经济增长率之间关系的计量经济学研究说明，生产要素资源配置效率的周期变化是产生经济周期的重要原因。

4 科技进步与人力资本在经济增长中贡献率的测算

本书第 2 章论述了决定和影响经济增长的多种因素，包括劳动力、固定资本存量及固定资产投资、人力资本、科技、制度因素以及经济环境外部性等，论述了基于共协理论的经济增长的建模方法，由此测算出劳动力、固定资本存量及固定资产投资、人力资本、科技等因素在经济增长中的贡献率。本章以韩国等为实证分析对象，就科技进步和人力资本在经济增长中的贡献率测算等问题进行讨论。

4.1 科技进步在经济增长中贡献率的测算：以韩国为例

测算科技进步在经济增长中的贡献率，需要建立相关经济增长模型，下文主要介绍劳动报酬函数模型和投资价值函数模型。

4.1.1 劳动报酬函数模型

以人力资本 H（就业者人均受教育年限）乘以劳动力人数 L 的对数 $\log HL$，固定资产投资 D 乘以科技投入 S 再除以劳动力 L 后的对数 $\log DS/L$ 为自变量，以劳动报酬 V 的对数 $\log V$ 为因变量，对韩国 1960～2010 年的数据进行多元回归分析，得到如下模型：

$$V = 1.16(HL)^{0.53}(SD/L)^{0.18} \qquad (4-1)$$

下文就计量经济学回归模型（4-1）的检验结果进行简单的说明。在表 4-1 的相关项目中，样本决定系数等于0.998，表明所有自变量从总体上与因变量之间高度线性相关；修正后的样本决定系数为0.998，说明自变量的解释能力很强，样本回归方程对样本拟和得很好；估计标准误差0.023；回归方程通过f检验，说明线性回归效果显著。同样，两个自变量都通过了t检验。表4-2说明，各变量之间具有协整关系，模型(4-1)是一个长期稳定的规律。而表4-3则说明，$\log HL$、$\log DS/L$、$\log V$这三个因素是相互影响的，具有因果关系。

表4-1 韩国劳动报酬函数$\log V$回归模型及其检验

被解释变量：$\log V$				
模型估计方法：最小二乘法				
样本范围（调整后）：1963~2010				
观察值的个数：48（调整端点后）				
52次迭代后实现收敛				
解释变量	系数	标准误	t统计量	概率
C	0.062 808	0.680	0.09	0.926 7
$\log HL$	0.532 579	0.090	5.99	0
$\log SD/L$	0.180 383	0.030	6.22	0
AR（3）	0.733 073	0.120	6.19	0
样本决定系数	0.997 938	因变量的均值		6.082 917
调整后的样本决定系数	0.997 797	因变量的标准差		0.485 114
回归标准差	0.022 768	赤池信息量（AIC）		-4.647 251
残差平方和	0.022 809	施瓦茨信息量（SC）		-4.491 317
DW统计量	0.8	f检验统计量		7 098

表4-2 韩国劳动报酬函数$\log V$回归模型的协整检验

特征值	似然比	5%临界值	1%临界值	CE个数假设
0.380 068	37.401 61	29.68	35.65	没有
0.162 638	13.972 52	15.41	20.04	至多1
0.102 063	5.275 102	3.76	6.65	至多2

表4-3 韩国劳动报酬函数$\log V$回归模型的Granger因果关系检验

格兰杰因果关系检验			
样本范围：1960~2010			
滞后阶数：1			
原假设：	观察样本量	f统计量	可能性
$\log HL$不是$\log V$的格兰杰原因	50	4.400 19	0.041 34
$\log V$不是$\log HL$的格兰杰原因		1.056 63	0.309 25
$\log SD/L$不是$\log V$的格兰杰原因	50	1.396 04	0.243 33
$\log V$不是$\log SD/L$的格兰杰原因		26.710 2	4.8E-06
$\log SD/L$不是$\log HL$的格兰杰原因	50	1.020 57	0.317 56
$\log HL$不是$\log SD/L$的格兰杰原因		12.28 25	0.001 02

4.1.2 投资价值函数模型

投资价值函数 M 被定义为国内生产总值（Y）减去劳动报酬（V），即
$$M = Y - V \quad (4-2)$$

以固定资本存量 K（上年的）、固定资产投资 D 乘以科技投入 S 再除以固定资本存量 K 后的 SD/K 为自变量；以投资价值 M 为因变量，对韩国 1960~2010 年的数据进行多元回归，由此得到如下模型：

$$Y = 1.16(HL)^{0.53}(SD/L)^{0.18} + 0.189K + 19SD/K + 11.5LD/K + 1810 \quad (4-3)$$

以下就计量经济学回归模型（4-3）的检验摘要进行简单的说明。在表 4-4 的相关项目中，样本决定系数 R=0.998，表明所有自变量从总体上与因变量之间高度线性相关；修正后的样本决定系数为 0.998，说明自变量的解释能力很强，样本回归方程对样本拟和得很好；回归方程通过 f 检验，说明线性回归效果显著。同样，两个自变量都通过了 t 检验。

表 4-4　韩国 M 函数回归模型及其检验

被解释变量：$Y-V$				
模型估计方法：最小二乘法				
样本范围（调整后）：1963~2006				
观察值的个数：44（调整后）				
8 次迭代后实现收敛				
	系数	标准误	t 统计量	
C	1 810	8 034.452	2.254 86	0.03
K	0.189 112	0.013 328	14.188 77	0
SD/K	19	86.843 37	2.211 049	0.033 1
LD/K	11.475 9	3.120 802	3.677 228	0.000 7
AR（1）	1.089 222	0.099 214	10.978 53	0
AR（3）	−0.324 086	0.100 674	−3.219 166	0.002 6
样本决定系数	0.998	因变量的均值		160 714
调整后的样本决定系数	0.998	因变量的标准差		120 498
回归标准差	5 224	赤池信息量（AIC）		20.1
残差平方和	1.04E+09	施瓦茨信息量（SC）		20.3
DW 统计量	2.18	f 检验统计量		4 567

4.1.3 总体模型

将模型（4-1）和模型（4-3）代入式（4-2），得到国内生产总值与劳动力、固定资本存量、固定资产投资、科技投入、人力资本的定量关系模型：

$$Y = 1.16(HL)^{0.53}(SD/L)^{0.18} + 0.189K + 19SD/K + 11.5LD/K + 1810 \quad (4\text{-}4)$$

4.1.4 科技进步在经济增长中贡献率的测算公式

根据本书第 2 章的推导方法，利用式（4-4）可以方便地测算出科技进步对韩国经济增长的贡献率：

$$\eta_s = \frac{a\gamma L^\alpha H^\beta S^\gamma D^\delta + cSD/K + dLD/K}{Y} \cdot \frac{s}{y}; \quad (4\text{-}5)$$

在式（4-5）中，η_S 是科技进步对经济增长的贡献率；y 是 Y（国内生产总值）的变化率（经济增长率）；s 是 S（科技投入）的增长率；K 是固定资本存量；D 是固定资产投资；H 是就业者人均受教育年限；L 是劳动力；a、c、d 是系数。值得一提的是，式（4-5）是根据式（4-4）导出的，因此其只适用于对韩国科技进步对经济增长的贡献率的测算。具体到其他国家的测算公式的形式，需要根据其总体模型的形式而定。

4.1.5 对韩国的测算结果及分析

如同对其他地区经济增长中科技进步贡献率的测度一样，学术界关于东亚地区科技进步（全要素生产率）对经济增长的贡献率也有着完全不同的看法。世界银行的一份研究报告结果表明，从 20 世纪 60 年代初期到 1990 年，中国台湾省、韩国、新加坡和中国香港地区劳动力投入增长对产出增长的贡献率平均为 18%左右。在这个时期，资本积累对产出增长的贡献率从中国香港地区的 48% 到中国台湾省的 72%不等，其中这一比例在韩国是 67%。技术进步对经济增长的贡献率则从韩国的 14%到中国香港地区的 35%不等。但从这之中也可以看出，技术进步对东亚绩优国（地区）产出增长的贡献相对于资本积累的贡献来说要小一些（张雷，2007）。

Byoungki Lee（2004）在《全要素生产率增长：调查报告》中提出在亚洲金融危机后全要素生产率（TFP）对韩国经济增长发挥了越来越大的作用，而研究开发投资的增长在增强 TFP 对韩国经济增长的贡献率方面发挥了积极作用。论文在增长核算框架下使用经济增加值、劳动力和资本投入数据，提供了 TFP 变动的估计，指出在 1972～1999 年韩国 TFP 的平均增长率是 1.92%，资本投入对 GDP 增长的贡献率是 60.1%，劳动力投入和未调整的 TFP 增长对 GDP 增长的贡献率是 15.4%和 24.4%。韩国危机反映了其经济结构的弱点，为了提高

TFP 的增长，韩国政府致力于经济结构调整，在教育与培训的质量方面取得很大进步，吸引了大量外国直接投资和外国研究开发经费来促进经济发展，由此带来的进出口规模扩大及质量的提升也进一步促进了 TFP 的增长。从这点上来看，经济政策的创新将进一步促进韩国经济融入全球市场，使其全要素生产率有较快增长（张雷，2007）。

本书对韩国经济增长因素的分析，详见表 4-5。

表 4-5　对 1960～2000 年韩国经济增长因素的测算结果（%）

时期（年）	资本存量增长对经济增长的贡献率	固定资产投资增长对经济增长的贡献	科技进步对经济增长的贡献率	人力资本增长对经济增长的贡献率	劳动力增长对经济增长的贡献率	制度创新对经济增长的贡献率	经济环境外部性对经济增长的影响
1960～1972	21	14	7	17	6	4	31
1973～1997	24	35	20	18	7	−10	6
1998～2010	48	7	25	22	6	10	−18

创新（科技进步，人力资本创新，制度创新）在韩国的经济增长中起到了很大作用。韩国在引进、消化吸收发达国家先进技术的基础上，不断提高自主创新能力。韩国研究开发经费占国内生产总值的比例从 1960 年的 0.2%提高到 2010 年的 3%；同时，其人均受教育年限也从 1960 年的 3.23 年提高到 2010 年的 13.6 年。正是科技和教育的快速、赶超式的跨越式发展[①]，有力地支撑了韩国经济几十年的快速发展；

本书采用效率分析（数据包络分析）的方法，从制度创新对经济增长的最根本的作用是提高生产要素资源的配置效率出发，来测算制度创新在韩国经济增长中的贡献率，得到的结果表明，在 1960～1972 年这段时间里，制度创新在经济增长中的贡献率为 4%，制度创新对经济增长起推动作用。事实上，先进的市场经济制度是韩国实现经济较高增长的一个重要保证。韩国的经济制度动态地适应了韩国生产力的发展需要，政府通过不断调整经济、科技、教育等政策，使制度对经济资源的配置效率在大多数时间内保持在经济增长的"前沿面上"；而 1998～2010 年，制度创新的贡献率则高达 10%。

在某种程度上，经济环境的外部性反映了投资环境。本书的测算表明，1960～1972 年经济环境的外部性对韩国经济增长的影响率为 31%，这说明该段

---

① 无论是在以引进外国技术为主的早期，还是在以引进技术的消化吸收为主的中期，抑或是以产业技术的自主研究开发为主的后期，韩国的固定资产投资与技术引进、技术创新都能够很好地结合在一起，从而充分利用了外国知识和技术的外溢作用，并且固定资产投资和创新这两者形成了互动关系。

时间内韩国的投资环境非常差；而1998～2010年经济环境的外部性对韩国经济增长的影响率为-18%，这说明该段时间内韩国的经济环境总体上是非常有利于经济增长的，这主要得益于韩国进行了某种程度的制度创新，以改善不利的外部经济环境。

4.2 人力资本创新在经济增长中贡献率的测算

4.2.1 人力资本创新在经济增长中贡献率的测算方法

关于教育投资收益率问题，舒尔茨教授将不同教育程度毕业生间的工资差别作为计算教育投资收益率的根据（秦宝庭和吴景曾，1999）。首先，计算出相邻各阶段学校毕业生平均收入的差额，以这一差额与某一阶段学校的人均教育费用的比率表示收益率。根据舒尔茨教授的计算，美国各级教育的收益率为初等教育35%、中等教育10%、高等教育11%。其次，根据各级教育投资的比率，计算出平均收益率为17.3%，按此平均教育收益率计算，在所增加的1860亿美元教育投资额中，教育的经济效益为495亿美元。它占国民收入增加部分1520亿元的32.6%，即教育投资对新增国民收入的贡献为32.6%。

丹尼森教授在进行增长因素分析时也探讨了教育的作用。例如，他通过对美国1929～1982年经济增长的核算，指出在国民收入年平均增长率的2.92%中，有0.4%是由教育所贡献的，这相当于教育对国民收入增长速度的贡献为13.7%（秦宝庭和吴景曾，1999）。用增长因素分析方法计算的一些国家（地区）中教育对经济增长作用的结果见表4-6。

有日本学者参照舒尔茨教授的方法，对1930～1955年日本的教育作用进行了分析。日本教育投资由1930年的18 649亿日元增加到1955年的53 800亿日元，增加了35 151亿日元。日本将初等教育的收益率定为30%，中等教育为20%，高等教育为10%，平均为23%。因此，教育投资的收益为8084亿日元，占新增国民收入的25.8%。

按照上述方法，斯特鲁米林（1924）在《国民教育的经济意义》中对苏联1940～1960年的国民经济发展状况进行了分析。根据他的计算，其间国民收入增加部分中，大约有30%是提高劳动者的教育水平引起的。

表 4-6　国民收入增长率及教育作用的国际比较

国家（地区）	时期（年）	国民收入增长率（%）	教育水平提高增长率（%）	教育对国民收入增长率的贡献（%）
美国	1973~1982	1.55	0.47	30.32
加拿大	1950~1967	4.95	0.36	7.27
比利时	1950~1962	3.03	0.43	14.19
丹麦	1950~1962	3.63	0.14	3.86
法国	1950~1962	4.70	0.29	6.17
联邦德国	1950~1962	6.27	0.11	1.75
意大利	1950~1962	5.60	0.40	7.14
荷兰	1950~1962	4.07	0.24	5.90
挪威	1950~1962	3.43	0.24	7.00
英国	1950~1962	2.38	0.29	12.18
韩国	1963~1976	9.28	0.36	3.90
日本	1953~1971	8.81	0.34	3.86
阿根廷	1950~1962	3.19	0.53	16.61
巴西	1950~1962	5.49	0.18	3.28
智利	1950~1962	4.20	0.20	4.76
哥伦比亚	1950~1962	4.79	0.20	4.18
厄瓜多尔	1950~1962	4.72	0.23	4.87
洪都拉斯	1950~1962	4.52	0.29	6.42
墨西哥	1950~1962	5.97	0.05	1.11
秘鲁	1950~1962	5.63	0.14	2.49
委内瑞拉	1950~1962	7.74	0.19	2.45

资料来源：Denison E F, Chung W K. 1976. How Japan's Economy Grew So Fast. Oxford: Oxford University Press；金光锡，朴峻卿. 1981. 韩国经济高速度增长因素. 北京：新华出版社；科恩 E L. 1989. 教育经济学. 王玉昆等，译. 上海：华东师大出版社.

4.2.2　人力资本创新在经济增长中贡献率的测算公式

据第 2 章的推导方法，利用式（4-4）可以方便地测算出人力资本增长对韩国经济增长的贡献率：

$$\eta_H = \frac{a\beta L^\alpha H^\beta S^\gamma D^\delta}{Y} \cdot \frac{h}{y} \qquad (4\text{-}6)$$

式（4-6）中，η_H 是人力资本增长对经济增长的贡献率；y 是 Y（国内生产总值）的变化率（经济增长率），h 是 H（人力资本）的增长率；D 是固定资产投资；L 是劳动力；a 是系数。值得一提的是，式（4-6）是根据式（4-4）导出的，因此其只适用于对韩国人力资本对经济增长的贡献率的测算。

4.3 研究开发经费时间序列数据的选择问题

4.3.1 数据选择时的几点考虑

在建立经济增长核算模型时,对于如何选择研究开发经费时间序列数据,本书认为可以参照的原则是:

(1)在建立经济增长核算模型的过程中,可以选择前期(前一期或前几期)的研究开发经费时间序列数据来建模;也可以不选择前期的研究开发经费时间序列数据,而采用当期的研究开发经费时间序列数据来建模。究竟选取前期数据还是当期数据,主要因实际问题而定,如果选取前期数据能够更好地接受计量经济学检验,而且更符合经济实际,那么就选取前期数据;否则,选取当期数据。

(2)如果选择前期数据,前期的起始期需要科学地确定。并且,研究开发经费投入具有两方面的含义:一方面,研究开发经费投入代表科技对于经济的推力;另一方面,研究开发经费投入(作为一种市场消费、一种需求)代表科技对于经济的拉力。

(3)从计量经济学的角度看,如果经过格兰杰检验证明当期的研究开发经费投入是引致当期经济总量的原因(换句话说,当期的研究开发经费投入不是引致当期的经济总量的原因的概率小于 10%),那么,就可以在经济增长核算模型中采用当期的研究开发经费投入数据;如果超前两期的研究开发经费投入是引致当期经济总量的原因,那么,就可以在经济增长核算模型中采用超前两期的研究开发经费投入数据。

4.3.2 研究开发经费时间序列数据的自相关

当年的研究开发经费投入 $S(t)$ 往往与上年 $S(t-1)$ 或过去几年的研究开发经费投入直接相关,是过去研究开发经费投入的函数。例如,美国和中国都表现出了这种函数关系,见表 4-7、表 4-8 和表 4-9。

$$S(t) = F(S(t-1), S(t-2), \cdots, S(t-n)) \qquad (4-7)$$

表 4-7 中国研究开发经费数据（当年价格，百亿元）

时间（年）	当年	上一年	上两年	上三年
1980	0.992 16	1.063 95	0.988 8	0.767 13
1990	1.483 84	1.429 52	1.373 2	1.542 2
1991	1.620 32	1.483 84	1.429 52	1.373 2
1992	1.619 1	1.620 32	1.483 84	1.429 52
1993	1.845 774	1.619 1	1.620 32	1.483 84
1994	2.087 57	1.845 774	1.619 1	1.620 32
1995	1.984 385	2.087 57	1.845 774	1.619 1
1996	2.182 823	1.984 385	2.087 57	1.845 774
1997	2.703 936	2.182 823	1.984 385	2.087 57
1998	3.000 574	2.703 936	2.182 823	1.984 385
1999	3.828 218	3.000 574	2.703 936	2.182 823
2000	4.999 744	3.828 218	3.000 574	2.703 936
2001	5.902 048	4.999 744	3.828 218	3.000 574
2002	7.266 179	5.902 048	4.999 744	3.828 218

表 4-8 中国当年研发投入与前期研发投入的关系

被解释变量：当年研发投入

样本范围（调整后）：1982~2002

解释变量	系数	标准误	t 统计量	概率
C	−0.787 568	0.403 104	−1.953 758	0.068 4
前两年研发投入	0.651 481	0.193 132	3.373 248	0.003 9
前三年研发投入	1.126 455	0.222 089	5.072 085	0.000 1
AR（1）	1.299 617	0.236 966	5.484 406	0.000 0
AR（2）	−0.632 889	0.229 278	−2.760 360	0.013 9
样本决定系数	0.983 957	因变量的均值		2.488 358
调整后的样本决定系数	0.979 947	因变量的标准差		1.657 460
回归标准差	0.234 712	赤池信息量（AIC）		0.143 343
残差平方和	0.881 437	施瓦茨信息量（SC）		0.392 039
对数似然比	3.494 899	f 检验的统计量		245.336 1
DW 统计量	1.737 398	模型显著性概率值		0.000 000

表 4-9 美国当年研发经费投入与前期科技经费投入的关系

被解释变量：当年研发投入

样本范围：1958~2002

解释变量	系数	标准误	t 统计量	概率
C	87.567 38	1 260.010	0.069 497	0.944 9
前一年研发投入	1.678 990	0.117 811	14.251 53	0.000 0
前两年研发投入	−0.666 015	0.123 553	−5.390 534	0.000 0
样本决定系数	0.996 967	因变量的均值		133 736.2
调整后的样本决定系数	0.996 822	因变量的标准差		59 197.94
回归标准差	3 337.051	赤池信息量（AIC）		19.127 90

续表

解释变量	系数	标准误	t 统计量	概率
残差平方和	4.68E+08	施瓦茨信息量（SC）		19.248 35
对数似然比	−427.377 8	f 检验统计量		6 902.253
DW 统计量	1.658 523	模型显著性的概率值		0.000 000

4.4 经济增长模型的检验问题

建立一个好的经济增长计量经济学模型需要经过如下 5 项检验：

（1）理论检验。所建立的经济增长计量经济学模型应当符合某种理论，如模型（5-1）的理论基础是经济增长的共协理论。

（2）计量经济学的常规检验。包括 t 统计量、样本决定系数 R^2、DW 统计量、f 检验统计量。如表 5-1 和表 5-2 是美国经济增长模型（$\log V$ 模型和 M 模型）的计量经济学检验结果，其 t 统计量等都通过了检验。

（3）常数项的检验。例如韩国经济增长模型中的 M 模型的常数项是 1810，而此模型的因变量（国内生产总值减去劳动报酬）的最小值是 22 223，因而 M 模型的常数项与模型的因变量的最小值的比是 0.08，常数项比较合理。

（4）卡尔曼滤波法检验。卡尔曼滤波法是估计变参数模型的参数演化趋势的方法，应用此种方法，可以检验计量经济学方法估计的参数是否与其基本一致及是否稳定。

（5）实证检验。检验模型的推论和预测是否符合事实，如果与事实严重不符，就需要重建模型。

理论检验：是否符合某种理论的假设

计量经济学的常规检验：t 统计量，样本决定系数，DW 统计量，f 检验统计量

常数项的检验：常数项的绝对值与因变量的最小值相比是否远小于1

卡尔曼滤波法检验：检验参数估计是否合理、检验参数是否稳定

实证检验：检验模型的推论和预测是否符合事实

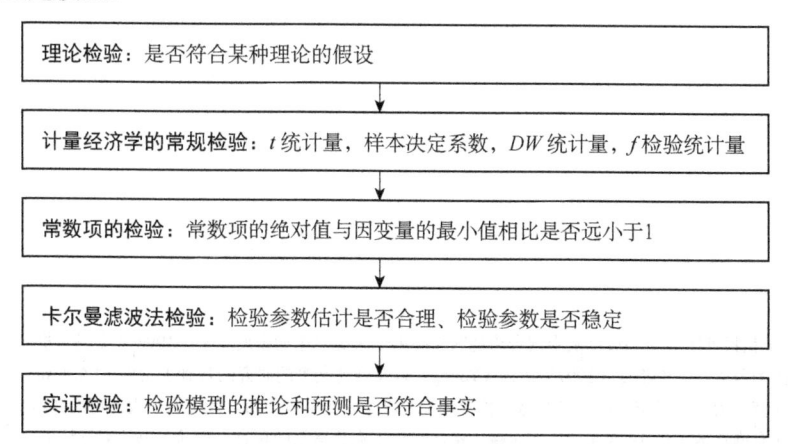

图 4-1　经济增长的计量经济学模型的 5 项检验

4.5 小　　结

本章以韩国等经济体为实证分析对象，就科技进步、人力资本创新在经济增长中的贡献率测算等问题进行了讨论。

本章对韩国经济增长因素的分析表明，韩国 1960~1997 年经济快速增长（年均增长率达 8%）的主要推动因素表现为，在 1960~1972 年，劳动力增长的贡献率为 6%，人力资本增长对经济增长的贡献率为 17%，物质资本增长在经济增长中的贡献率为 35%，科技进步在经济增长中的贡献率为 7%，因此 1960~1972 年韩国的经济增长是以物质资本为第一动力、以劳动者数量和质量的增长为次要动力的二元型增长模式；在 1973~1997 年，劳动力增长的贡献率为 7%，人力资本增长对经济增长的贡献率为 18%，物质资本增长在经济增长中的贡献率为 59%，科技进步在经济增长中的贡献率为 20%，制度创新的贡献率为 -10%，因此 1973~1997 年韩国的经济增长是以物质资本为第一动力、以创新为次要动力的二元型增长模式[①]；而 1998 年金融危机以后，韩国经济增长方式发生了转变，经济增长模式转变为创新-资本双推动型，物质资本增长在经济增长中的贡献率降低到 55%，同时，科技进步在经济增长中的贡献率提高到 25%、人力资本增长对经济增长的贡献率为 22%、制度创新的贡献率为 10%，这三者合计约为 50%。因此，研究认为 1998~2010 年韩国的经济增长是创新和投资双驱动的增长模式。

[①] 关于包括韩国、新加坡以及中国台湾地区和香港地区等"东亚奇迹"——1998 年金融危机以前的持续高增长的原因的争论，克鲁格曼（1997）在扬（Young）以及刘遵义等的研究的基础上指出，"东亚奇迹"更多地起源于汗水（劳动力）和投资，而不是智慧，技术进步并没有起到多大作用，因而有很大的可能会爆发金融危机。事实上，在东南亚地区于 1998 年爆发了金融危机，验证了克鲁格曼的预言。而从本书的测算结果看，在 1973~1997 年，韩国创新（技术创新，人力资本提升，制度创新）的贡献率虽然较低（合计为 28%），但是也起到了一定的重要作用。

5

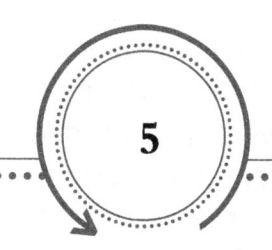

对美国等典型国家经济增长因素的分析

运用本书前文所论述的共协理论方法,本章拟对美国、日本、德国和新加坡的经济增长因素进行测算,并对测算结果进行理论分析。

5.1　100多年来美国经济增长与转型分析

本节对琼斯、乔根森和美国劳动统计局以及国内关于美国经济增长的研究进行简要评述,在共协理论基础上建立起1900~2008年美国的经济增长模型,测算出科技进步[①]、人力资本、劳动力、固定资本存量、固定资产投资、制度以及经济环境外部性等在美国经济增长中的贡献率,并对测算结果进行解释和分析,在此基础上进一步研究美国经济增长方式的转型,为中国建设创新型国家和促进创新驱动、经济发展方式转型提供重要的借鉴。

5.1.1　关于经济增长因素分析的相关研究

5.1.1.1　琼斯的研究

第一代R&D内生经济增长模型源于罗默在1990年提出的内生技术变迁模

[①] 关于美国1900年以来的研究开发投入,根据马克卢普在《美国的知识生产》一书中的搜集和整理,1920年,美国研究开发投入占国内生产总值的比例为0.09%,1930年为0.147%,1940年上升为1.37%,1950年为1.47%。本书对美国1900~1930年的研究开发投入的估计值略高于马克卢普的估计,但差距不大。

型，他认为增加中间投入能增加 R&D 部门的生产率。琼斯（C.I. Jones，1995a）研究了 OECD 国家在第二次世界大战后的 R&D 投入对生产率增长的作用，发现其间 OECD 国家 R&D 开支的急剧提高对于其生产率的提高并没有实质性的作用。因此，琼斯建立了一个 R&D 内生增长模型。该模型保留了内生增长理论中的最终产出部门和知识生产部门的两部门模型框架，从而保留了知识跨时期扩散的本质特征；但放弃了内生可积累要素具有不变规模收益的假定条件，从而得出无规模效应的结论。这一假定暗示了人口或知识存量对其自身积累的贡献远不如 R&D 内生增长模型所设想的那样大（T.S. Eicher and S.J. Turnovsky，1999）。

5.1.1.2 乔根森的研究

另一个比较有影响的研究来自于戴尔·乔根森。他研究了 1960～1979 年日本和美国的经济增长情况，并且将两个国家的产出增长分离为三个来源，即资本投入的贡献、劳动投入的贡献和技术进步率。通过测算，乔根森得出，在两个国家的经济增长中，资本投入的增长起决定性作用，而劳动投入对经济增长具有重要贡献（乔根森和钟学义，1989）。乔根森和格特勒（2008）等人针对美国未来 25 年的劳动力供给和需求，通过建模得出以下结论：尽管老龄化如期到来，但适当的人口增长仍为 21 世纪的劳动力市场提供了充足的补给。劳动力的改善归功于对教育的认同和重视，这样的模式会持续一段时间，但最后终将消失。经济活动逐年的变化主要是资本积累的结果，然而拉动经济增长的驱动力在未来很长一段时间内将会转移到劳动力和技术方面。

5.1.1.3 美国劳动统计局的研究

2001 年 5 月，美国劳动统计局（BLS）发表了一篇名为《多要素生产率》（*Multifactor Productivity*）的研究报告，报告中分析了 1948～1999 年美国劳动生产率增长的因素，并且提出了多要素生产率的概念。该报告认为，多要素生产率是多种要素共同作用的结果，其中包括研究开发、新技术、规模经济、组织管理技术等内容，实际上是广义的技术进步。报告的意义在于把劳动生产率与科技进步直接联系起来，并对科技进步进行了多方面的分析，大大推进了关于美国生产率的研究。而在以往的研究中，诸如索洛余值法等方法，只是将科技进步简单地定义为从总产出中扣除劳动力和资本的剩余。

5.1.1.4 中国学者的研究

改革开放以来，中国经济实力发生了翻天覆地的变化，此时正值罗默、卢卡斯等一批国外著名经济学家对经济增长的理论有了新的探索，因此国内很多学者也对该领域产生了浓厚的兴趣。然而，国内对经济增长理论的探索多停留于对国外理论的消化、吸收、再创新阶段，具有突破性进展的研究少之又少。胡乃义、孙家学（2000）认为，技术创新是经济增长的根本动力，但中国的技术创新仍处于较低的水平，从这一角度来说，美国"新经济"的现象给了我们一个很好的启示。孙明高、吴育华（2004）认为，经济增长类型可分粗放型和集约型两种，科技进步是经济增长中最活跃的要素，也是粗放型增长方式向集约型增长方式转变的动力。胡树林（2002）认为，中国以"高储蓄-高投资-高增长"的模式带动经济增长，这势必导致增长质量低的结果，只有走技术创新之路才是促进中国经济高质量增长的途径（王维国，杜修立，2005）。

5.1.2 对100年来美国经济增长的测算

5.1.2.1 美国经济增长模型

首先，建立劳动报酬的对数模型，即 $\log V$ 模型；其次，建立 M 模型。据此，本书建立的美国1900～2008年经济增长核算模型是：

$$Y = 0.003\,24(HL)^{0.48}(SD/L)^{0.001\,434t - 0.000\,000\,045t^3} + 0.12K \\ + 0.007HD/K + 0.000\,7SH/K + 11.72 \quad (5\text{-}1)$$

在模型（5-1）中，t 表示时间，1900年=1、1978年=79……2008年=109。Y 是国内生产总值；K 是固定资本存量；D 是固定资产投资；S 是科技投入；H 是人力资本；L 是劳动力。美国劳动报酬模型和投资价值模型的检验结果分别见表5-1和表5-2。

表5-1 美国劳动报酬模型的检验

被解释变量：$\log V$				
模型估计方法：最小二乘法				
样本范围（调整后）：1902～2002				
观察值个数：101（调整端点后）				
5次迭代后实现收敛				
解释变量	系数	标准误	t 统计量	概率
C	-2.490 222	0.643 256	-3.871 27	0.000 2
$\log HL$	0.481 456	0.064 72	7.439 013	0
$t^3 \log SD/L$	-4.88E-08	8.93E-09	-5.460 37	0

解释变量	系数	标准误	t 统计量	概率
$t\log SD/L$	0.001 461	0.000 18	8.110 894	0
AR（1）	0.789 106	0.064 115	12.307 58	0
样本决定系数	0.998 978		因变量的均值	3.012 006
调整后的样本决定系数	0.998 935		因变量的标准差	0.468 07
回归标准差	0.015 275		赤池信息量（AIC）	−5.476 91
残差平方和	0.022 4		施瓦茨信息量（SC）	−5.347 45
对数似然比	281.583 9		f 检验统计量	23 449.42
DW 统计量	1.283 108		模型显著性的概率值	0
特征根	0.79			

表 5-2　美国投资价值模型的检验

被解释变量：M

模型估计方法：最小二乘法

日期：03/22/10　时间：08：24

样本范围：1900～1945

观察值个数：46

解释变量	系数	标准误	t 统计量	概率
C	11.727 97	11.032 89	1.063 001	0.293 9
K	0.115 745	0.006 44	17.974 27	0
SH/K	0.000 696	0.000 117	5.963 635	0
HD/K	0.006 999	0.000 431	16.247 85	0
样本决定系数	0.991 766		因变量的均值	366.909 8
调整后的样本决定系数	0.991 178		因变量的标准差	161.708 1
回归标准差	15.188 76		赤池信息量（AIC）	8.361 93
残差平方和	9 689.334		施瓦茨信息量（SC）	8.520 942
对数似然比	−188.324		f 检验统计量	1 686.24
DW 统计量	1.043 807		模型显著性的概率值	0

利用模型（5-1）对美国 1900～2008 年的经济增长因素进行分析和测算，得到的结果[①]见表 5-3。

表 5-3　本书得到的美国经济增长核算结果（%）

经济指标	1900～1929 年	1930～1947 年	1948～1981 年	1982～2000 年	2001～2008 年
经济增长率	3.1	3.7	3.4	3.3	2.2
固定资本存量增长的贡献率	55.7	31.7	31.4	20.6	27.6
固定资产投资增长的贡献率	1.4	4.4	10.5	19.3	2.2

---

① 20 世纪以来，科技进步在美国经济发展中起到的作用越来越重要，特别是最近几十年来，创新已经成为美国经济增长的首要动力，技术创新、人力资本提升和制度创新的贡献率超过了物质资本（存量和增量）增长的贡献率。

续表

经济指标	1900~1929年	1930~1947年	1948~1981年	1982~2000年	2001~2008年
科技进步贡献率	2.6	12.8	17.4	16.3	29.6
人力资本增长贡献率	20.0	17.5	18.7	21.1	16.9
劳动力增长贡献率	12.9	9.4	11.7	9.7	6.1
制度创新贡献率	-1.0	21.7	3.1	16.7	4.5
经济环境外部性影响率	8.4	2.5	7.2	-3.7	13.1

5.1.2.2 制度创新在经济增长中的贡献率的测算

按照新制度经济学的观点，制度创新对经济增长最基本、最本质的作用是提高生产要素资源的配置效率。因而，可以采用效率分析的方法来测算制度创新在经济增长中的贡献率，运用数据包络分析方法，以劳动力总量、固定资本存量、人力资本存量为投入，以国内生产总值为产出，获得以各年为样本的相对效率。美国1900~2008年生产要素配置的相对效率见图5-1。

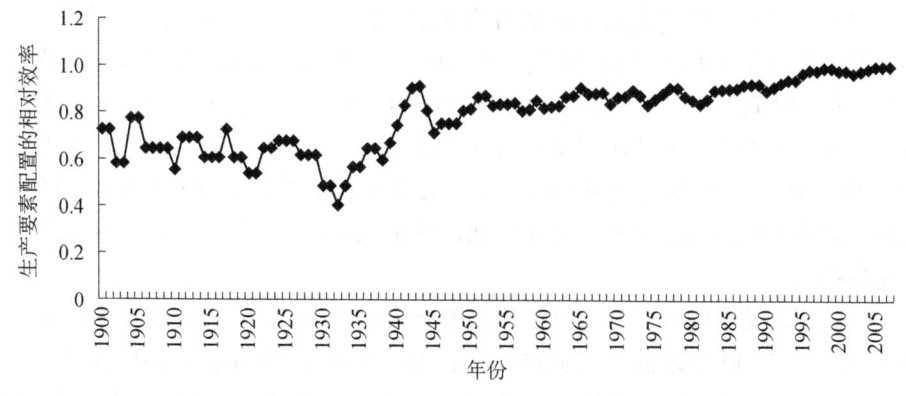

图5-1 美国1900~2008年生产要素配置的相对效率

5.1.2.3 分析与解释

（1）100多年来美国经济增长的特点。

本书将新增长理论与新制度经济学思想及方法相结合，在分析了国内生产总值与知识、劳动力、固定资产等因素关系的基础上，从经济增长的共协理论角度出发，建立起美国经济增长的新模型；运用模型测算了美国100多年来经济增长中各因素的贡献率，从实证方面验证了理论的正确性。

根据测算结果，本书对1900年以来美国经济增长的特点做如下分析：

总体而言，100多年来，美国经济增长率平均为3.14%，波动幅度基本不大

（1929～1931年等几次较大的危机除外）。就最近20余年而言，1990～2000年是信息技术革命推动下的高增长、低通胀、低失业的新经济时期；但2001年以后即陷入经济波动和深度调整期（特别是2008年开始的金融危机）。

科技进步贡献率的大小与经济增长率的大小并非线性关系，在经济增长率低的时间段，科技贡献率反而较高；但固定资产投资的贡献率与经济增长率基本呈线性关系，说明固定资产投资的增长率是决定经济增长率高低的第一位的因素。

1933～1945年生产要素资源配置效率迅速提高，这是由于政府采用了凯恩斯主义的经济政策，加强了对市场干预的结果；1983～2000年生产要素资源配置效率迅速提高，则是由于信息技术革命大大降低了交易成本及投资成本。

（2）人力资本增长所起的突出作用。

美国就业者的人均受教育年限，从1900年的6.91年，上升到2008年的13.78年。在上述的测算中，1900～1929、1930～1947、1948～1981、1982～2000、2001～2008年劳动力的增长和人力资本的增长对经济增长的贡献率之和为32.9%、26.9%、30.4%、30.8%和23%。

（3）外来移民带动人口和劳动力的持续增长。

美国人口在1900年为0.76亿，到2002年增加到了3亿，并且一直保持增长趋势。同一时间段，美国的城市化率从40%增长到80%。然而，美国人口老龄化严重，老年人（65岁）的比例是过去一个世纪的3倍，而年轻人的比例则下降了1/3。事实上，0～5岁儿童的比例已经从12.1%下降到7%，65岁及以上的老龄人口比例从1900年到2000年逐年增加，而0～24岁的年轻人的比例则在总体上呈递减趋势。

移民一直是美国人口和劳动力增加的一个重要来源，1900年美国的移民不到50万人，至2000年之前一直呈波动式上升。20世纪80年代，移民人口占美国人口增长的约1/3，至90年代又有所增加。2000～2001年，移民贡献了约40%的人口增长。

（4）科技的带动作用。

美国在过去的100多年里经历了复杂的技术结构变迁，20世纪相继出现了几次重大的技术变革——电力、内燃机、汽车、飞机、化学、原子能技术、航天，尤其是电子信息技术革命，有力地推动了美国经济的长期持续增长。

（5）制度创新的推动作用。

制度创新为美国调动有利因素推动经济稳定增长提供了良好的制度保障。这主要表现在美国公司体制的三次变革和20世纪80年代以来的信息技术革命的推动（表5-4）。

表 5-4　美国公司体制的三次变革

阶段	变革的内容	企业组织形式	特点
第一次公司转型（1897~1940 年）	公司收购和兼并，大型企业都建立起自己的人事组织，对行政管理进行内部整合；国家的许多大型公司通过纵向一体化得到扩张，建立起自己的商业链条	公司组织形式	第一次兼并浪潮主要为同一产业部门的大企业吞并小企业；第二次兼并浪潮的特点表现在从控制生产到控制原料的供应和加工，直至最终控制销售市场
第二次公司变革（1940~1970 年）	集权化企业（U 型结构）向多部门型公司（M 型结构）转变，普遍趋势是朝着分权式管理结构发展	多部门的分权形式	第三次兼并浪潮出现在第二次世界大战后，其特点为混合合并，即在产品的生产和销售上互不联系的企业间进行合并和吞并，从而形成混合联合公司
第三次公司改革（1970 年至今）	每个行业的公司都在寻求削减产品和服务的成本以及提高质量的同时，也重新对其产品和服务的功能进行设计，通过垂直分解，将一些纵向业务外包，形成创新网络；实行新的融资手段及杠杆收购、管理层收购，努力提高创新能力	跨国公司	美国大公司纷纷成为现代跨国公司；美国的主要企业，其中许多是服务部门的企业经历了重组，并采取合适的策略应对以剧烈的竞争和创新为基本特征的国际经济

5.1.3　创新型国家与美国发展方式的转型

所谓创新型国家，是指创新贡献率（科技进步贡献率、人力资本贡献率、制度创新贡献率）在 50%以上，研究开发经费占国内生产总值的 2.5%以上，技术自有率超过 50%的国家。从这三个标准看，自 1982 年以来，美国已成为创新型国家：1982~2000 年创新贡献率为 54%，2001~2008 年为 51%；研究开发经费占国内生产总值的比例平均为 2.7%；有效专利中自有技术比例平均为 53%。

在创新型国家环境条件下，由于经济增长更多的是依靠创新而不是投资，因而美国经济进入了耗水量、能耗强度和主要污染物不断降低，资源配置效率不断提高的新阶段。

环保法规的迅速增加和不断创新，以及技术创新等措施，促进污染物排放量持续下降。美国联邦于 1906 年制定了《古迹法》，1960 年以后美国有关公害规制被正式提上日程，其开端是 1969 年的《国家环境政策法》(NEPA)，紧接着在 1970 年，以美国总统和议会为主导制定了很多划时代的环境法规，美国成为世界环境保护的领跑者，环境保护法规数量迅速增长。因此，20 世纪 70 年代被称为"环境的 10 年"。据曲阳编译的《美国环境法的动向》，到 1990 年美国联邦政府制定的环境法的数量已达到 100 多项。

美国环保署（EPA）的统计数据表明，1970 年以前美国的总挥发性有机化合物和氮氧化物排放量增长趋势明显,而二氧化硫的排放量在 1970 年以前呈波浪式增长态势,三者的排放量都在 1970 年左右达到顶峰,之后逐渐稳步下降。

人均水资源消耗量的下降。根据 Gleick（2008）的统计,在过去的 23 年里,节约和高效用水可减少水的使用量,同时促进经济增长。美国人均用水量从 1977 年每人每天 1950 加仑,下降到 2000 年每人每天 1480 加仑。

本节建立起美国 100 多年来（1900～2008 年）的经济增长模型,测算出科技进步、人力资本、劳动力、固定资本存量、固定资产投资、制度以及经济环境外部性在美国经济增长中的贡献率,并对测算结果进行了解释和分析。分析认为,人力资本和劳动力是美国经济增长的重要因素,1900～1929、1930～1947、1948～1981、1982～2000、2001～2008 年的人力资本与劳动力的贡献率之和为 32.9%、26.9%、30.4%、30.8%和 23%,有力促进了美国经济的长期增长。测算结果表明,从经济增长的驱动要素看,自 1982 年以来,美国已进入创新型国家的发展状态,科技进步、人力资本和制度创新在经济增长中的贡献率之和已超过 50%。在创新型国家环境条件下,美国经济进入了耗水量和主要污染物排放不断降低、资源配置效率不断提高的新阶段。

5.2 对日本经济的测算及分析

关于东亚（日本、新加坡、韩国等）在 20 世纪 60～80 年代所创造的增长奇迹以及最近 20 年来日本经济的长期停滞,国际学术界有很多争论(L.J. Lau 2003)。本书拟从共协理论的角度建立日本经济增长模型,对其 1955～2009 年的经济增长因素进行测算,并分析日本经济长期停滞的原因。

5.2.1 日本经济增长模型

5.2.1.1 50 多年来日本经济增长的历程

回顾 50 多年来日本经济增长的历程,1955～1972 年是日本经济的高速增长时期,期间年经济增长率平均达到了 9.65%。1973～1980 年,历经两次世界石油危机,日本经济出现明显的波动,甚至衰退；1981～1993 年,制定和实施了一系列经济政策,国内经济出现较快增长；1993～2000 年,由于经济泡沫破裂,以及

1997 年亚洲金融危机的严重冲击，日本经济再次出现衰退；2000 年以后，随着世界经济的再次繁荣和中国经济的快速增长，日本的国际经济环境有所改善，经济开始恢复增长，但到 2005 年经济增长率再次出现下降（图 5-2）。

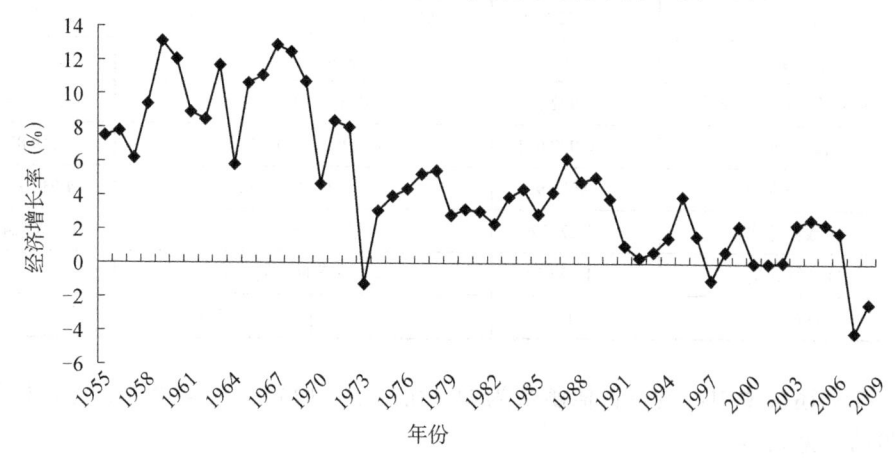

图 5-2 日本 1955～2009 年的经济增长率

5.2.1.2 日本经济增长模型

依据经济增长的共协理论以及本书附录 8 中数据，本书建立了如下的日本经济增长模型：

$$Y = 0.11788(HL)^{0.4}(SD/L)^{0.36} + 0.117K + 95.5SD/K - 332SD/L + 19.95 \quad (5-2)$$

在模型（5-3）中，Y 代表国内生产总值，L 代表劳动力数量，D 代表固定资产投资，H 代表人力资本，S 代表科技投入，K 代表固定资本存量。在上述模型中，劳动报酬函数为 $V = 0.11788(HL)^{0.4}(SD/L)^{0.36}$，表 5-5 是劳动报酬取对数后的计量经济学检验结果。

表 5-5 劳动报酬函数模型的计量经济学检验结果

被解释变量：$\log V$				
模型估计方法：最小二乘法				
样本范围（调整后）：1958～2009				
观察值个数：52（调整端点后）				
24 次迭代后实现收敛				
解释变量	系数	标准误	t 统计量	概率
C	−0.928 9	1.991 792	−0.466 36	0.643 1
$\log HL$	0.404 921	0.226 382	1.788 662	0.080 1
$\log SD/L$	0.362 7	0.058 007	6.252 709	0

续表

解释变量	系数	标准误	t统计量	概率
AR（2）	0.824 307	0.177 945	4.632 365	0
AR（3）	−0.222 71	0.176 883	−1.259 08	0.214 2
样本决定系数	0.992 958	因变量的均值		2.136 302
调整后的样本决定系数	0.992 358	因变量的标准差		0.320 654
回归标准差	0.028 031	赤池信息量（AIC）		−4.219 83
残差平方和	0.036 928	施瓦茨信息量（SC）		−4.032 21
对数似然比	114.715 6	f检验统计量		1 656.724
DW 统计量	1.159 227	模型显著性的概率值		0
特征根	0.72	0.3	−1.02	

在上述模型中，投资价值函数为 $M = 0.111K + 120SD/K - 391SD/L$，模型检验结果见表 5-6。

表 5-6　日本投资价值模型

被解释变量：M				
模型估计方法：最小二乘法				
样本范围（调整后）：1957～2009				
观察值的个数：53（调整端点后）				
25 次迭代后实现收敛				
解释变量	系数	标准误	t统计量	概率
C	19.951 85	38.064 88	0.524 154	0.602 5
K	0.116 835	0.033 885	3.447 958	0.001 2
SD/K	99.496 3	40.695 08	2.444 922	0.018 1
SD/L	−332.158	193.768 9	−1.714 2	0.092 8
AR（1）	0.925 468	0.058 853	15.725 16	0
样本决定系数	0.992 961	因变量的均值		148.791 1
调整后的样本决定系数	0.992 387	因变量的标准差		74.356 21
回归标准差	6.487 816	赤池信息量（AIC）		6.665 751
残差平方和	2 062.496	施瓦茨信息量（SC）		6.849 916
对数似然比	−174.975	f检验统计量		1 728.167
DW 统计量	1.756 441	模型显著性的概率值		0
特征根	0.93			

5.2.1.3 制度创新对日本经济增长贡献率的分析

利用数据包络分析法对 1955～2009 年日本经济增长各要素的配置效率进行分析。从图 5-3 可以看出，就 1990 年以后而言，1991～1999 年各要素的配置效率呈下降趋势，配置效率从 1990 年的 100%下降到 1999 年的 94%；而后又从 2000 年的 96%提升到 2005 年的 100%，其后又开始下降到 2009 年的 95.5%。

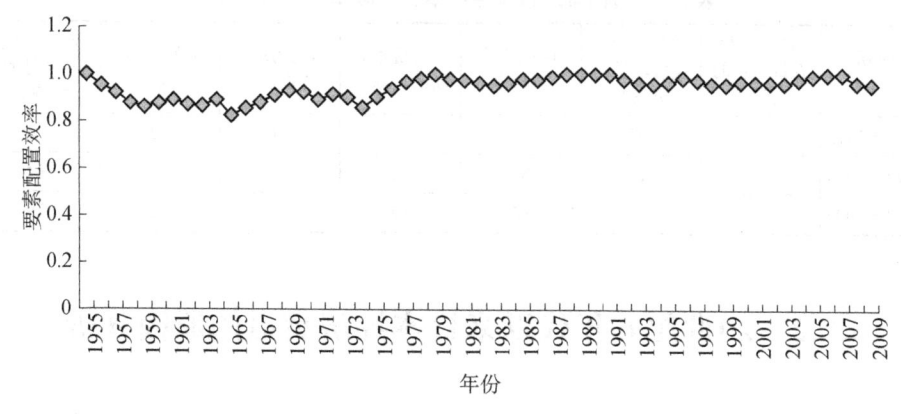

图 5-3　1955～2009 年日本经济的要素配置效率

5.2.1.4 测算结果

表 5-7 给出了科技进步、人力资本创新、固定资本存量增长、固定资产投资增长、劳动力增长、制度创新、经济环境外部性等对日本经济增长的贡献率的测算结果。

分析结果表明，1955～1973 年在日本经济的增长中固定资本的因素占到了 52%，那么 1993 年以后日本经济停滞的直接原因可以认为是固定资产投资的下降，而深层原因则是经济体制等经济制度的不适应。

1955～1973 年，日本的经济增长率平均达 9.65%，其中，固定资本存量增长的贡献率为 12%，固定资产投资的贡献率为 40%，这两者之和归并为固定资本贡献率（为 52%）；人力资本增长的贡献率为 4%，科技进步的贡献率为 39%，制度创新的贡献率为-2%，这三项之和归并为创新贡献率（为 41%）；而经济环境外部性的影响率为 6%。这说明当时日本的经济环境外部性对经济增长的影响不大，这一时期是典型的"资本-创新"推动型的高速增长期。

1974～1993 年，日本的经济增长率平均为 3.4%，其中，固定资本存量增长的贡献率为 4%，固定资产投资的贡献率为 27%，这两者之和归并为固定资本贡献率（为 31%）；人力资本增长的贡献率为 12%，科技进步的贡献率为 63%，制度创新的贡献率为 6%，这三者在经济增长中的贡献率合计达到了 81%，因而这段时间的经济增长属于创新推动型；而经济环境外部性的影响率为-14%，说明这段时间内的经济环境是有利于人力资本增长、科技进步和制度创新的。

1993 年以后，日本经济停滞不前。从增长因素分析看，主要原因在于投资率下降、固定资产投资贡献率有较大下降，属于投资不振型。

表 5-7　各因素对日本经济增长贡献率的分析（%）

时期（年）	固定资本存量增长的贡献率	固定资产投资增长的贡献率	科技进步的贡献率	人力资本创新的贡献率	劳动力增长的贡献率	制度创新的贡献率	经济环境外部性的影响率
1955～1973	12	40	39	4	1	-2	6
1973～1993	4	27	63	12	2	6	-14
1993～2009	10	-36	86	17	-1	-5	28

5.2.2　20世纪90年代以来日本经济衰退的原因分析

1955～1973 年，日本的经济增长率平均达到了 9.65%；1973～1993 年，日本的经济增长率平均为 3.4%；1993 年以后，日本经济停滞不前。从上述增长因素分析看，主要原因在于固定资产投资贡献率的大幅下降，并且 1993～2009 年固定资产投资也呈下降趋势（详见本书附录 8），固定资产对经济增长的贡献率为负值（-36%）。而造成固定资产投资下降的主要原因，则是房地产泡沫破裂的影响、产业结构变化、金融体系功能弱化、国际经济贸易环境恶化（C.B. Cororaton, 2002）、政府对经济的调控和推动能力不断下降、政府主导下外向型的银企结合的经济体制及其制度对内外环境不适应的联合作用的结果。

5.2.2.1　房地产泡沫破裂的影响

第二次世界大战后，日本经济高速发展，由于重化工业快速兴起和城市化进程加快，土地供给出现供不应求的现象，同时由于巨额利润驱使，出现了大规模的房地产投机活动，使日本国内土地价格在 20 世纪 90 年代以前持续上涨（Michael Smitka, 2005）。20 世纪 90 年代初，日本房地产泡沫破裂，其国内企业和银行业遭受重大损失，国内消费市场受到很大冲击。直到 2003 年，日本房地产市场才开始出现好转迹象（杨名等，2006）。日本不动产研究所的统计数据表明，2003 年东京地区公寓式住宅的平均价格为 54.5 万日元/平方米，仅是 1988 年东京房地产鼎盛时期的 1/5。日本房地产泡沫破裂所产生的严重后果至今仍然影响着日本经济的发展，国内市场需求不足的问题也仍然存在。

5.2.2.2 产业结构变化

重化工业一直是促进日本经济发展的重要动力，曾吸引了大量投资，对其经济发展起到了重要支撑作用（马文秀和陈卫华，2000）。1980 年以后，日本调整了经济增长方式，产业结构出现较大变化。随着 1980 年以后近 20 年时间的产业结构变化，原有重化工业比例明显下降，资本投入不断减少，同时由于经济泡沫破裂后企业资金状况恶化，重化工业技术研究开发出现滞后现象，从而导致了高科技产业发展尚不成熟的情况下，日本产业结构中占统治地位的重化工业、制造业，特别是家用电器等已经占领世界市场的主要产品出现行业性衰退。

5.2.2.3 金融体系功能弱化

20 世纪 90 年代，日本的国际金融政策陷入了蒙代尔-弗莱明悖论，即在资本自由流动与浮动汇率的条件下，维持汇率稳定、保持本国货币的可兑换性与促进国内经济增长的政策目标发生冲突。20 世纪 90 年代中期，日元的升值政策则是日本政府陷于悖论的体现。日元的升值并没有缓解国内已经出现的经济低迷现象，反而使日本的扩张性财政政策几乎失效，国内的政策目标也没有实现，与此同时，日元的升值降低了国际市场上日本产品的竞争力，导致需求下降（崔婧，2005）。

5.2.2.4 国际经济贸易环境恶化

20 世纪 80 年代以前，日本始终实行"贸易立国"战略，不断扩展国际经济关系，为经济高速增长创造了有利的国际环境，形成了汽车、钢铁、家用电器等支柱性产业，相关产品的国际市场竞争力显著提高。但是，瑞士国际管理发展学院（IMD）的全球经济竞争力研究报告显示，日本国际竞争力由 1989～1993 年的连续第 1 位，降至 2002 年的第 30 位。这与日本国际经济关系恶化，特别是美日经济贸易关系的恶化有很大相关性。美日经济摩擦已经从半导体、汽车等工业产品市场扩大到农业、建筑、保险等多个领域（K. Ahn，2003）。在亚洲市场和欧洲市场，日本也遇到了不同程度的经济和贸易关系恶化问题。

5.2.2.5 政府对经济的调控和推动能力不断下降

1990 年之前，日本政府投资在总固定投资中的比例较高，从 1970 年的 26.5% 上升至 1980 年的 32.0%。从 1990 年始，日本政府部门投资在总固定投资额中的比例逐年下降（Mitsubishi Research Institute，2001），表明日本政府对经济的调控和推动能力在不断下降（图 5-4）。

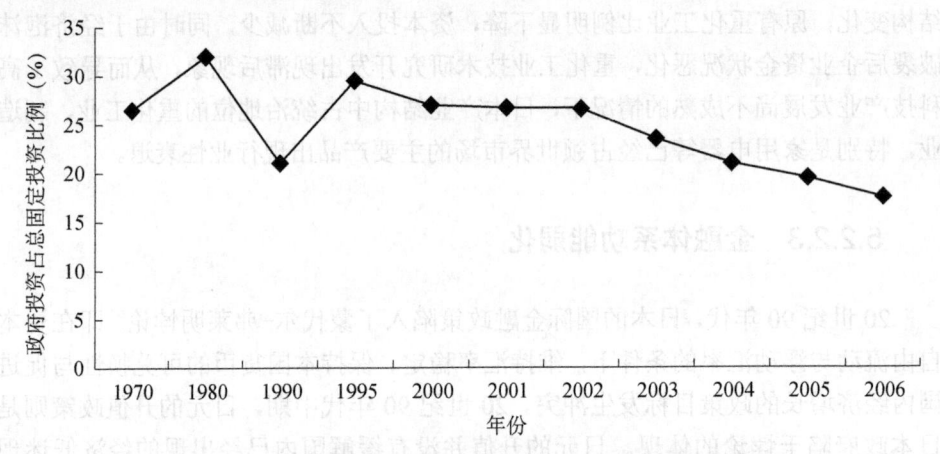

图 5-4　1970～2006 年日本政府投资占总固定投资比例

第二次世界大战后，日本确立了政府主导的外向型经济增长模式，政府在促进支柱产业发展和调整经济运行上发挥了重要作用。20 世纪 80 年代以前，在国内企业持续进行大规模固定资产投资的带动下，日本经济实现了高速增长。20 世纪 90 年代，房地产等泡沫破裂，出口受阻，在很多产业出现生产能力严重过剩的情况下，固定资产投资转变为经济发展的障碍。过剩的设备和生产力成为日本经济的闲置资源，给日本企业带来消化过剩的生产力、调整生产结构的巨大困难，而银企结合的金融体系的困境及其低下的运行效率，也降低了日本经济运行的效率。从而日本政府多次进行财政刺激，致使日本巨额财政赤字长期存在，从而日本政府干预经济的能力也就十分有限（李怀等，2013）。

1993 年以后，日本经济停滞不前，从增长因素分析看，主要原因在于投资率、固定资产投资贡献率有较大下降，属于投资不振型；尽管同期科技进步、人力资本创新的贡献率均较高（图 5-5）。

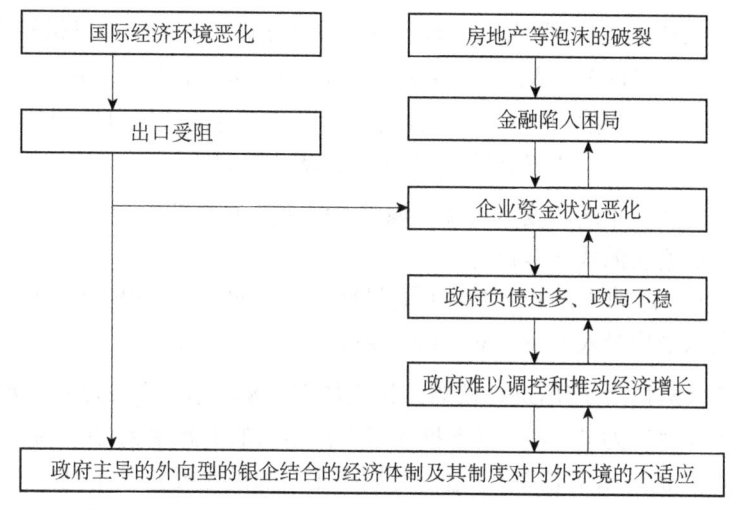

```
┌─────────────────┐         ┌─────────────────┐
│ 国际经济环境恶化 │         │ 房地产等泡沫的破裂│
└────────┬────────┘         └────────┬────────┘
         │                           ↓
         ↓                  ┌─────────────────┐
┌─────────────────┐         │   金融陷入困局   │
│    出口受阻     │         └────────┬────────┘
└────────┬────────┘                  │
         │                           ↓
         │              ┌─────────────────────┐
         └─────────────→│  企业资金状况恶化    │
                        └──────────┬──────────┘
                                   │
                                   ↓
                        ┌─────────────────────┐
                        │ 政府负债过多、政局不稳│
                        └──────────┬──────────┘
                                   │
                                   ↓
                        ┌─────────────────────┐
                        │政府难以调控和推动经济增长│
                        └──────────┬──────────┘
                                   │
        ┌──────────────────────────┴──────────────────────┐
        │政府主导的外向型的银企结合的经济体制及其制度对内外环境的不适应│
        └──────────────────────────────────────────────────┘
```

图 5-5　1990 年以后日本固定资产投资下降的综合原因

5.3　对德国经济增长因素的分析

5.3.1　德国经济发展的相关研究

2006年，德国慕尼黑大学IFO经济研究所的Andreas Cullman，在其论文《德国增长核算——通过新的IFO生产率数据库对生产率的估计》中，利用一种独特的数据库资料——IFO数据库，分析了19世纪70年代以来德国经济以及生产率增长的根源，并对德国经济未来十年的增长率给出了预测，得出了生产率年增长1.67%（变动范围为±1.25%）、平均劳动生产率年增长 1.72%（变动范围为±1.00%）的结论。

Andreas Cullman 把产出增长分解成劳动投入的贡献、资本投入的贡献和全要素生产率。这种经济核算模型基于微观经济学的生产理论以及如下假设：用由劳动（L）和资本服务（K）作为主要投入的生产函数来表示生产技术，该生产函数具有规模报酬不变的特征，并且产品市场和要素市场是完全竞争的。

用到的方法论是基于 Jorgenson（1966）提出的生产可能性边界的概念，资本和劳动投入具有互相替代的作用，并且把资本分为信息技术资本（IT capital）和非信息技术资本（non-IT capital）。

在生产可能性边界的概念中，产出分解为投资和消费，而投入则由资本服务

（K）和劳动力投入（L）组成。资本服务又可以分解成来自于计算机硬件（K_c）、软件（K_s）、通信设备（K_m）和非信息技术的资本服务（K_n）的资本流量。投入函数（X）被全要素生产率（A）放大了。生产可能性边界可以用公式表示为

$$Y(I_t,C_t)=AX(K_n,K_c,K_s,K_m,L) \tag{5-3}$$

在竞争的产品市场和要素市场、规模报酬不变的假设下，式（5-3）可以变成用来解释经济增长的式（5-4）。

$$\Delta\ln y=\bar{v}_{K_n}\Delta\ln K_n+\bar{v}_{K_c}\Delta\ln K_c+\bar{v}_{K_s}\Delta\ln K_s+\bar{v}_{K_m}\Delta\ln K_m+\bar{v}_l\Delta\ln L+\Delta\ln A \tag{5-4}$$

其中，$\bar{v}$ 表示平均投入份额，$\bar{v}_{K_n}+\bar{v}_{K_c}+\bar{v}_{K_s}+\bar{v}_{K_m}+\bar{v}_l=1$。

利用式（5-4）对产出进行核算，结果如表 5-8 所示。在 1970~1990 年，产出年平均增长速度为 2.5%。资本投入对产出增长的贡献率为 26.6%（或者说是贡献了 0.67% 的产出增长率），这一时期产出增长的主要贡献不是由劳动和资本投入引起的，而是全要素产出率，它贡献了 70.2%，而劳动投入仅仅贡献了 3.2%。劳动投入的低贡献主要是由劳动时间在 70 年代的显著降低（-0.78%），以及在 80 年代的微小提高（0.18%）引起的。

表 5-8 1970~2001 年德国 GDP 增长率及其源泉（%）

增长源泉	1970~1980 年	1980~1990 年	1991~2001 年
GDP 增长（Y）	2.73	2.27	1.49
资本贡献（K）	0.43	0.90	1.09
其他	0.38	0.72	0.94
计算机	0.03	0.12	0.07
软件	0.01	0.03	0.05
通讯	0.01	0.03	0.04
IT 贡献	0.05	0.18	0.15
劳动贡献（L）	-0.28	0.44	-0.31
全要素生产率（TFP）	2.58	0.94	0.71

5.3.2 德国的"经济奇迹"与衰退

在德意志民主共和国（简称民主德国）和德意志联邦共和国（简称联邦德国）统一以前，联邦德国经济发展可以分成三个阶段：第一阶段，50 年代的重建，在美国的援助下，德国重新回到西方工业强国的行列；第二阶段，60 年代期间，以经济的快速扩张和现代化为标志，低利率带动了出口的增长；第三阶段，在 1973 年和 1979 年两次石油危机的影响下，尽管与其他欧洲国家相比德国的经济表现较好，但是也一直呈低速增长态势。

1990年10月民主德国与联邦德国统一以后,与大多数发达国家相比,德国经济表现更加低迷,陷入了低增长和高失业的困局。统一使德国东部工资和社会福利水平迅速提高,并在初期产生了巨大的国内需求,但是随后在德国东部企业主间便引发了巨大的竞争损失和急剧上升的失业率,造成了自第二次世界大战以来最严重的经济危机。德国统一最初促进了联邦德国自80年代末以来经济繁荣的继续,但也致使其经济过度扩张,生产从出口转向扩大的国内市场,导致经常账户从有盈余转为负有赤字和超过5%的通货膨胀。1992~1993年德国经济又发生了严重的衰退,促使德国中央银行决定实施紧缩的货币政策。可以认为,在2004年以前,德国经济还没有从两德统一的冲击中充分恢复过来,当然,德国僵硬的劳动力市场和一系列不利因素也要对其经济的低迷现象负责。

在1999年和2000年,德国经济曾出现短暂的好转,但2000年后期,出口和建筑业萎缩导致的国内需求的减少,使得德国国内商业信心再次下降。再加上暂时的高通货膨胀和低工资增长,致使居民实际收入缩水。2001年德国国内生产总值增长率仅为0.8%,这是微弱的国内需求与暴跌的出口增长双重作用下的结果。股票市场的暴跌使得经济状况更加恶化。另外,国外需求停滞,而国内需求又由于劳动力市场的恶化没有好转,致使德国GDP增长率进一步下跌,2002年和2003年更是下跌到了0.1%和-0.1%。

表5-9 2000~2004年德国经济指标

年份	GDP总量（按当年价格计算）（十亿美元）	GDP总量（按当年价格计算）（十亿马克）	按1995年价格计算（十亿马克）	GDP增长率（%）	劳动力总量（百万人）	失业数（百万人）	就业数（百万人）	失业率（%）	OECD国家失业率（%）
2000	1876	2030	1970	2.9	41.7	3.9	39.1	9.6	7.2
2001	1858	2074	1986	0.8	42	3.9	39.3	9.4	7.4
2002	1991	2107	1988	0.1	42.1	4.1	39.1	9.8	8.2
2003	2410	2128	1985	-0.1	42.1	4.4	38.7	10.5	9.1
2004	2708	2177	2016	1.6	42.3	4.4	38.9	10.6	9.6

第二次世界大战后,德国经济取得显著的成就,这个"经济奇迹"也让德国成为排在美国和日本之后的世界第三大经济体[①]。德国经济能够取得成功主要归因于外在的"马歇尔计划"援助的支持、缜密的财政和货币政策,以及致力于第二次世界大战后的重建工作。经济政策的一个重要元素是社会市场经济概念,这

---

① 与其他发达国家相比,制造业和相关服务仍然是德国经济的重心,德国制造业主要包括工业机械、汽车和化工业,在1992~2002年,虽然其全部工业产出(不包括建筑业)占国内生产总值的份额从26.9%下降到22.3%,但在2004年又上升到23%。

一想法最初是由保守党提出的,后来得到了左派的支持。该观念要求经济由市场力量治理,而国家仅仅扮演一个调整社会公平和纠正市场缺陷的角色。20 世纪 50~80 年代,社会市场经济概念对和谐劳工关系起到了重要的促进作用。

然而,在过去的 20 年中,社会市场模式的缺点逐渐暴露出来。广泛的社会保障制度和对个人收入实行的高税收政策降低了工人工作的积极性,而高昂的人工成本、刚性的就业保护和持续疲软的国内需求也削弱了企业对劳动的需求。

在 20 世纪 80 年代,这些问题已经影响了德国经济的增长,并且严重地削弱了政府应对由于民主德国和联邦德国统一而带来的经济问题的能力。结果,在 1995~2004 年,德国成为欧盟 15 国中经济表现最差的国家。尤其是在 2001~2003 年,德国经济的表现更是低迷,民众要求政府有所作为的呼声越来越高。在此背景下,2003 年 3 月,施罗德(Gerhard Schrader)总理宣布了他的改革计划——"2010 议程"计划,意图改进经济增长的结构性问题。这项议程主要包含以下措施:提高失业救济金发放的标准和减少失业救济;改革社会福利保障制度,特别是公共卫生保险;放宽对个体创业的限制。

5.3.3 固定资产投资下降与德国经济的缓慢增长

按照经济增长的共协理论以及本书附录 6 中数据,本书建立了如下的德国经济增长模型:

$$Y = 0.038(HL)^{0.292}(SD)^{0.15} + 0.235K + 0.48SD/K - 2326 \qquad (5\text{-}5)$$

在模型(5-5)中,Y 代表国内生产总值,L 代表劳动力数量,H 代表人力资本,S 代表科技投入,D 代表固定资产投资,K 代表固定资本存量。在上述模型中,劳动报酬函数为 $V = 0.038(HL)^{0.292}(SD/L)^{0.15}$,表 5-10、表 5-11 是劳动报酬取对数后的计量经济学检验结果。

表 5-10 德国劳动报酬模型

被解释变量:$\log V$				
模型估计方法:最小二乘法				
样本范围(调整后):1991~2010				
观察值的个数:20(调整端点后)				
9 次迭代后实现收敛				
解释变量	系数	标准误	t 统计量	概率
C	0.808 033	1.295 16	0.623 887	0.541 5
$\log HL$	0.291 655	0.135 362	2.154 622	0.046 8
$\log SD$	0.144 784	0.069 56	2.081 424	0.053 8
AR(1)	0.581 123	0.170 59	3.406 545	0.003 6

续表

解释变量	系数	标准误	t 统计量	概率
样本决定系数	0.945 822	因变量的均值		4.049 502
调整后的样本决定系数	0.935 664	因变量的标准差		0.023 937
回归标准差	0.006 072	赤池信息量（AIC）		−7.193 55
残差平方和	0.000 59	施瓦茨信息量（SC）		−6.994 4
对数似然比	75.935 48	f 检验统计量		93.107 59
DW 统计量	2.134 04	模型显著性的概率值		0
特征根	0.58			

表 5-11　德国投资价值模型

被解释变量：M				
模型估计方法：最小二乘法				
样本范围：1990～2010				
观察值的个数：21				
解释变量	系数	标准误	t 统计量	概率
C	−2 325.69	563.271 9	−4.128 89	0.000 6
K	0.235 38	0.016 766	14.039 13	0
SD/K	0.479 968	0.138 263	3.471 427	0.002 7
样本决定系数	0.965 623	因变量的均值		9 996.099
调整后的样本决定系数	0.961 803	因变量的标准差		1 198.594
回归标准差	234.254 4	赤池信息量（AIC）		13.882 26
残差平方和	987 752.1	施瓦茨信息量（SC）		14.031 47
对数似然比	−142.764	f 检验统计量		252.799 3
DW 统计量	1.059 194	模型显著性的概率值		0

2001～2010 年，德国的经济增长率平均仅为 0.985%。分析德国这段时间经济增长的原因可以发现，固定资本存量增长的贡献率为 41%，固定资产投资的贡献率为−6%，这两者之和归并为固定资本贡献率（为 35%）；人力资本增长的贡献率为 19%，科技进步的贡献率为 49%，这两者之和归并为知识进展贡献率（为 68%）；制度创新的贡献率为 0；经济环境外部性的影响率为−5%（表 5-12）。

表 5-12　德国经济增长因素分析（%）

经济指标	1990～2000 年	2000～2010 年
经济增长率	1.9	0.98
固定资本存量增长的贡献率	49	41
固定资产投资增长的贡献率	23	−6
科技进步的贡献率	24	49
人力资本增长的贡献率	7	19
劳动力增长的贡献率	2	2
制度创新的贡献率	0	0

5.3.4　德国国内投资增长缓慢的原因分析

以 2005 年价格计算，2010 年德国的固定资产投资为 4148 亿欧元，少于 2000 年的 4272 亿欧元，出现了固定资产投资减少的现象，固定资产投资对经济增长的贡献率在 2000~2010 年为-6%。

究其原因，在整个 20 世纪 90 年代，德国企业在国外的投资明显增加。尤其从 1995 年起，德国企业国外资本存量显著提高，从 1995 年占 GDP 的 10% 提高到 2000 年的 28%，2000 年德国企业投资国外的资本总量为 5700 亿欧元。与之形成对比的是，2000 年美国企业投资国外的资本量仅占 GDP 的 13.2%。数据表明，在制造业方面，德国企业国外投资量不到国外投资总量的一半，2000 年大约为 2200 亿欧元。而最主要的国外投资领域是银行业、保险业和不动产，2000 年，德国企业在国外投资上述行业的资本存量合计为 3200 亿欧元。

同时应该看到，不仅德国企业在国外投资，外国企业也在德国投资。1995~2000 年，外国企业增加了在德国的投资，尽管是在一个低水平上，1995 年占 GDP 的 7%，2000 年占 GDP 的 14%（约 2800 亿欧元）。其中，银行业、保险业和不动产业占了大约 50%（约 1400 亿欧元），而制造业领域大约占 1/3。这表明，对于外国企业来说，德国还是具有一定吸引力的。但是无论如何，德国企业投资国外的资本量大约是外国投资者投资德国的两倍。

在德国进行投资的主要是一些欧盟国家，其次是美国。美国和欧盟在德国的主要投资领域是金融业和不动产服务业，然后是制造业。中东欧国家在德国投资的主要领域是批发零售贸易行业（Geishecker and Görg，2004）。

德国的资本存量从 20 世纪 70 年代到 90 年代大约增长了一番。但是进入 90 年代后，德国资本形成的速度减慢，大约从 80 年代的 3.4% 下降到 90 年代的 2.9%。在资本存量的贡献方面，市场服务部门依然保持着领先地位，但是在 80 年代居于第二位的制造业部门已经让位给非市场服务部门（Thomas Fuchs and Oliver Röhn，2005）。

5.3.4.1　税率比较高

进入 21 世纪后，德国对外资吸引方面的表现依然低迷。联合国给出的一份年度报告中显示，2004 年，在外国直接投资表现指数上，德国排名第 118 位，在发达国家中仅仅排在日本之前。这主要是由税收税率导致的，因为企业所得税税率对国外直接投资具有明显的影响，国外投资者在选择投资国时对税收具有相当的敏感性。UNCTAD 发现，2004 年，大约有 20 个国家降低了企业所得税，其中 9 个是发达国家。发达国家作为一个整体，其税率出现显著的降低，从 29.7% 下降到 26.5%。与之形成鲜明对比的是，德国是其中三个税率提高的国家之一，从 38.29% 提高到 38.31%（H. Barnard and J. Cantwell，2007）。

5.3.4.2 劳动力流动性差，企业缺乏雇佣员工的积极性

德国不断加剧的失业问题也要归因于部门的失调，与其他 OECD 国家相比，德国工业部门的就业缩减的更快，而服务业部门的就业却没有相应的增加。具有较高生产率的传统工业部门就业依然具有巨大的吸引力。这是因为，工业行业部门的工会组织严密，在工业部门就业可以比在服务业部门就业拿到更高的薪水。工业行业失业者通常不愿意到服务业部门就业，特别是年轻的男性更愿意成为工业部门的学徒。这种不合理的现象在采矿业部门表现得更为突出，因为采矿部门可以拿到比其他工业部门更高的薪水。而背景是，采矿业在德国并不是盈利部门，采矿业之所以能够存在是由于政府的各种补助（Norbert Berthold and Rainer Fehn，2003）。德国劳动力市场的僵化主要是由以下原因引起的：

第一，强大的德国工会势力。即使是在西欧国家中，德国的工资由集体谈判决定的概率也是很高的（表 5-13）。由于德国的工资协议由劳资双方通过自己的组织，即工会和雇主联合会自由谈判达成，德国工会在谈判中往往以本行业效益高的企业为标准，不考虑地区、企业规模、技术水平等方面的差别，这使得企业不得不付出较高的工资成本，同时也不利于劳动要素的流动。民主德国与联邦德国统一以来，德国东部的工资水平得到了突飞猛进的增长，与东欧国家相比丧失了竞争力。

表 5-13 欧洲国家集体谈判比较（%）

国家	英国	德国	荷兰
集体谈判率	47	90	71

资料来源：王守杰和李炜，2005。

而且，工会组织利用其权利，在国家、地区、行业和企业的各个层次上展开谈判，达成了系列有利于工人的集体协议，再加上种类繁多的就业保护措施，如严格的解雇程序、高昂的解雇费用、法定最低工资和工作时间限制等，从而抑制了企业雇佣工人的积极性，导致很多企业在雇佣员工时很谨慎（张勇，2005）。

在工作时间方面，德国工人的平均工作时间下降很快。以德国西部为例，工人年平均工作时间从 1991 年的 1467 个小时下降到 2001 年的 1347 个小时（减少了 120 个小时）。2001 年，整个德国工人的工作时间总量是 477 亿小时，比 1991 年下降了 7%（Eugen Spitznagel，2003）。

第二，对雇员的严格保护阻碍了企业雇佣员工的积极性（表 5-14）。德国雇员受《劳动法》等法规的严格保护，因此，企业雇用和解雇工人的成本都很高，僵化的劳动力市场使企业对雇佣新员工望而却步，从而导致失业人员的不断增加（戴启秀，2005）。从 20 世纪 60 年代末期起，德国解雇员工的成本就开始大幅度上升，之后就长期保持在这一高水平上。欧洲国家解雇员工的成本远高于美国（N. Berthold and R. Fehn，2003）。

表 5-14　雇员受法律保护的严格程度指标

国家	20 世纪 80 年代后期	20 世纪 90 年代后期
德国	2.7	2.8
英国	0.8	0.8
美国	0.2	0.2
瑞士	1.2	1.2
意大利	2.8	2.8
丹麦	1.6	1.6
澳大利亚	1.0	1.0
日本	2.7	2.7

第三，德国的高福利社会保障制度降低了工人的工作热情。周全的社会保障体系，在第二次世界大战后对于社会稳定、经济发展确实起到了重要的作用，但是过度的福利也严重削弱了工人的积极性。与其他北欧国家一样，在保护劳工失业方面，德国主要依靠慷慨的失业救济和社会福利。在某些情况下，工作收入甚至低于领取救济的收入，于是许多人宁肯领失业救济而不愿从事收入较低的工作。

第四，德国人实干精神的下降。随着经济水平的提高，尤其是德国特有的社会福利制度在为德国居民带来物质和生活享受的同时，也在一定程度上影响了德国人的工作习惯和工作态度。德国人那种一丝不苟、吃苦耐劳的意志精神越来越少见了，而不劳而获、坐享其成的颓废思想却在滋生。一些工作环境相对差的工作大多数德国人不愿做，而是趋向环境舒服、劳动报酬高的工作，尤其是那些年轻人（王全在，2005）。

5.3.4.3　企业负担较重

与其他发达国家相比，德国企业的负担较重，这也是近年来德国国内企业投资低迷的一个重要原因。过重的企业负担主要表现在高劳动成本和高税收两个方面。

第一，高劳动成本。与其他几个主要的工业发达国家相比，德国的劳动成本太高。以 1996 年一个工人每小时所得为例，如果以当时美元与马克的汇率计算，在德国为31.87美元,日本为20.84美元,而美国仅为17.70美元,中国台湾地区则低至5.82美元(方在庆,2001)。

德国的高工资还体现在其高额附加工资费上。据统计,1996年德国制造业人均劳动成本为8.62万马克,其中直接工资为4.74万马克,占总成本的55%,附加工资为3.88万马克,占总成本的45%,大约是美国和日本的2.5倍(殷桐生,2001)。

另一个不容忽视的事实是,与其他发达国家相比,德国工人的实际工资在20世纪80、90年代增长得太快。以制造业为例,在20年间,德国工人的实际工资增长了大约40%,而同期美国的工资基本上没有变化(N. Berthold and R. Fehn, 2003)。

虽然考虑到德国的高税收和高福利政策,德国工人实际所得并没有这么高,但是如果把德国工人劳动时间缩短这一事实考虑进来,特别是跟其他几个发达国家相比已降到了最低点,情况就可想而知了。此外,德国工人退休最早、病休时间最长、旷工率也很高,这种情况使德国工业设备利用率在西方国家中是最低的。就像一些德国企业家所抱怨的,高小时工资加上超短的周工作时间,使得德国企业在与对手竞争时如同带着两副手铐。

在国际经济一体化加剧,尤其是资本流动国际化的今天,企业在投资时必然要选择能够实现利润最大化的国家和地区。人工成本过高,必然对企业竞争造成不利影响,迫使企业在雇佣工人时精打细算,尽可能少地使用劳动工人,以降低劳动成本。当今,许多德国工会守着高水平的工资福利不放,这种普遍的高工薪已使德国成为投资代价十分高昂的地方。面对如此高昂的劳动成本,德国国内投资不振,德国企业的国际竞争力下降自然也就不足为奇了(王全在,2005)。

第二,德国企业负担过于沉重的另一个因素是企业要承担高税收。高税收将必然导致低投资。由于资本的逐利性,特别是在资本流动日趋国际化的今天,资本无疑将避开征税较高的国家。高税收政策使得企业纷纷借助于跨国公司将资本转移到那些成本低的国家,从而获得更大的利润。而这对于福利国家而言,则是失去了对支撑国民经济很重要的税收来源。

1999年,德国企业所得税税率为57%,高于其他工业化国家。随着德国税收改革,这种形势有所改观。通过改革,企业所得税最高税率从1999年的57%下降到2005年的38.9%。德国政府进行税收改革的目的在于通过降低税率来增加企业的投资,从而提升德国经济的竞争力,并扩大政府财源。

然而,德国并不是唯一实行税收改革的国家,相似的改革也发生在其他欧洲国家。其结果是,这次税收改革并没有明显改变德国税收在国际上的地位。因此,是否会如德国政府所愿吸引到更多的企业投资、扩大税源还不确定(J.V. Hagen and R.R. Strauch, 2001)。据联合国公布的一份报告显示,2005年在其他发达国家普遍降低税率的情况下,德国是其中三个税率不降反升的国家之一。

德国的高税收政策是与其财政政策相联系的。欧元区内，欧元汇率统一由欧洲中央银行控制，德国也就丧失了汇率这一重要的宏观经济调控工具，而更加依赖于财政的作用。由于德国财政在赤字时不以向中央银行负债来维持其支出（因为这将引致通货膨胀），而是通过发行国债来维持，政府巨额债务的利息支付又成为财政的另一个负担，所以税收在财政中的重要性更为显著。

同时，为了支付高额的福利费用，德国政府不得不一再地提高税率。而高税率带来的后果之一必然是进一步挫伤企业、个人的投资积极性。对个人而言，高税收政策导致其低消费、高工资期望、高劳动力成本；对企业而言，高税收政策使企业利润减少，从而导致投资者将资本转移到其他成本、税收相对较低的国家和地区（戴启秀，2005）。

5.3.4.4 比较烦琐的市场管制

过多的管理规则和对某些行业的过度保护，窒息了风险投资活动和企业家的创新精神，使得企业创新的活力不足，并最终导致劳动生产率增长乏力。德国过于烦琐的法律和法规影响了本国企业的竞争力。当德国企业和商人在国外投资和办厂时，他们较少受到法律上的约束，而在国内却不得不与一个严密的规则网络打交道。规则的泥潭使德国企业家少有新的想法（方在庆，2001）。

在规章制度管理的密度方面，20世纪80年代，德国在西欧各国中排在倒数第三位。20世纪90年代，德国的排序有所提前，但这仅是对临时雇佣规章制度管理做出放松的结果，该指数从3.8下降到2.3。然而在其他因素上并没有发生变化，虽然综合指数也下降了0.7个点，但由于其他欧洲国家采取了同样的行动，使得德国在排序上仅提高了一位。总体来说，德国劳动力市场的规章制度管理比半数以上被观察的欧洲国家要严格得多，在世界范围内德国也是规章制度最严的国家之一，而盎格鲁-撒克逊国家（美国、英国、加拿大、澳大利亚和新西兰）则是规章制度管理密度较低的国家（Camille Logeay，张娜，2005）（表5-15）。

表5-15 德国劳动力市场规章制度管理的国际比较

指标	20世纪80年代末			20世纪90年代末		
	指标值	在被观察的OECD国家中排序	在16个OECD国家中排序	指标值	在被观察的OECD国家中排序	在16个OECD国家中排序
综合指数	3.2	14（19）	11	2.5	18（26）	10
对一般就业的保护	2.7	13（20）	10	2.8	21（27）	12
一般程序的不便	3.5	18（22）	12	3.5	24（27）	13
解雇的难度	3.5	14（20）	12	3.5	20（27）	12

注：指数范围从0（无规章制度）到6（严格的规章制度）；括号内的数字为被观察的OECD国家。

在商业壁垒方面，德国的企业进入障碍指数为 2.1，高于大多数 OECD 国家，而美国仅为 1.3，英国更低，为 0.5。德国新企业的进入壁垒，主要表现在较高的进入成本和沉闷的官僚主义作风。政府办公效率方面，在德国要获得政府的批准平均为 90 天，仅少于意大利，远高于其他国家。这些因素导致了一些德国企业的垄断地位，并进而影响到其产出的质量。

表 5-16　OECD 各国商业障碍指数

国家	所需程序步骤	批准天数	人均 GDP 成本	企业家创新精神障碍
德国	7	90	0.085 1	2.1
澳大利亚	3	3	0.209 0	1.1
加拿大	2	2	0.014 0	0.8
法国	16	66	0.197 0	2.7
美国	4	7	0.009 6	1.3
英国	7	11	0.005 6	0.5
意大利	11	121	0.247 4	2.7
日本	11	50	0.114 4	2.3
瑞典	4	17	0.025 4	1.8

在产品市场管制方面，20 世纪 90 年代，德国的指数为 1.5，高于美国（1.0）、英国（0.5）等国，低于意大利（2.3）、法国（2.1）等国。总而言之，德国在产品市场管制方面与盎格鲁-撒克逊国家相比是相当高的，但是与法国和意大利相比较则是低的，在整个 OECD 国家中基本处在中间的位置（N. Berthold and R. Fehn，2003）。

5.4　对新加坡经济增长因素的分析

5.4.1　新加坡经济增长的相关研究

5.4.1.1　刘遵义的研究

Kim and Lau（1994a，1994b）应用生产函数方法分析了东亚"四小龙"——中国香港地区、韩国、新加坡和中国台湾地区以及发达的 G5 国——法国、德国、日本、英国和美国的经济增长，用两个投入（有形资本和劳动力）建立模型。他们通过一系列假设，测算的结果表明：第一，没有技术进步的假设不能被东亚新兴工业经济体拒绝，但能被 G5 国坚决地拒绝；第二，有形资本扩张是东亚经济最重要的增长源泉，包括日本在第二次世界大战后的经济增长。技术进步是 G5 国最重要的增长源泉（除了日本），这符合 Boskin 和 Lau（1990）的早期发现。

Kim and Lau（1995）在生产函数中引入了人力资本，用就业者平均受教育年限衡量，不改变 Kim and Lau（1994a，1994b）的基本发现，有形资本是东亚"四小龙"在第二次世界大战后经济增长的最重要源泉，占经济增长的 65%~85%，其次是劳动力。人力资本在第二次世界大战后东亚"四小龙"经济增长中占 6%。近期，东亚"四小龙"R&D 支出占 GDP 的比例迅速上升，已经同步或超过一些 G7 国家。在接下来很长一段时间，基于有形和无形资本的积累，东亚发展中经济体还有持续强劲增长的潜力。

新加坡长期增长中生产率增长的重要性是更为显著的，因为它结构性地调整了经济的更高增值空间（Lau，2003）。新加坡经济长期增长的关键因素是劳动力的教育质量，政府十分重视增加教育培训和为满足知识经济的挑战对工人进行再培训的开支（Lee Byoungki，2004）。

5.4.1.2 Crafts 等对新加坡经济增长的研究

Crafts（1996）对新加坡经济增长的研究表明，资本投入对实际 GDP 增长有积极的贡献。实际 GDP 增长的资本投入份额在 20 世纪 80 年代前半期特别高，其中绝大部分是大规模投资建筑业的结果。1985 年新加坡经济出现衰退，80 年代后半期资本投入贡献显著下降。90 年代已经恢复到占每年实际 GDP 的 56%。这个恢复是因为这十年中大部分时间建筑和投资的投入有较强的增长。

在 1973~1996 年这段时期，资本投入是新加坡实际 GDP 增长的主要因素。对实际 GDP 的 7.4%的增长，资本投入占其中的 67%。在 20 世纪 80 年代的前半段，实际 GDP 增长中资本投入的分配是尤其显著的，它可以平均占到 99%。对建筑物的投资是那个时期最明显的表现。然而，20 世纪 80 年代后半期可以看到资本投入对产出增长的作用出现明显退化，在 1990~1996 年这段时期，它的贡献又回弹到了 51%（Soon Teck Wong and Benson Sim Soon Seng，1997）。

在 1973~1996 年，劳动的投入对实际 GDP 增长的贡献平均占 20%；而到了 1980~1985 年，劳动投入的贡献则下降到了 12%，其后又进入缓慢增长阶段。

在 1973~1996 年，多要素生产率的增长对实际 GDP 增长的贡献为年均 14%。然而，与劳动的贡献不同的是，多要素生产率增长的贡献更加不稳定。在 1985~1990 年和 1990~1996 年两个时期，多要素生产率增长的贡献是负的。然而，在这两个时期多要素生产率对实际 GDP 增长的贡献分别是 47%和 23%，其增长已经明显恢复。这将会促进更多的工艺文凭持有者，以及大学毕业生加入到劳动的队伍中去，同时也会使现存的劳动力队伍的技能得到浓缩。从定性的角度考虑，上述多要素生产率在两个时期的表现和Young（1992）对新加坡经济测算中得出的结论是相似的。

多要素生产率在20世纪80年代中期的表现很好，但自从达到了1993年4.3%的最高点之后，多要素生产率的增长已经减少到了1996年的0.8%。（Department of Statistics Singapore，1997）。

5.4.2 新加坡经济增长的动力分析

按照经济增长的共协理论以及本书附录10中有关数据，本书建立了如下的新加坡经济增长模型：

$$Y = 0.038(HL)^{0.276}(SD/L)^{0.247} + 0.27K + 112.3HSD/K^2 - 8.69S - 0.84 \quad (5-6)$$

在模型（5-6）中，Y代表国内生产总值；L代表劳动力数量；D代表固定资产投资；H代表人力资本；S代表科技投入；K代表固定资本存量。在上述模型中，劳动报酬函数为$V = 0.038(HL)^{0.276}(SD/L)^{0.247}$，表5-17、表5-18是劳动报酬取对数后的计量经济学检验结果。

表5-17 新加坡劳动报酬模型

被解释变量：$\log V$				
模型估计方法：最小二乘法				
样本范围：1981～2005				
观察值的个数：25				
解释变量	系数	标准误	t统计量	概率
C	0.843 274	0.463 82	1.818 105	0.082 7
$\log HL$	0.275 616	0.093 325	2.953 283	0.007 3
$\log SD/L$	0.247 201	0.037 129	6.657 927	0
样本决定系数	0.982 575	因变量的均值		2.593 506
调整后的样本决定系数	0.980 991	因变量的标准差		0.224 872
回归标准差	0.031 003	赤池信息量（AIC）		-3.997 27
残差平方和	0.021 147	施瓦茨信息量（SC）		-3.851 01
对数似然比	52.965 92	f检验统计量		620.294 8
DW统计量	0.687 342	模型显著性的概率值		0

表 5-18　新加坡投资价值模型

被解释变量：M				
模型估计方法：最小二乘法				
样本范围（调整后）：1985~2005				
观察值的个数：21（调整端点后）				
17 次迭代后实现收敛				
解释变量	系数	标准误	t 统计量	概率
C	−0.839 08	60.485 65	−0.013 87	0.989 1
K	0.271 161	0.049 336	5.496 187	0
SHD/K^2	112.343 2	56.981 23	1.971 583	0.062 7
S	−8.690 51	4.602 327	−1.888 29	0.073 6
AR（1）	0.874 405	0.187 679	4.659 033	0.000 2
AR（3）	−0.464 58	0.166 66	−2.787 59	0.011 4
样本决定系数	0.991 823	因变量的均值		676.714 3
调整后的样本决定系数	0.989 779	因变量的标准差		0.989 1
回归标准差	34.841 35	赤池信息量（AIC）		0
残差平方和	24 278.4	施瓦茨信息量（SC）		0.062 7
对数似然比	−125.803	f 检验统计量		0.073 6
DW 统计量	2.369 576	模型显著性的概率值		0.000 2
特征根	0.72−0.55i	0.72+0.55i	−0.57	

在 1981～2010 年，新加坡的经济增长率平均达到了 6.5%。分析新加坡经济增长的原因，可以发现，固定资本存量增长的贡献率为 37%，固定资产投资的贡献率为 19%，这两者之和归并为固定资本贡献率（为 56%）；人力资本增长的贡献率为 18%，科技进步的贡献率为 35%，制度创新的贡献率为 0，这三者之和归并为创新贡献率（为 53%）；而经济环境外部性的影响率为−10%，说明这段时间内经济环境是非常有利于新加坡经济增长的。这段时间内，新加坡经济的较高增长一是固定资本增长的拉动，二是创新的推动，属于资本-创新双驱动型的经济增长方式。

5.4.3　资本-创新双驱动型的经济增长方式

5.4.3.1　投资与资本的作用

新加坡有庞大的金融系统，为其经济高速发展提供了重要的资金来源。投融资体系比较完善，政府产业融资计划与商业银行体制结合较好。一方面，政府直接利用融资援助计划来推动政府所选中发展的战略性产业和投资项目；另一方面，政府还利用国家控制或控股的银行，广泛筹集社会资金支持产业发展。为了确立其国际金融中心的地位，新加坡政府除了大力支持本国金融银行机构的发展外，还一直鼓励海外金融证券到新加坡发展（于国安，2003）。

Crafts（1999）指出，一些国家财政系统的失败将危及资本扩张。发展中国家通常面临资本和技术短缺，而非技术劳动力的供应相对充足。对于资本缺乏而劳动力充足的经济体，为工人配备更多的资本将能大幅度地、快速地拉动生产力增长。我们也必须考虑实物资本和人力资本的关系，这个关系最可能是互补多于替代。有形或实物资本和无形资本是互补的，这暗示有更多的有形资本，而更多产的是无形资本；也暗示了如果有形资本非常少，则无形资本的投资也不可能多产。我们需要看资本水平，而不是它的增长（Bayhaqi，2000）。新加坡已经试图通过公共投资资本进行联合投资，通过税收激励去刺激私人投资（Charles River Associates Ltd.，2003）。

新加坡政府鼓励自由兴办企业，通过制定独到的投资政策，吸引国内私人资本和外资在新加坡投资。由于新加坡国内私人资本比较薄弱，政府对私人资本采取积极支持鼓励的政策，从20世纪70年代开始对私人资本实行"资本资助计划"和"小型工业资助计划"，结果私人资本的业务范围由原来的商业、金融扩展至投资、地产、采矿、旅游等领域。新加坡政府不仅鼓励国内私人投资，也制定积极的政策鼓励外商投资（李晓娣，2004）。

5.4.3.2 教育的作用

Lim（1996）指出，教育对经济增长的贡献有6种方式：通过给予技术和工作知识逐渐提高劳动力质量；增加劳动力流动，因而刺激劳动力分配；使新知识更快地被接受，使不熟悉的投入和新知识更有效地被应用；提高引领更有效的资源分配的管理技巧；解除许多社会和机构对经济增长的阻碍；通过提高个人责任心、组织能力，长期地鼓励企业家精神的发挥（A. Bayhaqi，2000）。

新加坡发展了一个有竞争力的精英管理教育系统，建立和维持了一个有凝聚力和社会共识，能促进经济和工业快速发展的教育体系。教育在新加坡有非常高的地位，它能产生高水平的社会和政治效应。新加坡的教育系统是按英国教育系统的方案严密塑造的。特别地，先进水平的教育学历证明在新加坡有很高的地位。新加坡和英国在生产培训上有许多联系，对业余活动、体育和自然科学的教育很重视（Further Education Funding Council，1998）。

可供新加坡国民选择的职业技术教育类别主要有为中学毕业生提供的全日

制脱产训练，为在职职工举办的继续教育和训练，为受教育程度较低的工人提供的最基本的读、写、算知识的教育，以及专门为那些希望提升或获得新技术的工人设置的调整技术训练等（胡灿伟，2002）。教育一向是新加坡的强项，并且政府在初级、中级和大学教育的投资，以及对雇员的培训计划的资助都比较充足（Charles River Associates Ltd.，2003）。

5.4.3.3 科技的作用

新加坡的 R&D 政策包括对公立研究机构的公共财务支持以及对私人部门 R&D 的刺激（例如，通过税收系统），并且公开地资助科学家和工程师从研究所借调到地方公司。

20 世纪 80 年代以来，新加坡政府提出了"经济重组"战略，以加快发展高科技，促进产品的升级换代，增强产品的国际竞争力。为此，政府于 1979～1981 年大幅度调高工资，迫使企业发展高科技、节约劳动力。同时采取的措施还有：对研究和发展高科技的企业给予奖励；有选择地加强对高科技领域的研究开发；鼓励外国企业向生物工程、电子高科技、高附加值的项目投资，凡向高科技、高附加值工业投资的外商，可免税 5～10 年；鼓励"先进工艺"企业（即有发展前途的企业），凡被核准为"先进工艺"的企业，均可享受 5～10 年减免公司税的优惠等。信息技术是新加坡发展最快的行业之一，到 20 世纪 90 年代，新加坡仅次于日本，成为亚洲电脑信息技术集中程度最高的地方，以及世界上与计算机有关产品的最大制造者之一，在某种程度上，新加坡正在变成东南亚的"硅谷"。高科技产业的发展，不仅克服了新加坡国小、资源贫乏的弱点，而且还充分利用了其较高素质的人力资源和优越的地理位置等有利条件，科技无疑成为新加坡跟踪世界潮流、推动经济不断前进的重要因素（毛勇，2002）。

新加坡创新政策的目的是通过以技术为中心的中小型企业的发展提高本地的技术发展水平，这样做的关键是拥有技术上熟练的生产人才和具有创新精神的企业家。同时，国家鼓励通过各种手段从在本国经营的外国企业中积极的获取技术溢出的好处。尽管新加坡是一个仅有 400 多万人口并且自然资源极度匮乏的城市国家，却显示了可观的经济绩效。这些经济绩效应归因于非深度干涉市场的政府和外来投资公司的精明经营（Sunil Mani，2000）。

5.4.4 推动创新与转型的政策

在世纪之交，新加坡经济出现了急剧的波动，由迅速复苏突然急转直下，陷入严重的衰退之中。1997年东南亚国家爆发了严重的金融危机，1998年新加坡经济陷入严重衰退，1999年和2000年出现快速复苏和强劲反弹，而到2001年新加坡经济又急转直下，甚至出现负增长。据新加坡官方统计数据显示，1996~2000年新加坡经济增长率分别为7.7%、8.5%、-0.9%、6.4%、9.4%（王勤，2001）。

新加坡1998年经济衰退的原因主要有以下几点。第一，对世界市场高度依赖。新加坡同日本一样，自然资源匮乏，实行的是"两头在外"的外向型经济政策，其2/3的经济活动靠外贸，因此新加坡经济极易受到外部经济波动的影响。第二，技术创新能力不足。新加坡主要是引进、模仿和改造西方的已有技术成果，属于自己开发的技术并不多。第三，对外资依赖性较强。新加坡国内私人资本脆弱，虽然政府参与企业投资，鼓励私人资本投资于制造业，但是私人资本往往投资于规模较小、资本回收期较短的纤维纺织、轻工等企业。因此，新加坡经济主要依赖于国际资本，特别是来自于美国、日本和欧盟的资本（李晓娣，2004）。

政府采取了相应措施来应对这种经济情况。第一，加大实施扩张性宏观经济政策的力度，以摆脱国内经济衰退。第二，继续推进产业结构的调整与升级，以促成国内经济的转型。第三，加快对外投资步伐，扩展经济发展空间。第四，推出"中国策略"，重视发展与中国的经贸合作（王勤，2001）。第五，大力发展转口贸易，开掘人力资源，而要开掘人力资源这一宝藏，就必须实现国家的工业化。第六，把经济发展的重心从劳动密集型产业转向资本技术密集型产业，积极引进外资，给外商以各种优惠。第七，利用得天独厚的优越地理位置，大力发展"无烟工业"，为新加坡创收了大量外汇，这也是新加坡经济腾飞的重要原因（王鑫鳌和姚士蓉，2001）。

由于新加坡经济的开放性和该国政府实施的稳定的宏观经济政策，再加上外部环境正在不断改善，预计其会持续快速发展。但同时也是机遇与挑战并存，新加坡面临的长期挑战主要包括：科技进步、人力资本提升、制度创新乏力；来自低成本地区生产厂商愈来愈强的竞争，这种竞争将引发新加坡经济的结构调整和失业率上升，尤其是在制造业领域；过高的开放度使其极易受到国际经济危机的影响。这就需要政府采取改革措施来提升新加坡经济的竞争力和效率，在机遇面前强化自己。

6

中国经济增长因素测算与创新驱动——转型分析

本章按照前述的共协理论和方法，建立起中国经济增长的新模型，对1953～2012年的中国经济增长因素进行测算，并进一步对2020年中国经济转型①的一些主要指标进行优化预测。

6.1 关于中国经济增长的研究

Young（2003）使用 Jorgenson 等（1987）的方法研究中国经济，发现在1978～1998年中国非农业部门人力资本的增长保持在每年1.1%以上。以重建数据为基础，Young 发现在中国经济中 TFP 增长率达每年1.4%。

Wang 和 Yao（2001）承认中国劳动力质量的提高。然而，他们声称怀疑 Young（2000）的关于特殊种类劳动力收入的数据，他们按照 Barro 和 Lee（1997）的方法，使用以人均受教育年限表示的劳动力质量的数据，发现中国劳动力质量有明显的提高。然而，他们发现即使考虑了劳动力质量的提高，TFP 的贡献依旧很大。为此，Wang 和 Yao 提出了有选择性的劳动力份额的想法。例如，对改革之前的1953～1977年这段时期，他们假定劳动力份额为0.40，且发现产出、实物资本、劳动力质量、人力资本存量以及 TFP 分别每年增长6.46%、6.11%、2.63%、5.30%、−0.57%，并且实物资本、劳动力质量、人力资本存量以及 TFP 对产出的贡献分别是56.8%、16.3%、32.8%、−5.9%。对于改革时期的1978～1999年，他们假定劳动力份额占0.50，发现产出、实物资本、劳动力质量、人力资本存量以及 TFP 每年的增

---

① 标志经济转型的一个重要指标就是创新在经济增长中的贡献率达到50%以上。

长率分别为9.72%、9.39%、2.73%、2.69%和2.32%,并且实物资本、劳动力质量、人力资本存量以及TFP对产出增长的贡献分别是48.3%、14.0%、13.8%、23.9%。这样,在改革之前这段时期TFP的增长率是–0.57%,而在改革期间则为2.32%。

李萍和高楠(2009)等利用结构方程模型,寻找测定人力资本、物质资本和技术水平的外生变量,测算出各个潜变量对经济增长的贡献。通过测算人力资本、物质资本和技术水平对中国经济增长的贡献水平,证明了技术水平的提高对经济增长的推动作用在中国过去的几十年里是非常大的,在一定程度上反映了技术水平的重要性。同时,他们也对克鲁格曼提出的中国经济进步和发展仅仅存在的是对汗水的依赖而不是灵感、来自于更努力地工作而不是更聪明的工作进行了证伪,测算出经济增长中技术进步的贡献率达到了43%。为此,需要在改革与发展的基础上,以继续增强国家自主创新能力为目标,加速建立一个能发挥市场作用、根据国家战略有效动员和组织创新资源,又能激发技术创新行为主体自身活力、可以实现系统各部分有效整合的、有着中国特色的国家技术创新体系,充分发挥科技进步在经济增长中的重要作用。

陈琳(2008)运用标准的计量方法进行实证检验,结合改革开放以来中国的事实,测算了中国经济增长的要素投入贡献和全要素生产率贡献。结果显示,中国的经济增长是要素投入和包括人力资本、制度变迁、技术进步等全要素生产率综合作用的结果,其中全要素生产率的提高对经济增长做出了大约1/3的贡献。因此,改革开放以来中国的经济增长并不完全是投入驱动型的。

俞安军、韩士专、张顺超(2007)利用C-D生产函数对中国经济增长的质量进行测算,并根据经济增长的质量来判断经济的增长方式。研究得出1981～2004年中国经济增长质量指数平均值为0.36,即中国经济36%的增长靠生产率的提高,64%靠资源投入的增加,中国经济处于粗放型增长阶段。资本投入对经济产出的弹性系数为0.718,即资本投入增加1%,经济产出增加0.718%。资本对中国经济有显著的推动作用说明中国资本相对稀缺,资本边际产出较大。因此,扩大资本投入对推动中国经济发展仍有很大意义。中国劳动力投入对经济产出的弹性系数为0.894,即劳动力投入增加1%,经济产出增加0.894%。虽然中国劳动力资源丰富,但劳动者素质较低,应着力提高劳动者素质。

刘伟和张辉(2008)将技术进步和产业结构变迁从要素生产率中分解出来,实证度量了产业结构变迁对中国经济增长的贡献,并将其与技术进步的贡献相比较。实证研究表明,在改革开放以来的30年(截至2008年)中,虽然产业结构变迁对中国经济增长的贡献一度十分显著,但是随着市场化程度的提高,产业结构变迁对经济增长的贡献呈现不断降低的趋势,逐渐让位于技术进步,即产业结构变迁所体现的市场化的力量逐步让位于技术进步的力量。此外,研究也发现,结构变迁效应的减弱并不表明市场化改革的收益将会消失，某些发展和体制的因素仍然阻碍着资源配置效率进一步提高。从这个层面来看，中国完善市场机制的工作仍然任重而道远。

林毅夫、刘培林（2003）引入"同一时刻各经济体面对的技术前沿各不相同"的假定，改进了现有的数据包络分析方法，并用该方法将1978~2000年中国29个省（自治区、直辖市）的劳均GDP增长分解为技术效率变化、技术进步和劳均资本积累三个因素的贡献。之后，在Barro回归的基础上，通过控制发展战略的特征，检验了林毅夫（2002）归纳的发展战略对资本积累和技术进步的影响的两个假说。检验结果表明，中国地区增长的经验事实和假说相容。

6.2 关于制度创新对中国经济增长贡献率的研究

从1978年到2007年，中国的经济增长率达到了9.5%以上，改革开放取得了巨大成功，其中制度创新起到了很大的作用。对此，一些学者做了深入研究。刘伟（2006）认为，中国1978年以来的经济体制改革和制度创新取得了巨大成就。第一，经过多年的改革，市场机制已替代计划机制成为中国资源配置的基本机制，价格信号已替代数量信号成为引导资源配置的主要信号。第二，中国的市场化转轨进程在所有的经济体制转轨国家中应属速度较快的，尤其是与俄罗斯经济转型相比较，一般认为中国市场化指数或经济自由化指数高于俄罗斯。在国际贸易实践上，承认中国市场经济地位的国家已有50个左右（刘伟，张辉，2008）。第三，中国的经济体制改革空前地促进了中国的经济发展，无论是经济增长指标、经济结构指标的变化，经济发展程度，社会发展水平，还是绝对指标的进展，相对指标的提升，改革开放以来均取得了显著的变化。

林毅夫、蔡昉、李周（1993）分析了中国渐进改革方式的三个特征。一是增量改革。中国的经济改革不是按照一个理想模式和预定的时间表进行的，新的、有效的资源配置方式和激励机制也不可能在所有经济领域立即发挥作用，而是在那些率先进行改革的部门和那些改革后发展起来的部门先行发挥作用。二是试验推广。中国的经济改革大多不是在全国范围内同时展开的，而是每项改革措施都从较小范围内的试验开始，在取得成果并进行总结的基础上加以局部推广，由点及面，不断总结和观察，进而扩大其实行范围，这种方式也意味着中国改革的局部性特征。三是非激进改革。实行非激进式的渐进改革，首先能够充分利用已有的组织资源，保持制度创新过程中制度的相对稳定和有效衔接。

樊纲、王小鲁、张立文、朱恒鹏（2003）在"中国各地区市场化相对进程报告"中通过五个方面共 25 个指标和分指标构成一个"市场化进程"指标体系。他们指出，经历了 20 余年的市场化改革，中国经济已经基本上从计划经济的轨道转上了市场经济轨道。

李京文（1992）的研究发现，在改革开放前的 26 年里，生产率增长的贡献是负值，改革开放后的 12 年中，生产率增长对经济增长的贡献，已由负值上升为 30.3%，生产率增长已成为经济增长的首要因素。改革开放前后的鲜明对比，一定程度上证明了改革开放政策有力地促进了中国生产领域的技术进步，说明改革开放促进了经济的增长，加快了科技进步，改善了资源的合理利用，提高了经济增长的质量。邹至庄和刘满强（1995）通过研究中国 1952~1980 年的经济数据，估计了总量经济和 5 个部门（农业、工业、建筑业、运输业和商业）的生产函数，测定 1978 年以后的经济改革等重大制度变革对经济增长的影响，印证了制度变革对经济增长的影响。他在另一篇文章中指出，1978 年中国开始经济改革以来，GDP 以每年 9.5%的平均水平显著增长，这种现象只能用中国政府采取了新的体制和政策来解释（邹至庄，2000）。

张军（2006）认为，政府转型、政治治理与经济增长有着密切的关联。就前者而言，由于中国政府加速了党和干部队伍的人力资本的更新速度，遂使中国较好地实现了政府，尤其是地方政府的转型；就后者而言，在保持政治体制不变的前提下，通过采用一种灵活可塑的政治治理模式，遂使市场制度、法律体系等制度不完善的局面获得了一定弥补。而这两者都不同程度地推动了中国经济的增长。

马利军（2010）认为制度因素对经济增长的长期影响在不同的发展阶段是不一样的。结合中华人民共和国成立以来的发展历程，首先运用灰色系统的关联度分析，测算出在不同时段影响经济增长的主要制度变量。通过 GDP 平减指数换算为 1990 年不变价，系统因素序列即下列五类因素：产权指标（CQ）、对外开放度指标（DWKF）、国家有效性指标（YXGJ）、工业化指标（GYH）、二元经济转型指标（EYDB）。宏观经济数据选取 1952~2008 年的数据进行测算。在此基础上采用主成分分析，分时段合成新的制度代理变量。最后通过计量回归方法，重新测算出改革开放以来制度对中国经济增长的贡献率，通过对 1978~2008 年数据的回归分析，可以看出改革开放以来制度在经济增长中起着重要作用。回归模型中制度因素的拟合系数为 0.544，说明制度因素对经济增长的弹性很大，仅次于资本因素。相反，技术进步和劳动力对经济增长的贡献远不如制度，这与中国实际的经济增长相一致，也反映出了中国现在应该转变经济增长方式，改外延式经济增长为内涵式经济增长，并且最终得出产权、对外开放、二元经济转型是影响中国经济长期增长的重要因素的结论。

从本书的测算结果看，1994年以后中国生产要素资源的配置效率一直保持在相对较高的水平，这说明，要进一步提高中国生产要素资源的配置效率，就必须深化改革。那么，对于如何深化改革，刘伟等（2006）认为：改革的核心或改革成败的关键由企业改革尤其是国有企业改革，转变为政府改革尤其是中央政府职能的转变；改革的基本内容从以构建社会主义市场经济体系为主转变为以完善市场经济秩序为主；改革的历史进程的重点由产品市场化转变为要素市场化；对改革绩效的价值判断标准开始由较为单一明确的标准向更为全面系统的综合标准转变。改革伊始，所需要解决的社会发展矛盾相对明确，生产力发展的要求也相对清晰。因此，发展，特别是经济发展以及相应带来的生产力的解放和人们生活水平的改善成为最为直接、也最具说服力的评价改革的基本标准。但经过多年的改革发展，社会经济历经贫困、温饱，并进入了小康，此时社会发展的矛盾更为复杂，发展不均衡带来的社会问题更为尖锐，公平与效率的相互关系应当如何认识和处理更具不确定性，社会不同利益群体对于社会变革的要求的分歧更为深刻。因而，社会对于改革的评价标准日益综合化，对深化改革的目标的要求日益多元化。如何在这种评价标准综合化、目标要求多元化的历史变化中深化改革，是我们面临的新的历史性命题。

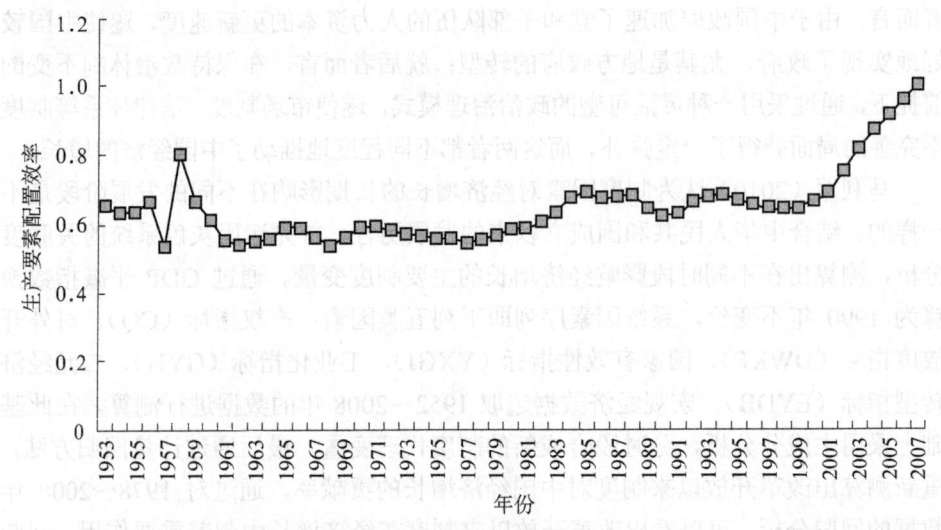

图6-1 1953～2007年中国生产要素资源配置效率（基于DEA的分析结果）

图6-1是根据DEA模型测算出的1953～2007年中国生产要素资源配置效率的变化趋势。改革开放以来，中国经济创造了持续近30年高速增长的奇迹，而制度创新对中国改革开放后的经济增长起到了积极的促进作用。中国经济制度变革基本沿着四个方面展开：一是经济主体产权的变革，中国的所有制多元化改革

通过发展民营经济、集体经济，壮大非公有制经济，对国有企业"抓大放小"，使非国有成分扩大，乡镇企业、民营企业发展迅速，多元化产权制度成为一种有效率的制度安排，成为中国经济增长活力的源泉；二是资源配置方式的变革，通过中国的市场化改革，使资源要素配置机制发生转变，从计划经济到市场经济渐进的制度创新不断发挥积极效应，市场配置作用增大；三是全面调整发展战略，通过全面改革外贸体制以及其他相应的制度措施，用外向型发展模式代替内向型发展模式；四是分配制度的变革（叶飞文，2005）。

6.3　1953～1976年经济增长模型及其因素分析

6.3.1　经济增长模型

首先，建立劳动报酬函数模型。以劳动力 L（就业人数、劳动小时）乘以人力资本 H（人均受教育年限乘以劳动力人数）的对数 $\log HL$、固定资产投资 D 乘以科技投入 S 再除以劳动力 L 后的对数 $\log SD/L$ 为自变量，以劳动报酬 V 的对数 $\log V$ 为因变量，对中国1953～1976年的数据进行多元回归分析，得到表6-1。

表6-1　1953～1976年劳动报酬模型及检验

被解释变量：$\log V$

解释变量	系数	标准误	t统计量	概率
C	2.730 231	0.169 864	16.073 07	0.000 0
$\log HL$	0.757 707	0.133 338	5.682 596	0.000 0
$\log SD/L$	−0.233 484	0.120 964	−1.930 186	0.070 4
AR（1）	0.767 804	0.225 318	3.407 653	0.003 4
AR（2）	−0.431 496	0.209 817	−2.056 530	0.055 4
样本决定系数	0.915 817	因变量的均值		2.893 723
调整后的样本决定系数	0.896 009	因变量的标准差		0.139 747
回归标准差	0.045 065	赤池信息量（AIC）		−3.164 699
残差平方和	0.034 525	施瓦茨信息量（SC）		−2.916 735
对数似然比	39.811 69	f检验统计量		46.234 97
DW统计量	1.844 689	模型显著性的概率值		0.000 000

其次，建立 $Y-V$ 函数模型。以产出 Y 减去劳动报酬 V 为因变量，以固定资本存量 K、创新能力 SD/K，科技投入 S 为自变量，对中国 1953~1976 年的数据进行多元回归分析，得到表 6-2。

表 6-2   1953~1976 年 $Y-V$ 模型及检验

被解释变量：$Y-V$

解释变量	系数	标准误	t 统计量	概率
C	152.195 7	42.642 49	3.569 109	0.002 8
K	0.326 132 4	10.355 25	3.149 440	0.006 6
SD/K	0.866 791	0.162 929	5.320 061	0.000 1
S	−13.500 80	3.511 089	−3.845 188	0.001 6
样本决定系数	0.983 734	因变量的均值		723.826 9
调整后的样本决定系数	0.980 480	因变量的标准差		338.594 4
回归标准差	47.306 01	赤池信息量（AIC）		10.735 82
残差平方和	33 567.87	施瓦茨信息量（SC）		10.934 64
对数似然比	−97.990 25	f 检验统计量		302.381 8
DW 统计量	1.378 476	模型显著性的概率值		0.000 000

根据表 6-1 和表 6-2 得到中国 1953~1976 年经济增长核算模型：

$$Y = 537.316\,3(HL)^{0.757\,707}(SD/L)^{-0.233\,484} + 0.326\,132\,4K \\ + 0.866\,791SD/K - 13.5S + 152.2 \tag{6-1}$$

6.3.2 经济增长因素分析

本书得到的中国经济增长核算结果是，在 1953~1976 年，人力资本和劳动力增长对经济增长的贡献率达到了 42% 和 23%，由于 1976 年以前物质资本相对缺乏，主要依靠劳动者和人力资本发展经济，这是可以理解的。中国成功地快速提高人口素质，使人力资本成为经济增长的第一推动力。期间，固定资本存量增长的贡献率为 28%，固定资产投资增长的贡献率为 20%，而科技进步贡献率为 −8%，制度创新贡献率为 −17%，经济环境外部性影响率为 12%。

6.4 1977～2012年经济增长模型与核算

数据来源方面，固定资产投资、就业者人数、科技投入等使用历年《中国统计年鉴》中的数据，而固定资本存量和人均受教育年限数据则引用了汤向俊在《资本深化、人力资本积累与中国经济持续增长》一文中的数据。

6.4.1 经济增长模型的构建

本书首先建立中国1977～2012年的劳动报酬对数模型，即$\log V$模型，其检验结果见表6-3；然后建立M模型（在数值上$M=Y-V$），其检验结果见表6-4。这样，本书建立的中国1977～2012年经济增长因素分析的实证模型为

$$Y = 0.001243(HL)^{0.803}(SD/L)^{0.228} + 0.19K + 1334HSD/K^2 - 16.95 \quad (6-2)$$

在模型（6-2）中，根据格兰杰检验，S（科技投入）采用超前两年的数据值，例如与2003年国内生产总值Y相对应的是2001年的科技投入，即假定科技从投入到对经济增长起作用平均需要两年左右的时间；固定资本存量K采用的是年初的数据值，例如，2000年的"固定资本存量"采用的是2000年初的数据值。

从表6-3和表6-4可以看出，在两个回归模型中，所有自变量从总体上与因变量之间高度线性相关；修正后的样本决定系数（R^2）很高，说明自变量的解释能力很强，样本回归方程对样本拟和得很好；回归方程通过f检验，说明线性回归效果显著。同样地，自变量和常数项都通过了t检验。

表6-3　1977～2012年中国劳动报酬对数模型及检验

被解释变量：$\log V$				
模型估计方法：最小二乘法				
样本范围（调整后）：1981～2012				
观察值的个数：32（调整端点后）				
9次迭代后实现收敛				
解释变量	系数	标准误	t统计量	概率
C	-2.90546	0.447708	-6.48963	0
$\log HL$	0.803157	0.068434	11.73617	0
$\log SD/L$	0.22755	0.017545	12.96943	0
AR（3）	-0.36579	0.231261	-1.58173	0.1254
AR（4）	0.890066	0.235719	3.775962	0.0008

续表

解释变量	系数	标准误	t统计量	概率
样本决定系数	0.996 792	因变量的均值		2.228 862
调整后的样本决定系数	0.996 317	因变量的标准差		0.373 678
回归标准差	0.022 678	赤池信息量（AIC）		-4.592 27
残差平方和	0.013 885	施瓦茨信息量（SC）		-4.363 25
对数似然比	78.476 35	f检验统计量		2 097.511
DW 统计量	1.106 366	模型显著性的概率值		0
特征根	0.55-0.16i	0.55+0.16i	-1.11	

表 6-4　1977～2012 年 M 模型及检验

被解释变量：M				
模型估计方法：最小二乘法				
样本范围（调整后）：1980～2012				
观察值的个数：31（调整端点后）				
9 次迭代后实现收敛				
解释变量	系数	标准误	t统计量	概率
C	-17.652 9	9.532 836	-1.851 8	0.075 4
K	0.215 1	0.020 692	10.395 57	0
hSD/K	2.705 687	1.557 23	1.737 5	0.094 1
AR（1）	2.969 233	0.425 137	6.984 178	0
AR（3）	-2.975 48	0.417 27	-7.130 84	0
样本决定系数	0.993 165	因变量的均值		243.797
调整后的样本决定系数	0.992 113	因变量的标准差		207.619 2
回归标准差	18.438 06	赤池信息量（AIC）		8.813 401
残差平方和	8 839.013	施瓦茨信息量（SC）		9.044 689
对数似然比	-131.608	f检验统计量		944.467 8
DW 统计量	1.631 148	模型显著性的概率值		0
特征根	0.97+0.42i	0.97-0.42i	-0.97+1.31i	-0.97+1.31i

6.4.2　经济增长因素分析

本书得到的 1977～2012 年中国经济增长核算结果见表 6-5。中国改革开放 30 多年来，资本形成速度的加快使过剩的劳动力转变为现实生产力，有力地促进了经济增长。在 1977～2000 年，固定资本存量增长的贡献率达到 39%，固定资产投资增长的贡献率为 14%，人力资本的贡献率为 17%，劳动力增长对经济增长的贡献率达到了 5%，科技进步的贡献率为 9%，制度创新的贡献率为 31%，经济环境外部性的影响率为-15%；而在 2001～2012 年，固定资本存量增长的贡献率为 57%，固定资产投资增长的贡献率为 21%，人力资本增长的贡献率为 7%，劳动力增长的贡献率为1%，科技进步贡献率达到了29%，制度创新贡献率为5%，经济环境外部性影响率为−20%。

表6-5 本书得到的中国经济增长核算结果及对2020年的预测（%）

时期（年）	固定资本存量增长的贡献率	固定资产投资增长的贡献率	科技进步贡献率	人力资本增长贡献率	劳动力增长贡献率	制度创新贡献率	经济环境外部性影响率
1953~1976	28	20	−8	42	23	−17	12
1977~2000	39	14	9	17	5	31	−15
2001~2012	57	21	29	7	1	5	−20
2013~2020	32	20	27	20	2	5	−6

6.4.3 对测算结果的讨论

从表6-5可以看出，各因素对中国经济增长的决定作用有很大不同：

（1）制度创新对经济增长起到了强有力的推动作用。改革开放以来，中国经济创造了持续30多年高速增长的奇迹。制度创新对中国经济增长的贡献率平均为8%，这正印证了制度创新对中国改革开放后的经济增长起到了积极的促进作用。

（2）固定资产投资及资本存量的增长是经济增长的决定性因素。资本形成对任何经济体来说都是保证经济活力的重要因素，中国近30多年的高速发展更是与快速资本形成有关，主要体现在1977~2000年固定资产投资增长和资本存量增长的贡献率之和达到了53%，2001~2012年固定资产投资增长和资本存量增长的贡献率之和达到78%。

（3）科技进步起到了越来越重要的作用。2001~2012年，科技进步对经济增长的贡献率达到了29%。科技进步主要来自于改革开放过程中的国际技术转移和"干中学"。在通过技术购买、引进先进设备等直接引进国外先进技术的同时，外商直接投资等渠道也间接地引进了国外先进技术，并与自主创新相结合。

（4）人力资本、劳动力增长对经济增长起到了非常重要的作用。农村人口向城市的大规模转移，使过剩的劳动力转变为现实生产力，有力地促进了经济增长。中国劳动力资源开发的"制度变革+城市化+新兴产业导向"模式及其比较优势，在成功地将人口负担转化为人口红利的同时，也有力地推动了经济增长。1977~2000年，人力资本和劳动力增长对经济增长的贡献率之和为22%；而2001~2012年，人力资本和劳动力增长对经济增长的贡献率之和则下降为8%。

（5）经济环境外部性总体上有利于经济增长。经济环境外部性影响率代表内外经济环境对增长的影响程度,"影响率"为负值,说明经济环境是促进经济增长的。1977~2000年,经济环境外部性影响率为-15%;2001~2012年,经济环境外部性影响率为-20%,30多年来,经济环境外部性总体上是非常有利于经济增长的。

6.4.4 对1978年以来中国制度创新对经济增长贡献率的评价和解释

邹至庄认为1978年改革时机成熟的原因有如下几点:第一,经历了多年的计划经济之后,政府官员了解了计划体制的缺陷及其改革的必要性;第二,亚洲其他地区经济的成功发展——包括被称为"四小龙"的中国台湾、中国香港、新加坡和韩国——向中国政府和中国人民表明了引入市场经济机制的必要性;第三,基于上述原因,中国人民已经为经济改革做好了准备并表示支持(何恒远,2006)。

关于中国经济体制改革的方向,吴敬琏、李剑阁(1988)撰文指出,任何一个国家的现代化都不可能在与世界隔绝的状态下实现,而必须实行对外开放。只有这样,才能发挥比较优势,享受后发性利益,实现有效益的增长。而要做到这一点,就必须在经济运行机制方面与外部世界耦合。具体说来,就是通过改革建立起与外部世界大致相同的价格形成机制和比价关系,以及合乎国际通行规范的经济法规和财政税收制度等。

改革开放以来,中国经济创造了持续30多年高速增长的奇迹。从1978年到2012年,中国GDP按当年价计算由3645亿元增加到472882亿元,增长了130倍;按可比价格计算,年均增长率达到9.75%,为世界同期人口超过5000万的国家中的最高增长率。对比改革开放前,中国年均增长率仅为6%,这正印证了制度创新对中国改革开放后的经济增长起到了积极的促进作用。家庭联产承包责任制直接导致了中国农业经济超常规发展;广东、福建等沿海开放省份由于经济体制转轨,率先实行了超过内地速度的产权制度和市场制度的变革,因而经济发展速度远远地超过了内地省份,这又从另一个侧面说明了制度创新的作用(陈华,2005)。

综上所述,中国的改革开放作为渐进式的重大制度创新,有力地促进了经济增长,同时对中国的实证研究结果也证明了利用DEA测算效率,从而测算出制度创新贡献率的科学性。

6.5 中国经济创新驱动与增长方式转型的分析设计

6.5.1 经济增长中存在的主要问题

目前,中国经济增长中存在着一些迫切需要解决的问题:

(1)典型的投资拉动型的粗放型增长。通过对 2001~2012 年各个因素对经济增长的贡献率分析,可以看出固定资产投资及资本存量的贡献率已经高于 70%,而人力资本的贡献率却在相对变小,这是典型的投资拉动型的粗放型增长模式。

(2)经济运行的效率近年以来不再提高。这说明需要通过新一阶段的制度创新来刺激中国经济的转型发展。

(3)人力资本与固定资产投资、自主创新结合的程度不够。通过上述测算,我们看到,一方面,从各年的平均看,创新(广义的创新,包括科技进步、人力资本增长和制度创新)在经济增长中起到重要作用,2001~2012 年平均达到 41%;另一方面,人力资本对中国经济增长的作用呈现递减的趋势,从 1977~2000 年的平均 22%递减为 2001~2012 年的平均 8%。

同时,由于分配体制、人才成长和晋升的激励机制等原因,使人力资本的作用没有充分发挥出来。例如,近些年来,由于房地产等的拉动,物质资本投资的边际收益的增长大大快于人力资本的边际收益的增长,降低了人力资本的配置效率,影响了人力资本作用的充分发挥。

提高人力资本与固定资产投资、自主创新相结合是中国经济增长的重要途径,这是一种依靠低成本高素质劳动力、以先进科技为支撑、投资和创新双驱动的增长方式。因此,加强人力资本、固定资产投资、自主创新的结合是中国转变经济发展方式的主题,而国家创新体系建设及其国际化发展则是促进这种结合的重要途径。

要高度重视提高人力资本与投资、自主创新与投资相结合,充分发挥这种结合在经济社会转型中的作用。目前中国经济社会转型涉及的国内外影响因素众多,且复杂多变(崔岫和姜照华,2011),很可能出现多重拐点共现和交织作用的局面。现在,城乡收入差距拐点(刘易斯拐点:民工荒,劳动力短缺,用工成本上升)、区域经济拐点(先进区域的经济增长率相对下降)、污染物排放拐点(库茨涅茨拐点:污染物排放开始下降)已经开始出现,而储蓄率拐点(储蓄率开始下降)、产业结构拐点(第二产业比例开始下降)、经济增长速度拐点(经济增长率开始下降)也已开始出现,随后而来的将是人口数量拐点(中国人口高峰期已为期不远)。在这样的情况下,提高人力资本与投资、自主创新与投资相结合的重要性将日益上升。

鉴于上述分析,本书对于提高人力资本对中国经济增长的贡献率问题的建议是,在就业人数增长率不可避免地下降的条件下,要提高就业者人均受教育年限的增长率,以弥补就业人数增长率的下降。同时,需要像过去几年的金融体制改革一样,下大力度改革人才体制、教育体制、就业体制以及科技体制。这可能需要采取一些行之有效的"计划调控手段",例如政府出资购买一些人力资本密度高的岗位,以供一部分大学生就业;对接收大学生就业的企业适当减免一些税收等,以及给就业大学生提供公租房,加大政府创业基金力度、促进产学研合作等。

(4)以高能耗和破坏环境质量为代价的增长方式。中国过去的经济增长是以高能耗及破坏环境质量为代价的,这给我们提出警示,要着力转向资源节约型、环境友好型、人口均衡型的集约型发展方式(A. Omri, 2013)。

6.5.2 2015～2020年中国经济持续增长与转型的优化设计方法

中国经济持续增长与转型,就是要从当前主要以资本驱动、能耗强度高、污染严重的经济增长方式转变为投资-消费均衡的、创新-投资双驱动的、能耗强度低、污染程度低、低碳的经济增长方式(姜照华等,2012)。设计这种新的增长方式,在经济学上,首先利用一般均衡分析的方法构建如下的优化函数(沈坤荣和周密,2013):

$$\max \int_0^{+\infty} \frac{C^{1-\theta}}{1-\theta} e^{-\rho t} dt \tag{6-3}$$

在式(6-3)中,ρ代表贴现率,它是中央银行贷款给商业银行或其他金融机构时所收取的利率;θ代表风险厌恶系数,它是不变跨期替代弹性(cross-elasticity of substitution)的倒数;C代表消费,这里各时序变量省略了时间符号。投资、消费等之间的关系是:

$$Y = C + D + C_1 \tag{6-4}$$

其中,C代表消费,D代表固定资产投资,C_1代表进出口。而固定资产投资D与固定资本存量K的关系是:

$$\dot{K} = D - \delta K \tag{6-5}$$

也就是 $D = \dot{K} + \delta K$,则得到如下的约束条件:
$$\dot{K} = a(HL)^\alpha (SD/L)^\beta + bK + cHSD/K^2 + u - C - \delta K - C_1 \quad (6-6)$$

现在,根据式(6-3)、式(6-5)和式(6-6)构造哈密顿函数:
$$H_m = \frac{C^{1-\theta}}{1-\theta} + \lambda_1 (a(HL)^\alpha (SD/L)^\beta + bK + cHSD/K^2 + u - C - \delta K + C_1) \quad (6-7)$$

对于控制变量 C,
$$\frac{\partial H_m}{\partial C} = 0 \quad (6-8)$$

求得:
$$\lambda_1 = C^{-\theta} \quad (6-9)$$

而由欧拉定理:
$$\dot{\lambda}_1 = \rho \lambda_1 - \frac{\partial H_m}{\partial K} \quad (6-10)$$

可以得出:
$$-\theta C^{-\theta} \frac{dC}{C} = \rho C^{-\theta} - C^{-\theta}(b - \delta - \rho - 2cHSD/K^3) \quad (6-11)$$

即
$$\theta \frac{dC}{C} = b - \delta - \rho - 2cHSD/K^3 \quad (6-12)$$

即
$$\frac{dC}{C} = \frac{b - \delta - \rho - 2cHSD/K^3}{\theta} \quad (6-13)$$

如果
$$2cHSD/K^3 = \gamma = 常数 \quad (6-14)$$

那么
$$\frac{dS}{S} + \frac{dD}{D} + \frac{dH}{H} = 3\frac{dK}{K} \quad (6-15)$$

在满足上述条件下,$\frac{dC}{C}$ 是一个稳态的常数,如果 $\frac{dD}{D}$ 是常数,那么 $\frac{dY}{Y}$ 也将是常数,在经济结构比较合理的一般均衡的情况下,其中一种比较理想的选择就是
$$\frac{dY}{Y} = \frac{dC}{C} = \frac{dD}{D} = \frac{dS}{S} = \frac{dK}{K} = \frac{b - \delta - \rho - \gamma}{\theta} \quad (6-16)$$

即产出增长率、消费增长率和投资增长率、科技投入增长率、固定资本增长率都相等。

而在经济结构调整的情况下,一种优化选择为
$$\frac{dS}{S} > \frac{dC}{C} > \frac{dY}{Y} > \frac{dD}{D} \quad (6-17)$$

而
$$\frac{dK}{K} > \frac{dD}{D} \quad (6-18)$$

6.5.3 对2020年中国的优化设计

6.5.3.1 消费增长率的预测

采用如下模型预测 2020 年的中国经济增长情况：

$$Y = 0.00135(HL)^{0.803}(SD/L)^{0.228} + 0.176K + 15HSD/K^2 - 10.4 \quad (6\text{-}19)$$

模型（6-19）即模型（6-2）。据模型（6-19），$b=0.176$，测算出 2013～2020 年 $15HSD/K^3$ 的平均值为 0.04；确定折旧率 $\delta = 0.09$；对于 ρ、θ，根据陈杨林、软署芬（2009）的估计，确定为 $\rho = 0.03, \theta = 0.2$。这样，确定出有关消费增长率优化的各参数的值：

$$b = 0.176, \delta = 0.09, \rho = 0.03, \theta = 0.2, 15HSD/K^3 = 0.04$$

则

$$\frac{dC}{C} = \frac{0.176 - 0.09 - 0.03 - 0.04}{0.2} = 8\% \quad (6\text{-}20)$$

考虑

$$\frac{dS}{S} = 10\% = \frac{dC}{C} = 10\% > \frac{dY}{Y} = 7.5\% > \frac{dD}{D} = 7.4\% \quad (6\text{-}21)$$

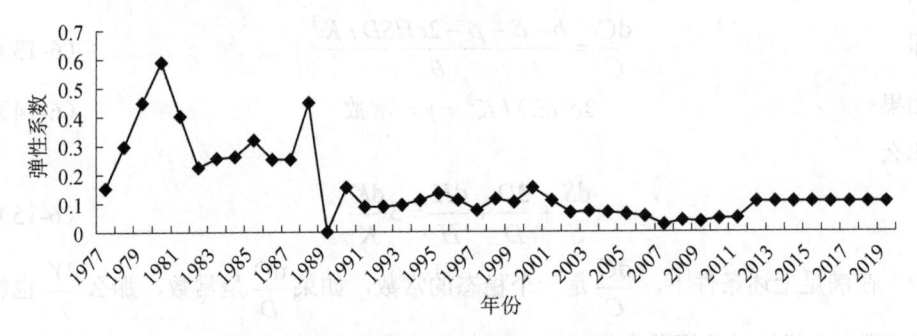

图 6-2 劳动力对 GDP 的弹性系数的变化趋势

劳动力对 GDP 的弹性系数变化，1978～1981 年呈迅速上升趋势，随后几年又迅速下降，并稳定在 0.2 左右，1991～2012 年长期徘徊在 0.1 左右（图 6-2）。

从 1978～2012 年劳动力弹性系数的变化趋势可以看出，该系数近年来稳定在 0.1 左右，因此本书假定 2013 年之后该系数为 0.1，那么劳动力的增长率为 0.8%。预测的人力资本的增长率为 2.6%，则得出：

$$\frac{dH}{H} = 2.6\% > \frac{dL}{L} = 0.8\% \quad (6\text{-}22)$$

在我们对中国到 2020 年的经济增长的设计中，有以下几个基本假设条件：

一是研究开发投入的年增长率在 2013~2020 年的平均水平为 10%；二是人均受教育年限的增长速度为 1.8%；三是投资增长率为 7.7%。

在以上条件下，本书的模拟结果是：2013~2020 年，中国经济增长率 6%~7%。其中，固定资本存量和固定资产投资的贡献率分别为 32%和 20%；科技进步和人力资本的贡献率分别达到 27%和 20%；劳动力的贡献率为 2%；制度创新的贡献率为 5%；经济环境外部性的影响率为-6%。

6.5.3.2 研究开发投入与 GDP 的比例预测

在全球化的竞争浪潮中，越来越多的实例证实，科技将成为未来国际竞争中取胜的关键推动因素。相关统计数据表明，发达国家的研究与开发经费占 GDP 的比重，目前平均在 2.5%以上。2012 年中国研究与开发（R&D）经费支出 10 240 亿元，比上年增长 17.9%，占国内生产总值的 1.97%。而今后中国的研究与开发经费占 GDP 的比重呈逐年稳步上升趋势（图 6-3），预计到 2020 年将达到 2.5%左右。

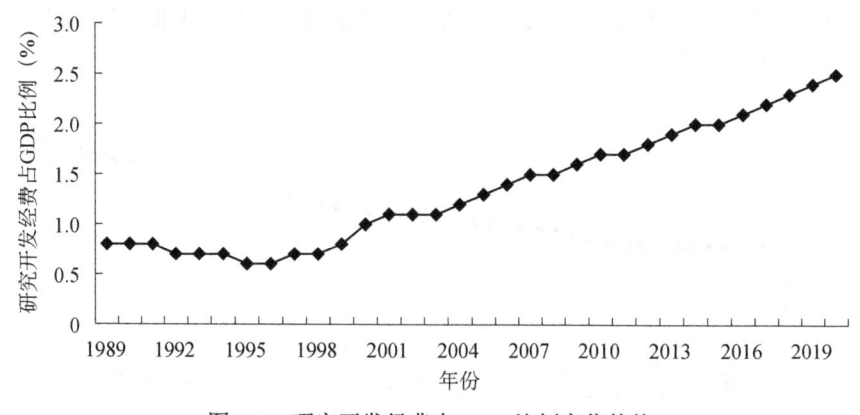

图 6-3 研究开发经费占 GDP 比例变化趋势

6.5.3.3 固定资产投资率的演变趋势

中国固定资产投资率在 1977~2001 年提高得很快，1993 年达到了 43%的高水平，之后经历了一个先降后升的过程，2010 年更是达到了 65%以上。而随着创新型国家建设的不断深入，可以预计固定资产投资率在 2013~2020 年期间将呈现下降的趋势（图 6-4）。

图 6-4　1977～2020 年中国固定资产投资率演化趋势

6.5.3.4　人均受教育年限演变趋势

中国人均受教育年限和劳动生产率一直保持着稳步增长的态势。这说明中国近些年优先发展教育、建设人力资源强国的举措起到了明显的作用，只要保持 1.8% 的增长速度，到 2020 年中国就业者人均受教育年限将接近 12 年（图 6-5），当前中国具有高等教育学历的人数已位居世界前列，未来几年将加速完成从人口大国向人力资源强国的转变。

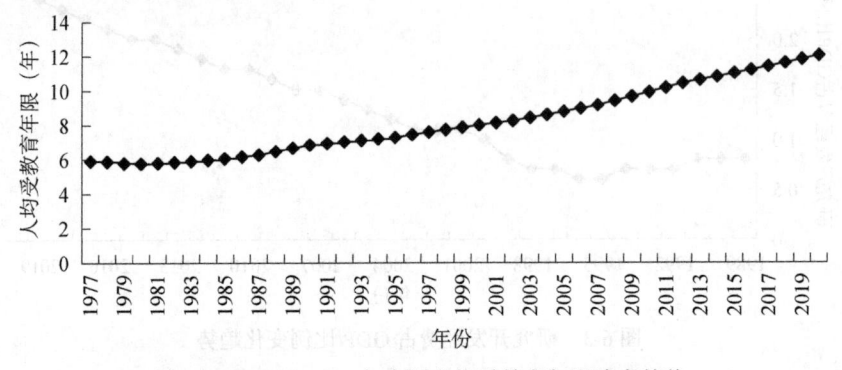

图 6-5　1977～2020 年中国人均受教育年限演变趋势

6.5.3.5　第三产业比例

各国第三产业的增加值和就业人数占国民生产总值和全部劳动力的比重均呈上升趋势，研究表明美国 2020 年第三产业将占 GNP 的 86.9%（景跃军、王晓峰，2006）。同发达国家三次产业的生产结构、就业结构相比，目前中国第三产业在生产、就业结构中的比重均明显偏低，依据中国近年来经济发展的良好态势，从三次产业比重的变化趋势中可以推测出，中国 2020 年第三产业增加值占 GDP

的比重将接近60%，详见图6-6。

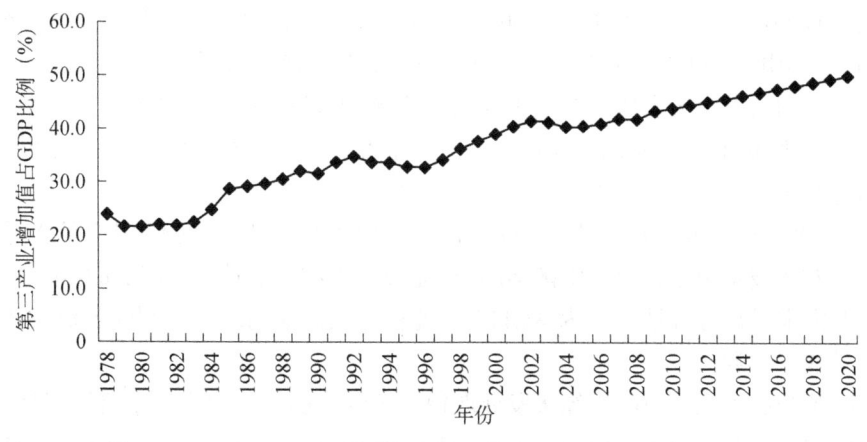

图6-6 1978～2020年中国第三产业增加值占GDP比重变化趋势

6.5.3.6 制度创新

从我们的测算结果看，2007年以后中国生产要素资源的配置效率一直保持在相对的高水平。这说明，要进一步提高中国生产要素资源的配置效率，适应日益多元化条件下的经济转型，就必须全面深化改革，这是我们面临的新的历史性命题。

6.5.4 对能耗和污染物排放量的预测分析

6.5.4.1 2020年中国能源消耗量预测

关于2020年中国能源消耗量的预测，目前主要有如下几项重要研究：

（1）付娟、金菊良（2010）等人通过分析中国历年能源需求量变化规律，构建基于遗传算法的能源需求Logistic中长期预测模型。预测中国2020年能源消费总量为45.63亿～47.83亿吨。

（2）戴彦德、朱跃中、白泉（2010）从解释既定的经济社会发展目标入手，对人口、城市化、工业化、经济增长模式和路径、资源可获得性、技术进步等重大因素进行诠释，设计出不同的能源需求及碳排放情景，根据情景分析和模型计算的结果，得到在节能情景中，2020年能源消费总量将达到48亿吨。

（3）李金锴（2009）用经济计量的研究方法对中国改革开放以来能源消费与

经济增长之间的数量关系做了实证分析，建立了能源消费与国民经济之间的长期协整方程和广义差分回归模型。假定目前能源消费状况和能源利用技术不变，2020年中国能源消费总量将为45.121亿~45.134亿吨标准煤。

（4）国家发改委和国务院发展研究中心预测我国2020年能源需求基准情景为48.2亿吨标准煤，而国家能源局预测的基准方案则只有43.2亿吨标准煤，两者相差5亿吨。

《2009中国可持续发展战略报告——探索中国特色的低碳道路》利用IPAC-ALM/技术模型，得到中国2020年能源需求和排放情景，即2020年中国一次能源需求量在标准情况下为48.172亿吨标准煤。这与本书预测的50.549亿吨标准煤基本一致。

改革开放以来，中国在经济发展取得显著绩效的同时也出现了资源消耗、碳排放增加等问题（Cheng-Zhong Chen、Zhen-Shan Lin，2008）。第一阶段是1978~1995年，期间二氧化碳的排放量呈平稳增长态势，二氧化碳总量从14.83亿吨增加到32.81亿吨，年均增长4.9%。第二阶段是1996~2002年，期间二氧化碳排放量基本稳定，2002年的二氧化碳排放总量为36.5亿吨，年均增长0.9%；第三阶段是2003~2008年，期间二氧化碳排放量快速增长，2008年达到68.97亿吨，年均增长11.3%。中国近几年的二氧化碳排放量不断增加，受到其他国家尤其是发达国家的非议。但是中国作为新型工业化国家，碳排放大幅增加是以经济高速发展为背景的，中国目前已经意识到经济发展与能源消耗之间的关系，并坚持走可持续发展之路，中国在节能提效以及降低二氧化碳排放等方面做出了积极的贡献，2020年碳排放量预计为102.61亿吨（表6-6）。

表6-6 1978~2020年中国二氧化碳排放情况

年份	排放总量（亿吨）
1978	14.83
1980	15.01
1985	19.30
1990	24.78
1995	32.81
2000	33.84
2001	34.58
2002	36.50
2003	42.87
2004	49.59
2005	54.66
2006	59.96

续表

年份	排放总量（亿吨）
2007	64.66
2008	68.97
2020	102.61

注：2020年为预测值。

6.5.4.2 中国污染物排放实证模型与预测

根据中国1990~2010年的主要污染物排放量（R）、环保投入占GDP的比例（P）、第三产业增加值占GDP的比例（d）、研究开发经费占GDP的比例（s）、能源消费（E）等数据建立如下污染物排放量模型：

$$R = 355E/s + 189\,836P/d - 1\,340.7 \quad (6\text{-}23)$$

回归模型中，所有自变量从总体上与因变量之间高度线性相关；自变量的解释能力较强，样本回归方程对样本拟和得很好；回归方程通过 f 检验，说明线性回归效果显著。同样地，自变量和常数项都通过了 t 检验，详见表6-7。

表6-7　1990~2010年污染物排放量模型及检验

解释变量	系数	标准误	t统计量	概率
c_3	-1 340.72	1 829.649	-0.732 78	0.473 1
E/s	354.943 9	82.662 16	4.293 91	0.000 4
P/d	189 836.4	38 427.7	4.940 092	0.000 1
样本决定系数	0.694 437	因变量的均值		9 988.924
调整后的样本决定系数	0.660 486	因变量的标准差		1 724.904
回归标准差	1 005.065	赤池信息量（AIC）		16.795 06
残差平方和	18 182 799	施瓦茨信息量（SC）		16.944 27
对数似然比	-173.348	f检验统计量		20.453 83
DW统计量	0.982 12	模型显著性的概率值		0.000 023

关于中国污染治理投入占GDP的比例的预测，2020年的结果超过1.5%（图6-7）。这与《2008~2020年中国环境污染趋势预测》的分析基本一致，由此可见，要实现既定目标，减少污染物排放，总的污染治理费用必须进一步增加。

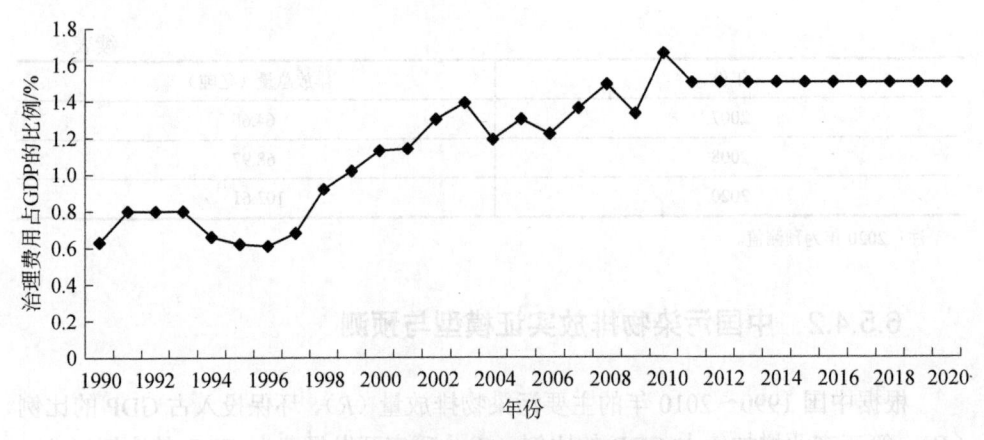

图 6-7 污染治理费用占 GDP 的比例

表 6-8 1990～2020 年污染物排放量及预测

年份	主要污染物排放量（万吨）	污染治理费占GDP的比例（%）	第三产业增加值占GDP的比例（%）	能源消费（亿吨标准煤）	研究开发经费占GDP的比例（%）
1990	7 111	0.63	31.54	9.87	0.8
1991	7 384	0.8	33.69	10.38	0.8
1992	7 715	0.8	34.76	10.92	0.7
1993	7 849	0.8	33.72	11.60	0.7
1994	8 242	0.66	33.57	12.27	0.7
1995	9 526	0.62	32.86	13.12	0.6
1996	10 175	0.61	32.77	13.52	0.6
1997	10 557	0.68	34.17	13.59	0.7
1998	9 740	0.92	36.23	13.62	0.7
1999	9 087	1.02	37.77	14.06	0.8
2000	9 538	1.13	39.02	14.55	1.0
2001	9 567	1.14	40.46	15.04	1.1
2002	9 635	1.3	41.47	15.94	1.1
2003	10 315	1.39	41.23	18.38	1.1
2004	11 265	1.19	40.38	21.35	1.2
2005	12 536	1.3	40.51	23.60	1.3
2006	13 150	1.22	40.94	25.87	1.4
2007	12 345	1.36	41.89	28.05	1.5
2008	11 845	1.49	41.82	29.14	1.5
2009	11 234	1.33	43.43	30.66	1.6
2010	10 951	1.66	43.24	32.49	1.7
2011	11 966	1.5	43.88	33.96	1.8
2012	11 903	1.5	44.54	35.48	1.8
2020	11 453	1.5	60.18	50.46	2.5

根据模型（6-23）推导出的污染治理投入经费、科技投入强度（研究开发经费占 GDP 比例）、第三产业占国内生产总值比重之间的关系，对 2011~2020 年污染物排放量各指标进行预测分析，结果见表 6-8 和图 6-8。

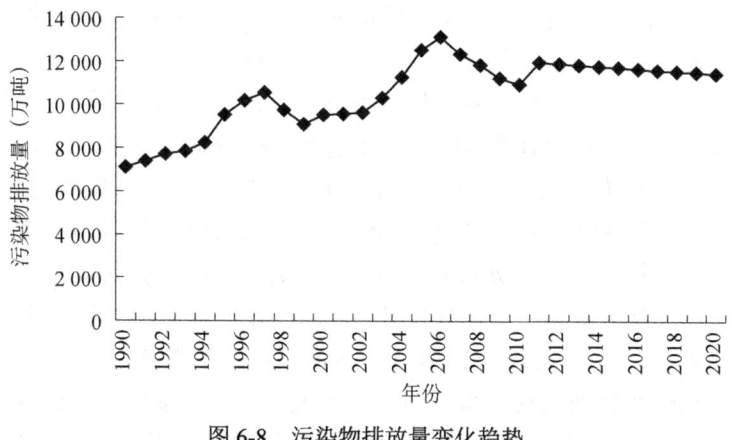

图 6-8　污染物排放量变化趋势

6.5.4.3　中国环境库兹涅兹曲线

根据上述预测的能源消耗、污染物治理投入，得到污染物排放量的变化趋势，如图 6-8 所示，污染物排放量在 2006 年达到最大排放量 1.315 亿吨，此后开始呈下降趋势，到 2020 年将下降为 1.15 亿吨以下。中国的污染物排放量表现出典型的库兹涅兹曲线趋势，曲线显示随着经济的发展，环境呈先恶化后逐步改善的趋势。库兹涅兹曲线对于身处发展时期，尤其是处于转型时期的社会经济体来说具有重要意义。在经济发展初期，资源环境对于经济发展所需的承载力较大，政府对污染的治理投入较低，因而污染物排放量呈上升趋势，随着经济进一步发展，防治污染的意识得到加强，从而环境会得到一定的改善。库兹涅兹曲线对当今中国有非常大的参考价值。

6.6　结　　论

本章所建立的模型不仅通过了计量经济学检验，而且与中国经济增长事实相符。例如，本章测算出 1953~1976 年固定资本的边际收益率为 33%，1977~2012 年为 21.5%，是符合实际的。

（1）中国经济的转型。1953~1976 年，中国经济属于依靠劳动者——积累物质资本型的增长方式。人力资本和劳动力增长对经济增长的贡献率达到了 42%和 23%，这两项合计为 65%，人的因素的增长成为第一推动力。固定资本存量增长的贡献率为 28%，固定资产投资增长的贡献率为 20%，而科技进步的贡献率和制度创新的贡献率都为负值（刘建华和姜照华，2015）。

1977~2000 年，固定资本存量增长的贡献率达到 39%，固定资产投资增长的贡献率为 14%，这两项合计为 53%，资本的增长成为第一推动力。人力资本的贡献率为 17%，劳动力增长对经济增长的贡献率为 5%，科技进步的贡献率为 9%，制度创新贡献率为 31%，经济环境外部性影响率为-15%。而 2001~2012 年固定资本和固定资产投资增长的贡献率为 78%，为典型的投资驱动型。

（2）中国经济的新转型。本章利用一般均衡分析方法，在借鉴国内外学者相关研究的基础上，预测 2013~2020 年中国经济增长率为 6%~7%。科技进步和人力资本的贡献率分别达到 27%和 20%，制度创新的贡献率为 5%，这三项创新因素的贡献率合计为 52%。而固定资本存量和固定资产投资的贡献率分别为 32%和 20%，这两项资本因素的贡献率合计也为 52%。因此，中国经济将开始转向创新-投资双驱动型的增长方式。

本章从共协理论角度研究了中国经济增长因素测算的理论基础、建模方法和各要素在经济增长中贡献率的测算方法，得到比较符合实际的结果。从测算结果和整个理论的逻辑结构看，经济增长的共协理论与方法吸收了新增长理论与新制度经济学的合理思想与方法，具有坚实的理论基础，并得到实证的检验，可以应用于对其他国家或地区以及产业、企业等的经济增长因素测算中。

7 研究结论

本书论述经济增长的共协理论及模型,并对中国、美国等国家的经济增长进行了实证研究,在有关数据的支持下,建立起它们的经济增长模型,并对其经济增长因素进行分析。

本书基于 15 个国家的较长时期的实际数据,研究了中国经济增长核算的理论基础、建模方法和各要素在经济增长中贡献率的测算方法,得到比较符合实际的结果。从核算结果和整个理论的逻辑结构看,经济增长的共协理论和价值分解方法,将新增长理论与新制度经济学的合理思想与方法有机结合起来,具有坚实的理论基础,并得到实证检验,可以应用于对其他国家或地区以及产业等的经济增长核算中。

(1) 本书通过"共协"来概括技术的外溢以及创新与投资、经济环境的互动。本书使用的"共协"概念主要有如下涵义:创新(技术创新、人力资本创新——知识与智力等的创新、制度创新)与固定资产投资通过双向的知识外溢、知识共享而共协互动。这种共协既包括内生(技术内生于投资等),也包括外生(研发、教育)对投资、经济增长的直接促进作用;共协的基础是知识共享,而共协利益的存在则是经济组织得以存在和发展的基础。在某种意义上,经济系统与其环境之间也是共协关系,好的外部环境会促进经济增长,差的外部环境则会抑制经济增长。快速的经济增长有利于形成好的外部环境,低速的经济增长则可能带来差的外部环境。

(2) 理论基础的创新。如果说哈罗德模型和索洛模型的理论基础是凯恩斯均衡理论,那么新增长理论就缺乏必要的理论基础,新增长理论对生产函数的构建缺乏根据;而本书根据共协理论,把国内生产总值分解为劳动者报酬、投资者收益和共协利益,进而建立劳动报酬函数、投资收益函数和共协利益函数,从而推导出科技进步、人力资本等因素在经济增长中贡献率的测算公式,具有坚实的理论基础。

(3) 对增长因素的分析更全面。本章对增长因素的分析不仅包括劳动力、固定资本存量、固定资产投资、人力资本、科技因素,而且引入了制度和经济环境外部性因素。"当期的固定资产投资"和"固定资本存量（上期）"这两个变量相当于以往的"当期的固定资本存量"这一个变量；而吸收新制度经济学的合理思想，引入经济环境外部性因素，则使新的理论方法对实际问题具有了更好的解释能力。

（4）新的模型通过了计量经济学检验并与中国经济增长事实相符。根据 Barro、Temple、朱勇、朱保华、沈坤荣等的整理，基于趋同假说的经济增长理论的经验研究，主要结论大致可归纳成以下几点：经济增长率大致与人均收入的初始值呈负相关关系，世界年平均经济增长率约为 2%；物质资本投资存在边际收益递减的倾向；人力资本与经济增长的联系较弱，并具有一定的内生性和时间滞后性；研究开发规模与经济增长率之间的联系较弱；由于均衡指标的不同，政府规模与经济增长的相互联系不是能够唯一确定的；收入分配的不平等将阻碍经济增长，但其作用机制不清楚；对外贸易与经济增长的相互联系依赖于衡量对外贸易程度的指标；政治稳定与经济增长密切相关（朱保华，1999）。

而卡尔多提出了现代经济增长的 6 个总量特征：人均产出持续增长，且其增长率不趋于下降；人均物质资本持续增长；资本回报率近乎稳定；物资资本-产出比近乎稳定；劳动和物质资本在国民收入中所占份额近乎稳定；人均产出的增长率在各国之间差距巨大（沈坤荣，2003）。

本书的研究结论如下：

（1）对 15 个国家经济增长源泉的比较。表 7-1 是本书针对各种因素对 15 个国家的经济增长的贡献率的测算结果。不同国家，各种因素在经济增长中的贡献率具有很大不同。许多国家的制度创新贡献率为零或贡献率很小，这并不意味着制度创新在经济中不起作用，而是说明制度创新保证了经济运行效率不下降。

表7-1　15个国家的经济增长因素分析（平均每年，%）

国家	时期（年）	经济增长率	固定资本增长的贡献率	固定资产投资增长的贡献率	科技进步的贡献率	人力资本增长的贡献率	劳动力增长的贡献率	制度创新的贡献率	经济环境外部性的影响率
中国	1953~1976	5.5	28	20	−8	42	23	−17	12
中国	1977~2000	9.7	39	14	9	17	5	31	−15
中国	2001~2012	9.8	57	21	29	7	1	5	−20
英国	1961~1980	2.2	24	14	39	32	0	−23	14
英国	1981~2010	2.4	13	30	18	27	10	17	−15
意大利	1981~2010	1.5	9	23	11	41	2	0	14
新西兰	1981~2010	2.5	25	17	15	15	24	10	−6
新加坡	1981~2010	6.5	37	19	35	18	1	0	−10

续表

国家	时期（年）	经济增长率	固定资本增长的贡献率	固定资产投资增长的贡献率	科技进步的贡献率	人力资本增长的贡献率	劳动力增长的贡献率	制度创新的贡献率	经济环境外部性的影响率
瑞典	1993~2010	2.2	26	26	56	9	0	0	-17
日本	1960~1973	9.7	12	40	39	4	1	-2	6
日本	1973~1993	3.4	4	27	63	12	2	6	-14
日本	1993~2009	0.75	10	-36	86	17	-1	-5	29
美国	1900~1929	3.1	58	11	8	24	6	-1	-6
美国	1930~1953	3.7	32	13	17	21	5	22	-10
美国	1954~1981	3.4	26	17	30	22	4	3	-2
美国	1982~2000	3.3	17	25	21	24	6	17	-10
美国	2001~2008	2.2	21	3	35	19	5	5	12
加拿大	1980~2010	2.5	22	18	26	4	31	1	-2
韩国	1960~1972	8	21	14	7	17	6	4	31
韩国	1973~1997	7.9	24	35	20	18	7	-10	6
韩国	1998~2010	4	48	7	25	22	6	10	-18
芬兰	1981~2010	2.3	8	14	62	16	1	10	-11
法国	1981~2010	1.9	18	19	28	24	8	0	3
德国	1990~2000	1.9	49	23	24	7	2	0	-5
德国	2001~2010	1	41	-6	49	19	2	0	-5
澳大利亚	1981~2010	4.5	31	23	34	17	10	0	-15
爱尔兰	1981~2010	4.8	28	14	19	16	2	9	12
上述国家平均		4.0	26.7	15.9	30.5	21.3	6.2	3.3	-3.9

对上述国家的测算显示，经济增长率的平均值是 4%，制度创新对经济增长的贡献率平均为 3.3%，固定资本存量增长对经济增长的贡献率平均为 26.7%，固定资产投资增长对经济增长的贡献率平均为 15.9%，科技进步对经济增长的贡献率平均为 30.5%，人力资本增长对经济增长的贡献率平均为 21.3%，劳动力增长对经济增长的贡献率平均为 6.2%，经济环境外部性对经济增长的影响率平均为 -3.8%，这说明就平均而言，经济环境是有利于经济增长的。

（2）实现经济较高增长的一个重要途径是制度创新，落后国家赶上先进国家的突破点在于制度创新。从制度创新对经济增长的最基本、最本质的作用是提高生产要素资源的配置效率出发，采用效率分析（数据包络分析）的方法来测算制度创新在经济增长中的贡献率，不仅可以得到与实际相符合的结果（1978～2002年的中国，1992～2002年的美国，1980～2000年的英国、1987～2000年的新西兰、1980～2000年的爱尔兰等），而且可以同时发现测算对象生产要素资源的配置效率提高（或降低）的原因。

（3）经济环境的外部性对经济增长的影响。在某种程度上，经济环境的外部性反映了投资环境。在测算中，那些投资环境好（或投资环境得到改善），经济环境外部性对经济增长影响率为负值的国家，其经济增长率都较高，例如中国（1978～2002年）、美国（1992～2000年）、爱尔兰（1974～2000年）、韩国（1974～2000年）等。

（4）近年来，各国共协利益占国内生产总值的比例趋于提高。

（5）经济增长率与储蓄率、投资率有很大关系，固定资产投资增长率是经济增长率的决定性因素。固定资本高增长是经济增长的决定因素，而科技投入的高增长不一定带来经济的高增长。那些获得较高经济增长率的国家（如中国、韩国等），储蓄率、投资率都很高；而那些科技投入增长较快、研究开发经费占国内生产总值比重较高的国家并不一定伴随经济的高增长，如1990年以后的日本、芬兰、瑞典等。只有科技投入与固定资产投资同时持续较快增长，才能保证经济又快又好增长，这对中国来说至关重要。

（6）平均每个劳动者的收益是递增的，工资率随着固定资产投资、科技投入、人力资本这三者的增长而不断增长。而劳动者的报酬与国内生产总值的比趋于稳定，目前各国保持在45%～60%。

（7）知识外溢问题。就科技投入占国内生产总值的比重而言，在测算期内，各国都小于4.5%；而就科技的"收益"占国内生产总值的比重而言，在测算期内，各国都普遍大于20%。例如，1980～2000年，英国科技投入占国内生产总值的比重平均为2.1%，而同期科技的"收益"占国内生产总值的比重平均则高达20%，原因在于研究开发与固定资产投资的相互作用。企业通过固定资产投资，把外部知识溢入企业内部并与其自主创新结合起来，从而大大提高了科技投入的产出效率和科技的"收益"。这与内生增长理论认为"知识内生于固定资产投资之中"的观点是一致的。

（8）人力资本的价格。人力资本价格的高低，首先取决于固定资产投资和科技投入。如果固定资产投资多（经济较为发达）、科技投入多（科技水平较高），那么人力资本的价格就高。正因为如此，人才往往流入发达地区，形成人才荟萃的"洼地",从而使经济更快增长;而经济又快又好增长,又会有更多的固定资产投资、更多的科技投入,从而吸引更多的人才,形成循环集聚机制(姜照华,2006)。

(9)与卡尔多的结论类似,本书认为资本收益率近乎稳定,劳动和物质资本在国内生产总值中所占份额近乎稳定。

参考文献

阿尔弗雷德·马歇尔.1981.经济学原理.朱志泰,译.北京:商务印书馆.
阿尔弗雷德·D.钱德勒,彼得·哈格斯特龙,厄尔扬·瑟尔韦.2005.透视动态企业:技术、战略、组织和区域的作用.吴晓波,耿帅,译.北京:机械工业出版社.
爱伦·斯密德.1999.财产、权力和公共选择——对法和经济学的进一步思考.黄祖辉,等译.上海:上海人民出版社.
保罗·A.萨缪尔森,威廉·D.配第.1992.经济学.高鸿业,等译.北京:中国发展出版社.
北京大学中国国民经济核算与经济增长研究中心.2006.中国经济增长报告:对外开放中的经济增长.北京:中国经济出版社.
庇古.1999.福利经济学.北京:中国社会科学出版社.
查尔斯·沃尔夫.1994.市场或政府——权衡两种不完善的选择/兰德公司的一项研究.谢旭,译.北京:中国发展出版社.
陈安国,饶会林.2005.从经济学的基本假设看现代经济学的发展.经济问题,(1):6-8.
陈华.2005.制度对我国经济增长的作用分析.社科纵横,(2):66-67.
陈立新.2006.论生产要素按贡献分配是社会主义初级阶段的分配原则.商业研究,(5):9-11.
陈琳.2008.改革以来中国经济增长因素的分析及测算.经济经纬,(3):24-27.
陈杨林,软署芬.2009.我国居民消费跨期替代弹性与储蓄分析.中国西部科技,(2):68-68.
崔婧.2005.浅谈日本经济衰退的制度性原因及启示.中共山西省委党校学报,28(4):70-72.
崔岫,姜照华.2011.人力资本在中国经济增长中的贡献率.科学学与科学技术管理,(12):168-172.
代琳琳.2008.制度变迁与经济增长——基于开封市数据的检验.河南大学硕士学位论文.
戴启秀.2005.从大选看德国改革困境.德国研究,(4):35-38,79.
戴彦德,朱跃中,白泉.2010.中国2050年低碳发展之路——能源需求暨碳排放情景分析.经济研究参考,(26):2-22.
道格拉斯·C.诺斯.制度、制度变迁与经济绩效.刘守英,译.上海:上海三联书店,1994.
道格拉斯·C.诺斯,罗伯斯·托马斯.西方世界的兴起.历以平,蔡磊,译.北京:华夏出版社,2009.
邓攀,李增欣.2006.包含制度因素的湖南省经济增长因素的实证分析.科技情报开发与经济,

（19）：115-116.

邓仕仑. 2004. 英国新公共管理运动实践特征与效应分析. 福建行政学院福建经济管理干部学院学报，(z1)：15-16.

樊纲，王小鲁，张立文等. 2003. 中国各地区市场化相对进程报告. 经济研究，(3)：9-18.

方在庆. 2001. 全球化对德国科技、经济竞争力的影响. 科技导报，(8)：62-64.

菲利普·阿吉翁，彼得·霍依特. 2004. 内生增长理论. 陶然，等译. 北京：北京大学出版社.

费雷德里克·普赖尔. 2004. 美国资本主义的未来. 黄胜强，等译. 北京：中国社会科学出版社.

夫子. 2004. 减税——美国前总统里根的伟大演出. 国际税收，(8)：78-79.

复旦大学欧洲问题研究中心. 2005. 欧盟经济发展报告. 上海：复旦大学出版社.

付娟，等. 2010. 基于遗传算法的中国清洁能源需求 Logistic 预测模型. 水电能源科学，(9)：175-178.

高萍，孙群力. 2006. 制度变迁对区域经济增长影响的实证分析——以经济体制变迁和产权制度变迁为例. 财经科学，(11)：53-60.

龚六堂. 2005. 高级宏观经济学. 武汉：武汉大学出版社.

郭路. 2006. 中国经济增长的制度分析与实证研究. 经济经纬，(1)：24-27.

哈罗德. 1981. 动态经济学. 北京：商务印书馆.

韩秀丽，左理. 2006. 包含制度创新因素的经济增长模型实证分析——以宁夏为例. 重庆工商大学学报，(A01)：39-40.

何恒远. 2006. 转型期区域差距的政治经济逻辑——基于新政治经济学的视角. 南开大学博士学位论文.

贺东伟. 2007. 经济增长、要素投入与发展战略选择——对我国经济增长的长期机制的实证分析. 西安财经学院学报，(1)：60-64.

侯为民. 2008. 双重因素约束下的中国经济增长. 中国人民大学.

黄润中. 1998. 英国经济分析与启示. 中国人民大学硕士学位论文.

黄永兴. 2007. 中国经济增长因素的计量分析. 安徽工业大学学报：自然科学版，(1)：122-126.

胡灿伟. 2002. 新加坡经济快速增长 职业技术教育功不可抹. 继续教育与人事，(11)：13-15.

胡乃义，孙家学. 2000. 技术创新与经济增长. 山东省工会管理干部学院学报，(6)：89-92.

胡神松. 2012. 我国知识产权教育与文化战略研究. 武汉理工大学博士学位论文.

胡树林. 2002. 对技术创新与我国经济增长质量的思考. 经济师，(4)：14-15.

胡西元. 2005. 试论英国布莱尔政府的"第三条道路". 河南教育学院学报（哲学社会科学版），(4)：101-104.

胡永刚. 2002. 当代西方经济周期理论. 上海财经大学出版社.

胡永远，杨胜刚. 2003. 经济增长理论的最新进展. 经济评论，(3)：74-76.

姜照华. 2003. 知识进展、制度创新与经济增长理论. 科学学与科学技术管理，(11)：46-48.

姜照华. 2004. 中国区域经济增长因素分析. 大连大学学报, (5): 66-69.

姜照华. 2006. 科技进步与经济增长的分配理论——对十五个国家的测算. 科学学与科学技术管理, (9): 113-118.

姜照华, 等. 2012. 区域创新与生态效率革命. 北京: 科学出版社.

姜照华, 等. 2014. 创新驱动增长模式的共协理论分析: 以中兴通讯为例. 科技管理研究, (9): 1-5.

姜照华, 等. 2012. 科技进步与中国经济发展方式转型优化分析——共协理论的视角. 科学学研究, (12): 1802-1809.

姜照华, 王青芳. 2008. 分配理论与经济学的三个假设. 科技创新导报, (2): 115-116.

姜忠辉, 边伟军. 2004. 制度变迁对山东省经济增长的影响分析. 生产力研究, (9): 95-97.

金玮. 2008. 西部制度变迁对经济增长的贡献研究——基于西部六省 1978~2004 年宏观经济制度变迁的实证研究. 西北大学博士学位论文.

金森久雄. 1980. 日本经济增长讲话. 萧明伟, 译. 北京: 中国社会科学出版社.

金玉国. 2001. 宏观制度变迁对转型时期中国经济增长的贡献. 财经科学, (2): 24-28.

景跃军, 王晓峰. 2006. 美国三次产业结构现状及未来趋势变动分析. 东北亚论坛, 15 (1): 111-115.

卡马耶夫. 1983. 经济增长的速度和质量. 陈华山, 等译. 武汉: 湖北人民出版社.

科斯. 1998. 社会成本问题. 上海: 上海三联书店.

柯武刚, 史漫飞. 2000. 制度经济学: 社会秩序与公共政策. 北京: 商务印书馆.

李伯涛. 2005. 内生创新增长理论评介. 中国人民大学硕士学位论文.

李怀, 姜照华, 姜朝妮. 2013. 经济增长模型演化的知识图谱分析与共协理论: 对日本的测算. 哈尔滨商业大学学报 (社会科学版), (6): 3-14.

李建设, 王行佳. 2009. 基于路径依赖理论的企业文化变革. 大连海事大学学报 (社会科学版), (3): 49-52.

李金锴. 2009. 中国未来能源需求预测与潜在危机. 财经问题研究, (2): 16-21.

李京文. 1992. 生产率与中国经济增长的研究 (1953—1990 年). 数量经济技术经济研究, (1): 66-70.

李萍, 高楠. 2009. 解析中国经济增长之谜: 技术进步及其贡献——基于结构方程的测算. 天府新论, (4): 54-57.

李晓娣. 2004. 新加坡经济振兴与衰退的原因及启示. 当代财经, (9): 87-90.

李占风. 2005. 湖北省经济增长模型及实证分析. 中南财经政法大学学报, (1): 61-64.

林毅夫. 2002. 发展战略、自生能力和经济收敛. 经济学 (季刊), (1): 269-300.

林毅夫, 蔡昉, 李周. 1993. 论中国经济改革的渐进式道路. 经济研究, (9): 3-11.

林毅夫, 蔡昉, 李周. 1994. 中国的奇迹: 发展战略与经济改革. 上海: 上海三联书店.

林毅夫，蔡昉，李周. 1995. 比较优势与发展战略——对"东亚奇迹"的再解释. 中国社会科学，（5）：4-20.

林毅夫，刘培林. 2003. 经济发展战略对劳均资本积累和技术进步的影响——基于中国经验的实证研究. 中国社会科学，（4）：18-32.

刘晗. 2013. 宪法修正案与"法外修宪"：美国宪政变迁研究. 清华法治论衡，（2）：200-214.

刘建华，姜照华. 2015. 基于共协理论的创新驱动—投资互动的中国经济转型战略. 科学学与科学技术管理，（2）：25-33.

刘建华，姜照华，等. 2016. 新常态下的创新驱动与转型升级：以河南省为例. 北京：科学出版社.

刘宛晨. 2005. 新制度经济学视角下的公有产权变革公平与效率问题研究. 湖南大学博士学位论文.

刘伟. 2006. 经济发展和改革的历史性变化与增长方式的根本转变. 中国远洋航务，（1）：4-10.

刘伟. 2013. 促进经济增长均衡与转变发展方式. 学术月刊，（2）：70-81.

刘伟，李绍荣. 2001. 所有制变化与经济增长和要素效率提升. 经济研究，（1）：3-9.

刘伟，张辉. 2008. 中国经济增长中的产业结构变迁和技术进步. 经济研究，（11）：4-15.

刘勇. 2005. 中国经济周期波动与政策选择[D]. 西北大学硕士学位论文.

刘则渊. 1998. 知识经济学和知识价值观. 中国科技论坛，（5）：36-39.

刘赣州. 2003. 中国经济增长中资本配置效率的实证分析. 山东财政学院学报，（6）：24-28.

刘赣州. 2006. 论西方经济学的收入分配研究范式的演变及启示. 经济纵横，（6）：46-49.

卢现祥. 1996. 西方新制度经济学. 北京：中国发展出版社.

玛格丽特·撒切尔. 1998. 通往权力之路——撒切尔夫人自传. 北京：当代世界出版社.

卡尔·马克思. 1978. 机器、自然力和科学的应用. 自然科学史研究所，译. 北京：人民出版社.

马利军. 2010. 对制度影响经济长期增长的重新测算——基于中国的实证研究. 当代经济，（13）：140-143.

马文秀，陈卫华. 2000. 日本的经济增长与产业结构调整. 日本问题研究，（4）：9-13.

毛勇. 2002. 新加坡经济迅速发展的原因. 东南亚纵横，（6）：10-13.

莫纪宏. 2010. 论宪法与基本法律的效力关系. 河南社会科学，（5）：8-12.

蒲小川. 2007. 中国区域经济发展差异的制度因素研究. 复旦大学博士学位论文.

秦宝庭，吴景曾. 1999. 知识与经济增长. 北京：科学技术文献出版社.

萨缪尔森，诺德豪斯. 1999. 经济学. 北京：华夏出版社.

沈坤荣. 2003. 新增长理论与中国经济增长. 南京：南京大学出版社.

沈坤荣，周密. 2013. 经济增长理论与中国经济增长——沈坤荣教授访谈. 学术月刊，（6）：173-176.

盛昭瀚，朱乔，吴广谋. 1996. DEA 理论、方法与应用. 北京：科学出版社.

史清琪等. 1988. 以生产函数为基础的技术进步模型. 软科学研究方法.

威廉姆·斯坦利·杰文斯. 1997. 政治经济学原理. 郭大力, 译. 北京：商务印书馆.

宋冬林, 王林辉, 董直庆. 2011. 资本体现式技术进步及其对经济增长的贡献率（1981—2007）. 中国社会科学,（2）：91-106.

宋冬林, 赵新宇. 2005. 制度因素对经济增长影响的实证分析——以吉林省为例. 经济纵横,（1）：64-66.

宋家第, 汤兵勇. 1992. 科技进步作用测算的一种新方法. 系统工程理论与实践,（5）：26-31.

孙明高, 吴育华. 2004. 科技进步在社会进步与经济增长中的作用. 科学管理研究,（5）：76-78.

王洪庆, 朱荣林. 2004. 制度变迁对河南省经济增长贡献的实证分析. 生产力研究,（10）：90-91.

王洛林, 牛凤瑞. 2005. 中国战略机遇期的经济发展研究报告（2005—2020）. 北京：社会科学文献出版社.

王敏正. 2008. 论经济增长模型内生性逻辑及其启示. 思想战线,（3）：105-109.

王勤. 2001. 新加坡经济的衰退及政府的对策. 东南亚南亚研究,（4）：21-25.

王全在. 2005. 德国社会福利保障考察. 内蒙古财经学院学报（综合版）,（2）：82-84.

王瑞泽, 陈德山. 2006. 经济增长模型中的制度变量及其代理变量的选择：一个文献综述. 山东经济,（2）：14-18.

王守杰, 李炜. 2005. 大国崛起的逻辑：社会和谐与经济增长——英、德两大国崛起的启示. 世界经济与政治论坛,（3）：8-13.

王维国, 杜修立. 2005. 新经济增长理论、新制度经济学与经济增长的收敛性——中国经济增长的经验分析. 统计与信息论坛,（4）：5-9.

王文宾. 2009. 演化博弈论研究的现状与展望. 统计与决策,（3）：158-161.

王文博, 陈昌兵, 徐海燕. 2002. 包含制度因素的中国经济增长模型及实证分析. 当代经济科学,（2）：33-37.

王鑫鳌, 姚士蓉. 2001. 狮城沧桑——新加坡经济飞速发展浅探. 小城镇建设,（10）：54-55.

吴建国. 2006. 基于资本—制度—劳动力因素的长沙市经济增长模型. 统计与决策,（18）：91-92.

吴敬琏, 李剑阁. 1988. 经济体制改革的目标和战略. 前线,（8）：3-6.

吴蔚. 1999. 美国经济增长方式分析. 世界经济,（12）：69-74.

吴易风. 1999. 西方经济学. 北京：中国人民大学出版社.

吴易风. 2005. 当代西方经济学流派与思潮. 北京：首都经济贸易大学出版社.

伍仁行. 1988. 经济增长理论[R]. 经济研究参考资料.

徐志平. 2006. 大连人力资本与经济增长实证研究. 大连理工大学硕士学位论文.

许莉. 2009. 环境因素内生的中国经济增长分析. 大连理工大学硕士学位论文.

许治. 2002. 从制度变迁周期看经济增长. 经济问题探索,（8）：8-11.

徐四伟. 2005. 物业税制度研究. 厦门大学博士学位论文.

亚当·斯密. 1972. 国民财富的性质和原因的研究. 郭大力, 等译. 北京：商务印书馆.

约瑟夫·熊彼特. 1990. 经济发展理论. 杜贞旭, 等译. 北京：商务印书馆.

杨名, 姜照华. 2006. 日本式经济增长轨迹成因分析与展望. 经济与管理研究, （3）：82-85.

杨晓萍. 2006. 中国经济增长因素的实证分析. 内蒙古农业大学学报（社会科学版），（3）：27-29.

杨友才. 2015. 制度变迁、路径依赖与经济增长的模型与实证分析——兼论中国制度红利. 山东大学学报哲学社会科学版，（4）：141-150.

叶飞文. 2004. 要素投入与中国经济增长. 北京大学出版社.

叶飞文. 2005. 关于中国经济长期长路径的研究. 投资研究, （5）：21-26.

殷桐生. 2001. 德国经济与"德国病". 国际论坛, （2）：66-69.

俞安军, 韩士专, 张顺超. 2007. 利用C-D函数测算中国经济增长的质量及方式. 统计与决策, （24）：48-49.

于国安. 2003. 新加坡经济发展的成功经验及有关问题的进一步思考. 经济研究参考, （70）：31-41.

袁嘉新. 1991. 探讨测算科技进步在经济增长中的贡献份额. 中国软科学, （1）：31-34.

曾永章. 2007. 后凯恩斯主义经济增长理论述评. 云南大学硕士学位论文.

张钢. 2003. 英国的新公共管理运动与公共部门研究的范式转换. 自然辩证法通讯, （1）：44-50.

张军. 2006. 政府转型、政治治理与经济增长：中国的经验. 云南大学学报（社会科学版），（4）：325-325.

张雷. 2007. 韩国经济增长中的科学技术、教育因素分析. 大连理工大学硕士学位论文.

张五常. 2000. 经济解释. 北京：商务印书馆.

张勇, 侯桃. 2005. 西方发达国家劳动就业的比较研究及其启示. 当代财经, （3）：22-27.

张雄林. 2006. 知识集聚研究. 天津大学博士学位论文.

章安平. 2005. 内含制度因素的中国经济增长模型及实证分析. 统计与决策, （12）：8-11.

赵志耘, 等. 2007. 资本积累与技术进步的动态融合：中国经济增长的一个典型事实[J]. 经济研究, （11）：18-31.

朱保华. 1999. 新经济增长理论. 上海财经大学出版社.

朱兵, 张廷龙. 2010. 产业集群知识共享机制的演化博弈分析. 科技与经济, （2）：48-50.

朱勇. 1999. 新增长理论. 北京：商务印书馆.

卓越. 2006. 英国新公共管理运动的理论与实践. 新视野, （6）：72-74.

邹至庄, 刘满强. 1995. 中国的资本形成与经济增长. 数量经济技术经济研究, （3）：35-43.

Camille Logeay, 张娜. 2005. 对劳动力市场制度及失业问题的最新研究. 经济资料译丛, （1）：75-82.

D·W·乔根森. 2001. 生产率第1卷：战后美国经济增长. 李京文, 等译. 北京：中国发展出版社, 2001.

D·W. 乔根森. 2001. 生产率第 2 卷：经济增长的国际比较. 李京文，等译. 北京：中国发展出版社，2001.

D·W. 乔根森，钟学义. 1989. 日本和美国的生产率和经济增长. 数量经济技术经济研究，(4)：74-78.

E. 多马. 1983. 经济增长理论. 郭家麟，译.北京：商务印书馆.

R. 索洛. 1989. 经济增长论文集. 北京：北京经济学院出版社.

R. 科斯，A. 阿尔钦，D. 诺斯. 1994. 财产权利与制度变迁. 林毅夫，译. 上海：上海三联书店，上海人民出版社.

Ahn K. 2003. Are East Asian economies dynamically efficient?. Journal of Economic Development，28（1）：101-110.

Alesina A. 1988. Credibility and policy convergence in a two-party system with rational voters. American Economic Review，78（4）：796-805.

Ali A. 1997. Economic freedom, democracy and growth. Journal of Private Enterprise，13（1）：1-20.

Arrow K J. 1962. The economic implications of learning by doing. Review of Economic Studies，29（80）：155-173.

Barnard H, Cantwell J. 2007. World investment report 2005：Transnational corporations and the internationalization of R&D, United Nations Conference on Trade and Development, United Nations, New York and Geneva（2005）. Research Policy，36（8）：1288-1291.

Barro R J. 1980. A capital market in an equilibrium business cycle model. Econometric Society，48（6）：1393-1417.

Barro R J. 1996. Democracy and growth. Journal of Economic Growth，1（1）：1-27.

Barro Robert, Lee J W. 1997. International measures of schooling years and schooling quality. American Economic Review，Papers and Proceedings，86（2）：218-223.

Bayhaqi A. 2000. Education and macroeconomic performance in Indonesia: A comparison with other ASEAN economies.

Ben-David D, Loewy M B. 1998. Free trade, growth, and convergence. Journal of Economic Growth，3（2）：143-170.

Berthold N, Fehn R. 2003. Unemployment in Germany：Reasons and remedies. CESifo Working Paper，(2).

Caesar B C. 2002. Technological innovations in Japan and S&T experiences in the Philippines: Drawing policy lessons for the Philippines. Philippine Institute for Development Studies Discussion Paper Series.

Carter N, Klein R, Day P. 1992. How organizations measure success: The use of performance indicators in government. London：Rout ledge.

Charles River Associates Ltd. 2003. Innovation policies in Singapore, and applicability to New Zealand. Ministry of Economic Development Wellington.

Chuang Y C. 1998. Learning by doing, the technology gap, and growth. International Economic Review, 39 (39): 697-721.

Cohen W M, Levinthal D A. 1989. Innovation and learning: The two faces of R&D. Economic Journal, 99 (397): 569-596.

Compton R A, Giedeman D C, Hoover G A. 2013. A distributional analysis of the benefits of economic freedom. European Journal of Political Economy, 33 (1): 121-133.

David Farnham, Sylvia Horton. 1996. Managing the new public services. London: Macmillan.

Dawson J W. 1998. Institutions, investment, and growth: New cross-country and panel data evidence. Economic Inquiry, 36 (4): 603-619.

Denison E F. 1962. The sources of economic growth in the United States and the alternatives before us. Committee for Economic Development.

Denison E F, Chung W K. 1987. How Japan's economy grew so fast: The sources of postwar expansion. Pacific Affairs, 51 (4).

Department of Statistics, Singapore. 1997. Multifactor productivity growth in Singapore: Concept, methodology and trends.

Dodzin S, Vamvakidis A. 1999. Trade and industrialization in developingagricul-tural economies. IMF Working Paper 99/145 (Washington, DC: International Monetary Fund).

Easton S T, Walker M A. 1997. Income, growth, and economic freedom. American Economic Review, 87 (2): 328-332.

Eicher T S, Turnovsky S J. 1999. Non-scale models of economic growth. Economic Journal, 109 (457): 394-415.

Eugen Spitznagel. 2003. Hours and volume of work in Germany. Paris group meeting.

Friedman M. 2010. A monetary and fiscal framework for economic stability. American Economic Review: 245-264.

Further Education Funding Council, 1998. Post-school education and training in Singapore: International report from the Inspectorate September 1998.

Gaspar J, Vasconcelos P B, Afonso O. 2014. Economic growth and multiple equilibria: A critical note. Economic Modeling, 36 (36): 157-160.

Geishecker I, Görg H. 2004. Investment by German firms abroad—unpatriotic?. Economic Bulletin, 41 (11): 407-410.

Grossman G M, Helpman E. 1991. Innovation and growth in the global economy. Mit Press.

Hagen J V, Strauch R R. 2001. German public finances: Recent experiences and future challenges.

Zei Working Papers.

Hendricks L. 2000. Equipment investment and growth in developing countries. Journal of Development Economics, 61 (2): 335-364.

Hibbs D A. 1977. Political parties and macroeconomic policy. American Political Science Review, 71 (71): 1467-1487.

Hosoya K. 2012. Growth and multiple equilibria: A unique local dynamics. Economic Modelling, 29 (5): 1662-1665.

Jones C I. 1994. Economic growth and the relative price of capital. Journal of Monetary Economics, 34 (3): 359-382.

Jones C I. 1995a. Time series test of endogenous growth models. Quarterly Journal of Economics, 110 (2): 495-525.

Jones C I. 1995b. R&D-Based models of economic growth. Journal of Political Economy, 103 (4): 759-784.

Jones C I and Williams John C. 1998. Measuring the social return to R&D. Quarterly Journal of Economics, 113 (4): 1119-1135.

Jorgenson D W. 1996. Technology in growth theory. Conference Series. Federal Reserve Bank of Boston: 45-89.

Jorgenson D W, Goettle R J, Ho M S, et al. 2008. U. S. labor supply and demand in the long run. Journal of Policy Modeling, 30 (4): 603-618.

Jorgenson D W, Prank M, Gollop and Barbara M Fraumeni. 1987. Productivity and U. S. economic growth. Cambridge, MA: Harvard University Press.

Kim J I, Lau L J. 1994a. The sources of economic growth of the East Asian newly industrialized countries. Journal of the Japanese & International Economies, 8 (3): 235-271.

Kim J I, Lau L J. 1994b. The sources of economic growth of the newly industrialized countries on the pacific rim. Economic development of ROC and the Pacific Rim in the 1990s and beyond: 61-103.

Kim J I, Lau L J. 1995. Sources of economic growth of the newly industrialized countries of the Pacific Rim.

Kitchin J. 1923. Cycles and trends in economic factors. Review of Economics & Statistics, 5 (1): 10-16.

Knack S, Keefer P. 1995. Institutions and economic performance: Cross-country tests using alternative institutional measures. Economics & Politics, 7 (3): 207-227.

Kormendi R C, Meguire P G. 1985. Macro-economic determinants of growth: Cross-Country evidence. Journal of Monetary Economics, 16 (2): 141-163.

Kuhlmann A. 2006. German Productivity. A reassessment via the new IFO productivity database. IFO Working Paper.

Kydland F E, Prescott E C. 1990. Business cycles: Real facts and a monetary myth. Quarterly Review: 3-18.

Lau L J. 2003. The sources of East Asian economic growth revisited. Cornell University: 6-7.

Lee J W. 1995. Capital goods imports and long-run growth. Journal of Development Economics, 48 (1): 91-110.

Lee Byoungki. 2004. Measuring total factor productivity: Survey report. Tokyo: Asian Productivity Organization.

Letty Yan-Yee Kwan, Chi-yue Chiu. 2015. Country variations in different innovation outputs: The interactive effect of institutional support and human capital. Journal of Organizational Behavior Special Issue: Contextualizing Creativity and Innovation Across Cultures, 36 (7) :1050-1070.

Lim D. 1996. Explaining economic growth: A new analytical framework.

Lucas R E. 1988. On the mechanics of economic development. Journal of Monetary Economics, 22 (1): 3-42.

Mankiw N G, David Romer, David N Weil. 1992. A contribution to the empirics of economic growth. The Quarterly Journal of Economics, 107 (2): 407-437.

Massey A. 1997. Globalization and marketization of government services: Comparing contemporary public sector developments. New York: St. Martin's Press.

Mauro P. 1995. Corruption and growth. Quarterly Journal of Economics, 110 (3): 681-712.

Michael J Boskin, Lawrence J Lau. 1990. Post-war economic growth in the Group-of-Five Countries: A new analysis. Working paper, 3521, NBER, Cambridge MA.

Michael S. 2005. Japanese macroeconomic dilemmas: The implications of demographics for growth and stability. The Journal of Japanese Studies, 31 (2): 5-9.

Mitsubishi Research Institute. 2001. Outlook for Japan's economy 2000. Japan: Mitsubishi Research Institute.

Nicholas C, Gianni T. 1996. Economic growth in Europe since 1945. London: Cambridge University Press.

Nordhaus W D. 1975. The political business cycle. Review of Economic Studies, 42 (2): 169-190.

Omri A. 2013. CO_2, emissions, energy consumption and economic growth nexus in MENA countries: Evidence from simultaneous equations models. Energy Economics, 40 (2): 657-664.

Peters B Guy. 2001. The future of governing: Four emerging models(2nd). Kansas: University Press of Kansas.

Peter Gleick. 2008. Water conflict chronology. http://www.Worldwater.org/Conflict Chronology.html.

Robert E Lucas. 1975. An equilibrium model of the business cycle. Journal of Political Economy, 83 (6): 1113-1144.

Romer Paul M. 1986. Increasing returns and long-run growth. Journal of Political Economy, 94 (5): 1002-1037.

Romer P M. 1987. Growth based on increasing returns due to specialization. American Economic Review, 77 (2): 56-62.

Romer P M. 1990. Endogenous technological change. Journal of Political Economy, 98 (5): 71-102.

Samuelson P A. 1939. Interactions between the multiplier analysis and the principle of acceleration. Review of Economics and Statistics, 21 (2): 75-78.

Samuelson P A. 1992. Factor-price equalization by trade in joint and non-joint production. Review of International Economics, 1 (1): 1-9.

Scully G W. 1988. The institutional framework and economic development. Journal of Political Economy, 96 (3): 652-662.

Sheshinski E. 1967. Optimal accumulation with learning by doing. Essays on the theory of optimal economic growth.

Siong Hook Law, Thong Cheen Lim, Normaz Wana Ismail. 2013. Institutions and economic development: A Granger causality analysis of panel data evidence. Economic Systems, (37): 610-624.

Soon Teck Wong, Benson Sim Soon Seng. 1997. Department of statistics, Singapore, total factor productivity growth in Singapore: Methodology and trends. Capital Stock Conference, 7: 3.

Stepan Jurajda, Janet Mitchel. 2001. Markets and growth. SSRN Electronic Journal.

Stokey N L. 1988. Learning-by-doing and the introduction of new goods. Journal of Political Economy, 96 (4): 701-717.

Sunil Mani. 2000. Policy instrument for stimulation R&D in the enterprise sector: Second annual global development network conference (GDN2000), 6, 25.

Thomas Fuchs, Oliver Röhn. 2005. Leaders and laggards of German productivity growth from 1970—2001: Did globalization change the picture?.

Uzawa H. 1965. Optimal technical change in an aggregate model of economic growth. International Economic Review, 6 (1): 18-31.

Wang Y, Yao Y. 2001. Sources of China's economic growth, 1952—1999: Incorporating human capital accumulation. China Economic Review, 14 (1): 32-52.

Young Alwyn. 1991. Learning by doing and the dynamic effects of international trade. Quarterly Journal of Economics, 106 (2): 369-405.

Young Alwyn. 2000. Gold into base metals: Productivity growth in the People's Republic of China during the reform period. NBER working papers 7856.

Young Alwyn. 2003. Gold into base metals: Productivity growth in the People's Republic of China during the reform period. Journal of Political Economy, 111 (6): 1220-1261.

Zifcak S. 1994. New managerialism: Administrative reform in Whitehall and canberra. Buckingham: Open University Press.

Zou Z Z. 2000. China's economic reform and policies at the beginning of the 21st Century. Foreign Investment in China, (11): 12-14.

附录 1

中国经济增长数据和模型

1) 1952~1976 年

（1）数据及其来源。

1978 年以前的固定资本存量采用了邹至庄（1995）的数据；固定资产投资、劳动力、研究开发经费等使用《中国统计年鉴》数据；1953~1976 年的研究开发经费数据采用的是政府财政科技投入；1977 年以后的固定资本存量和就业者人均受教育年限数据使用了汤向俊发表于 2006 年的《资本深化、人力资本积累与中国经济持续增长》一文中的数据。

附表 1-1 中国经济增长数据（1990 年价格）

年份	GDP（亿元）	固定资本存量（亿元）	劳动力（百万人）	劳动报酬/GDP	就业者人均受教育年限（年）	固定资产投资/GDP	研究开发经费/GDP（%）
1953	1615.61	420.8	213	0.58	2.7	0.12	0.08
1954	1683.46	455.3	218	0.58	2.78	0.14	0.18
1955	1798.01	488	223	0.6	2.86	0.16	0.28
1956	2067.65	526.4	230	0.57	2.95	0.16	0.38
1957	2173.15	567.6	237	0.59	3.04	0.21	0.51
1958	2635.86	634.5	266	0.5	3.13	0.18	0.63
1959	2867.86	733.2	261	0.43	3.22	0.25	0.75
1960	2859.3	821.7	259	0.46	3.32	0.3	0.87
1961	2078.64	856.2	256	0.62	3.42	0.32	0.99
1962	1962.31	873.7	259	0.69	3.52	0.19	1.13
1963	2162.49	906	266	0.64	3.63	0.15	1.36
1964	2558.15	952.5	277	0.57	3.74	0.17	1.59
1965	2993.07	1017	287	0.52	3.89	0.2	1.87
1966	3313.28	1100.1	298	0.51	4.04	0.2	1.8
1967	3124.42	1153.8	308	0.58	4.2	0.22	1.73
1968	2996.3	1206.5	319	0.58	4.37	0.18	1.66
1969	3502.79	1269.6	332	0.55	4.55	0.17	1.59

续表

年份	GDP（亿元）	固定资本存量（亿元）	劳动力（百万人）	劳动报酬/GDP	就业者人均受教育年限（年）	固定资产投资/GDP	研究开发经费/GDP（%）
1970	4182.32	1378.8	344	0.51	4.73	0.21	1.55
1971	4475.07	1499.7	356	0.5	4.92	0.24	1.53
1972	4645.19	1614.3	359	0.51	5.12	0.25	1.51
1973	5012.09	1745.3	367	0.51	5.32	0.25	1.49
1974	5127.29	1876.2	374	0.51	5.53	0.24	1.47
1975	5573.36	2022.9	382	0.49	5.75	0.27	1.44
1976	5484.34	2155.1	389	0.53	5.98	0.29	1.49

（2）中国经济增长模型：

$$Y = 537(HL)^{0.76}(SD/L)^{-0.23} + 0.33K + 0.867SD/K - 13.5S + 152 \quad （附1\text{-}1）$$

附表1-2 劳动报酬模型（1953~1976年）

被解释变量：$\log V$

解释变量	系数	标准误	t统计量	概率
C	2.730 231	0.169 864	16.073 07	0.000 0
$\log HL$	0.757 707	0.133 338	5.682 596	0.000 0
$\log SD/L$	−0.233 484	0.120 964	−1.930 186	0.070 4
AR（1）	0.767 804	0.225 318	3.407 653	0.003 4
AR（2）	−0.431 496	0.209 817	−2.056 530	0.055 4
样本决定系数	0.915 817	因变量的均值		2.893 723
调整后的样本决定系数	0.896 009	因变量的标准差		0.139 747
回归标准差	0.045 065	赤池信息量（AIC）		−3.164 699
残差平方和	0.034 525	施瓦茨信息量（SC）		−2.916 735
对数似然比	39.811 69	f检验统计量		46.234 97
DW统计量	1.844 689	模型显著性的概率值		0.000 000

附表1-3 $Y-B$模型及检验（1953~1976年）

被解释变量：$Y-B$

解释变量	系数	标准误	t统计量	概率
C	152.195 7	42.642 49	3.569 109	0.002 8
K	0.326 132 4	10.355 25	3.149 440	0.006 6
SD/K	0.866 791	0.162 929	5.320 061	0.000 1
S	−13.500 80	3.511 089	−3.845 188	0.001 6
样本决定系数	0.983 734	因变量的均值		723.826 9
调整后的样本决定系数	0.980 480	因变量的标准差		338.594 4
回归标准差	47.306 01	赤池信息量（AIC）		10.735 82

续表

解释变量	系数	标准误	t统计量	概率
残差平方和	33 567.87	施瓦茨信息量（SC）		10.934 64
对数似然比	−97.990 25	f检验统计量		302.381 8
DW 统计量	1.378 476	模型显著性的概率值		0.000 000

2）1977~2012 年

（1）数据。

附表 1-4　中国经济增长数据（1990 年价格）

年份	GDP（百亿元）	劳动力（百万人）	固定资本存量（百亿元）	研究开发经费（百亿元）	固定资产投资（百亿元）	就业者人均受教育年限（年）	劳动报酬份额
1977	59.01	394	188	0.795	16.81	5.90	0.50
1978	65.92	401	206	0.894	25.06	5.87	0.50
1979	70.93	410	218	0.767	25.90	5.78	0.51
1980	76.32	424	227	0.989	26.86	5.76	0.51
1981	80.29	437	237	1.064	26.10	5.79	0.53
1982	87.59	453	250	0.992	29.11	5.84	0.54
1983	97.14	464	265	1.044	32.82	5.90	0.54
1984	111.91	482	285	1.139	38.52	5.97	0.54
1985	127.02	499	317	1.360	47.98	6.06	0.53
1986	138.19	513	353	1.567	52.10	6.16	0.53
1987	154.22	528	391	1.524	55.72	6.27	0.52
1988	171.65	543	435	1.796	63.18	6.47	0.52
1989	178.69	553	478	1.542	64.42	6.67	0.52
1990	185.48	639	515	1.373	64.44	6.86	0.53
1991	202.54	648	555	1.430	70.42	6.95	0.52
1992	231.30	656	602	1.484	83.66	7.04	0.51
1993	263.68	664	672	1.620	114.17	7.12	0.52
1994	298.22	672	756	1.619	122.84	7.21	0.52
1995	330.73	680	852	1.846	135.04	7.29	0.53
1996	363.80	689	954	2.088	143.99	7.45	0.53
1997	397.64	696	1061	1.984	151.98	7.60	0.53
1998	428.65	700	1149	2.183	161.65	7.74	0.53
1999	461.23	706	1234	2.704	172.55	7.87	0.52
2000	499.97	712	1294	3.001	181.64	8.01	0.51
2001	541.47	721	1354	3.828	208.41	8.13	0.51
2002	590.75	728	1359	5.000	238.78	8.26	0.51
2003	653.58	733	1365	5.902	267.39	8.43	0.50

续表

年份	GDP（百亿元）	劳动力（百万人）	固定资本存量（百亿元）	研究开发经费（百亿元）	固定资产投资（百亿元）	就业者人均受教育年限（年）	劳动报酬份额
2004	719.60	738	1396	6.321	317.21	8.61	0.49
2005	794.44	743	1460	7.386	383.56	8.79	0.49
2006	886.59	749	1559	8.851	462.48	8.97	0.48
2007	1001.85	754	1699	11.000	557.51	9.16	0.48
2008	1098.02	756	1873	12.320	650.06	9.41	0.48
2009	1199.04	758	2142	13.798	861.32	9.66	0.48
2010	1323.74	761	2474	16.690	1029.28	9.92	0.48
2011	1446.85	764	2859	19.424	1192.94	10.17	0.48
2012	1559.70	767	3325	23.165	1419.60	10.44	0.48

（2）中国经济增长模型：

$$Y = 0.001243(HL)^{0.803}(SD/L)^{0.228} + 0.19K + 1334HSD/K^2 - 16.95 \quad (附1\text{-}2)$$

附表1-5 中国劳动报酬对数（$\log V$）模型及检验（1977～2012年）

被解释变量：$\log V$				
模型估计方法：最小二乘法				
样本范围（调整后）：1981～2012				
观察值的个数：32（调整端点后）				
9次迭代后实现收敛				
解释变量	系数	标准误	t统计量	概率
C	−2.905 46	0.447 708	−6.489 63	0
$\log HL$	0.803 157	0.068 434	11.736 17	0
$\log SD/L$	0.227 55	0.017 545	12.969 43	0
AR（3）	−0.365 79	0.231 261	−1.581 73	0.125 4
AR（4）	0.890 066	0.235 719	3.775 962	0.000 8
样本决定系数	0.996 792	因变量的均值		2.228 862
调整后的样本决定系数	0.996 317	因变量的标准差		0.373 678
回归标准差	0.022 678	赤池信息量（AIC）		−4.592 27
残差平方和	0.013 885	施瓦茨信息量（SC）		−4.363 25
对数似然比	78.476 35	f检验统计量		2 097.511
DW统计量	1.106 366	模型显著性的概率值		0
特征根	0.55−0.16i	0.55+0.16i	−1.11	

附表 1-6　投资价值模型及检验（1978~2012 年）

被解释变量：M				
模型估计方法：最小二乘法				
样本范围（调整后）：1980~2012				
观察值的个数：31（调整端点后）				
9 次迭代后实现收敛				
解释变量	系数	标准误	t 统计量	概率
C	−16.950 6	10.473 11	−1.618 49	0.116
K	0.189 535	0.018 582	10.200 18	0
HSD/K^2	1 334.287	225.620 4	5.913 861	0
AR（2）	0.457 366	0.323 686	1.412 994	0.167 9
样本决定系数	0.996 045	因变量的均值		248.367
调整后的样本决定系数	0.995 649	因变量的标准差		227.315 9
回归标准差	14.994	赤池信息量（AIC）		8.363 308
残差平方和	6 744.602	施瓦茨信息量（SC）		8.542 88
对数似然比	−138.176	f 检验统计量		2 518.234
DW 统计量	1.126 434	模型显著性的概率值		0
特征根	0.68	−0.68		

附表 1-7　生产要素配置效率分析

年份	效率	固定资本的浪费率	劳动力的浪费率	人力资本的浪费率
1977	0.5411	0	0.44	0.38
1978	0.5517	0	0.44	0.37
1979	0.5628	0	0.44	0.37
1980	0.581	0	0.46	0.38
1981	0.5847	0	0.46	0.38
1982	0.6055	0	0.47	0.39
1983	0.6331	0	0.49	0.40
1984	0.6777	0	0.52	0.43
1985	0.6924	0	0.52	0.42
1986	0.6759	0	0.49	0.39
1987	0.6804	0	0.48	0.38
1988	0.6809	0	0.46	0.36
1989	0.6459	0	0.42	0.33
1990	0.6216	0	0.42	0.35
1991	0.6305	0	0.42	0.34
1992	0.6628	0	0.42	0.34
1993	0.6772	0	0.40	0.32
1994	0.6812	0	0.38	0.28

续表

年份	效率	固定资本的浪费率	劳动力的浪费率	人力资本的浪费率
1995	0.6702	0	0.34	0.24
1996	0.658	0	0.29	0.20
1997	0.6471	0	0.25	0.16
1998	0.6442	0	0.22	0.13
1999	0.6452	0	0.20	0.11
2000	0.6669	0	0.18	0.10
2001	0.6905	0	0.17	0.09
2002	0.7505	0	0.19	0.11
2003	0.8186	0	0.21	0.13
2004	0.8734	0	0.20	0.14
2005	0.9164	0	0.18	0.13
2006	0.9561	0	0.14	0.10
2007	0.9991	0	0.08	0.06
2008	1	0	0	0
2009	0.9941	0	0	0
2010	1	0	0	0
2011	1	0	0	0
2012	1	0	0	0

附录 2

美国经济增长数据和模型

（1）数据及其来源。

GDP、劳动力、劳动报酬、固定资本存量、固定资产投资来自于《美国统计提要》；就业者人均受教育年限来自于 Futoshi Yamauchi 和 Yoshihisa Godo 的 *Human Capital Accumulation，Technological Change and International Spillovers：Comparative Growth Experience from Japan，Korea and the United States*；研究开发经费数据主要来自于《美国统计提要》、Richard T. Hamilton，Robert Strausz-Hupe 的研究报告 *International Technological Progress* 以及 *Science& Engineering Indicators—2000*，1953 年以前的一些年份的研究开发经费数据由本书作者估计所得。

附表 2-1 美国经济增长数据（2000 年价格）

年份	GDP（十亿美元）	固定资产投资（十亿美元）	固定资本存量（十亿美元）	劳动报酬（十亿美元）	劳动力（千人）	就业者人均受教育年限（年）	研究开发经费（十亿美元）	t
1900	326.49	35.91		156.06	29 269	6.85		1
1901	365.67	40.22	808.187 3	174.79	30 201	6.91	27.75	2
1902	368.93	40.58	840.514 8	178.19	31 008	6.97	32.18	3
1903	385.26	42.38	889.006	186.08	31 654	7.03	33.57	4
1904	381.99	42.02	937.497 2	184.5	31 894	7.09	36.21	5
1905	408.11	44.89	977.906 6	197.12	32 992	7.15	37.05	6
1906	457.09	54.85	1 018.316	220.77	34 608	7.21	40.81	7
1907	463.62	55.63	1 058.725	229.03	35 172	7.27	47.08	8
1908	424.44	50.93	1 107.217	209.67	34 137	7.33	49.14	9
1909	496.27	59.55	1 155.708	245.16	35 791	7.39	46.26	10
1910	509.33	61.12	1 204.199	251.61	36 413	7.5	55.58	11
1911	522.38	62.69	1 260.772	258.06	36 790	7.57	56.03	12

续表

年份	GDP（十亿美元）	固定资产投资（十亿美元）	固定资本存量（十亿美元）	劳动报酬（十亿美元）	劳动力（千人）	就业者人均受教育年限（年）	研究开发经费（十亿美元）	t
1912	551.77	66.21	1 317.345	268.71	37 930	7.64	59.55	13
1913	558.3	67	1 373.918	271.89	38 711	7.71	65.11	14
1914	532.18	58.54	1 422.41	259.17	38 003	7.78	68.11	15
1915	528.91	58.18	1 462.819	257.58	37 947	7.85	67.05	16
1916	568.09	62.49	1 495.146	276.66	39 699	7.92	68.76	17
1917	574.62	63.21	1 535.556	297.08	39 857	7.99	76.12	18
1918	643.19	70.75	1 559.801	332.53	40 214	8.06	79.3	19
1919	620.33	68.24	1 584.047	320.71	40 811	8.13	91.33	20
1920	594.21	65.36	1 608.293	307.21	40 868	8.2	90.57	21
1921	541.97	48.78	1 656.784	280.2	38 767	8.27	86.16	22
1922	626.86	56.42	1 697.193	324.09	41 288	8.34	81.84	23
1923	705.22	77.57	1 745.684	364.6	43 987	8.41	98.42	24
1924	701.95	77.21	1 794.176	362.91	43 645	8.48	114.95	25
1925	760.72	83.68	1 850.749	393.29	45 280	8.55	118.63	26
1926	806.43	88.71	1 907.322	416.92	46 368	8.62	133.13	27
1927	806.43	88.71	1 963.895	427.41	46 396	8.69	145.96	28
1928	809.7	89.07	2 028.55	429.14	46 657	8.76	150.8	29
1929	865.2	103.82	2 093.205	432.6	47 718	8.83	156.27	30
1930	790.7	86.98	2 157.86	406.66	44 726	9	172.17	31
1931	739.9	66.59	2 223.12	384.97	40 630	9.08	158.14	32
1932	643.7	45.06	2 249.03	341.03	35 906	9.16	159.08	33
1933	635.5	38.13	2 239.91	333.51	35 926	9.24	148.05	34
1934	704.2	49.29	2 221.52	365.97	39 191	9.32	155.7	35
1935	766.9	53.68	2 222.48	391.27	41 162	9.4	183.09	36
1936	866.6	77.99	2 238.31	443.61	44 511	9.48	210.9	37
1937	911.1	82	2 288.06	475.87	47 517	9.56	251.31	38
1938	879.7	70.38	2 344.36	459.73	44 732	9.64	277.89	39
1939	950.7	85.56	2 380.19	495.98	46 534	9.72	281.5	40
1940	1 034.1	93.07	2 427.05	532.35	48 545	9.8	318.48	41
1941	1 211.1	133.22	2 484.79	619.36	51 739	9.91	361.94	42
1942	1 435.4	200.96	2 616.75	756.31	55 577	10.02	520.77	43
1943	1 670.9	233.93	2 878.42	920.5	56 390	10.13	732.05	44
1944	1 806.5	252.91	3 184.4	997.73	55 814	10.24	985.83	45
1945	1 786.3	214.36	3 451.36	986.39	54 527	10.35	1 210.36	46

续表

年份	GDP（十亿美元）	固定资产投资（十亿美元）	固定资本存量（十亿美元）	劳动报酬（十亿美元）	劳动力（千人）	就业者人均受教育年限（年）	研究开发经费（十亿美元）	t
1946	1 589.4	143.05	3 573.72	855.1	57 270	10.46	1 250.41	47
1947	1 574.5	173.2	3 492.78	838.89	60 162	10.57	1 220.66	48
1948	1 643.2	197.18	345 2	866.13	60 763	10.68	1 316.28	49
1949	1 634.6	196.15	3 446.24	867.81	59 978	10.79	1 485.45	50
1950	1 777.3	231.05	3 474.87	939.48	61 413	10.9	1 588.83	51
1951	1 915	248.95	3 520.46	1 023.76	65 017	11.04	1 848.39	52
1952	1 988.3	258.48	3 649.21	1 088.79	66 158	11.13	2 121.82	53
1953	2 079.5	270.34	3 792.21	1 152.11	67 126	11.3	2 338.24	54
1954	2 065.4	278.03	3 950.56	1 135.86	65 459	11.33	2 680.5	55
1955	2 212.8	297.1	4 086.83	1 204.02	66 877	11.37	2 891.2	56
1956	2 255.8	298.11	4 228.07	1 260.67	68 365	11.372	3 175.6	57
1957	2 301.1	297	4 378.9	1 285.04	68 577	11.408	4 156.5	58
1958	2 279.2	288.1	4 526.37	1 265.95	66 863	11.448	4 689.2	59
1959	2 441.3	324.82	4 649.37	1 354.14	68 317	11.49	5 043.9	60
1960	2 501.8	324.11	4 796.2	1 408.69	69 195	11.528	5 708.2	61
1961	2 560	332.31	4 945.43	1 434.86	69 090	11.64	6 179	62
1962	2 715.2	357.9	5 101.06	1 516.64	70 374	11.712	6 490.3	63
1963	2 834	377.36	5 278.12	1 583.77	70 930	11.722	6 876.1	64
1964	2 998.6	405.65	5 458.87	1 675.08	72 290	11.774	7 616.9	65
1965	3 191.1	437.72	5 666.32	1 772.83	74 289	11.808	8 184.6	66
1966	3 399.1	465.94	5 915.2	1 910.11	77 540	11.846	8 516.5	67
1967	3 484.6	465.45	6 201.18	1 988.39	79 129	11.904	9 023.6	68
1968	3 652.7	486.36	6 468.46	2 104.52	80 943	11.944	9 260.8	69
1969	3 765.4	501.05	6 727.89	2 208.91	82 985	11.996	9 378.8	70
1970	3 771.9	485	6 988.13	2 241.71	82 607	12.04	9 422.2	71
1971	3 898.6	501.72	7 213.81	2 279.11	82 278	12.13	9 040.4	72
1972	4 105	543.29	7 405.27	2 403.73	84 095	12.17	8 830.8	73
1973	4 341.5	586.93	7 616.08	2 547.06	87 391	12.232	9 032.1	74
1974	4 319.6	561.58	7 873.76	2 563.54	88 794	12.308	9 211.8	75
1975	4 311.2	514.83	8 119.12	2 497.56	87 257	12.416	9 109.5	76
1976	4 540.9	556.55	8 300.98	2 635.28	89 371	12.446	8 911.2	77
1977	4 750.5	618.02	8 489.72	2 761.32	92 358	12.468	9 322.7	78
1978	5 015	688.39	8 706.29	2 920.01	96 772	12.496	9 644.9	79
1979	5 173.4	727.81	8 987.48	3 029	100 332	12.558	10 112.7	80

续表

年份	GDP（十亿美元）	固定资产投资（十亿美元）	固定资本存量（十亿美元）	劳动报酬（十亿美元）	劳动力（千人）	就业者人均受教育年限（年）	研究开发经费（十亿美元）	t
1980	5 161.7	691.21	9 306.57	3 056.5	100 850	12.616	10 613.7	81
1981	5 291.7	700.34	9 595.92	3 088.35	101 731	12.694	11 092.7	82
1982	5 189.3	657.87	9 891.02	3 070.22	100 516	12.778	11 586.8	83
1983	5 423.8	706.34	10 123.91	3 132.48	101 595	12.824	12 203.4	84
1984	5 813.6	819.96	10 334.88	3 333.97	106 054	12.876	13 077	85
1985	6 053.7	874.99	10 648.7	3 478.05	108 330	12.898	14 325.9	86
1986	6 263.6	897.81	10 998.82	3 607.17	110 093	12.926	15 575.7	87
1987	6 475.1	911.5	11 303.53	3 757.32	113 061	12.962	15 978.9	88
1988	6 742.7	934.68	11 592.07	3 920.01	116 092	12.984	16 279.8	89
1989	6 981.4	964.5	11 881.58	4 003.7	118 634	13.03	16 697.4	90
1990	7 112.5	960.05	12 176.52	4 091.42	120 071	13.066	17 042.7	91
1991	7 100.5	911.34	12 472.75	4 079.9	119 124	13.162	17 576.1	92
1992	7 336.6	955.55	12 697.31	4 208.38	120 039	13.28	17 947.1	93
1993	7 532.7	1 012.55	12 906.04	4 301.2	121 955.5	13.312	18 005	94
1994	7 835.5	1 086.33	13 151.4	4 428.62	124 923	13.358	17 619.8	95
1995	8 031.7	1 148.39	13 413.4	4 552.68	126 916	13.362	17 624.6	96
1996	8 328.9	1 241.37	13 738.41	4 678.07	128 887	13.39	18 716.7	97
1997	8 703.5	1 341.27	14 113.81	4 885.79	131 912	13.382	19 733	98
1998	9 066.9	1 463.11	14 529.52	5 202.97	133 986	13.418	20 831.6	99
1999	9 470.3	1 583.13	14 987.13	5 473.8	136 186	13.388	21 979.4	100
2000	9 817	1 679	15 477.21	5 782.7	138 151	13.53	23 302.7	101
2001	9 890.7	1 649.63	15 994.8	5 802.88	138 283	13.58	24 751.9	102
2002	10 074.8	1 595.81	16 387.47	5 830.93	137 916	13.6	26 715.3	103
2003	10 377.04	1 610.93	16 876.53	5 930.48	138 987	13.63	27 602.93	104
2004	10 740.24	1 781.56	17 276.93	6 071.46	140 493.1	13.66	27 280.21	105
2005	11 062.45	1 901.34	17 676.16	6 179.48	142 991	13.69	28 430.5	106
2006	11 350.07	1 971.35	18 119.4	6 332.2	145 682	13.72	29 623.68	107
2007	11 588.42	1 883.85	18 504.48	6 472.13	147 304	13.75	30 825.2	108
2008	11 634.77	1 720.96	18 974.44	6 479.4	146 639	13.78	32 228.31	109

注："固定资本存量"滞后一年；"研究开发经费"滞后两年。

（2）美国经济增长模型：

$$Y = 0.003\,16(HL)^{0.482}(SD/L)^{0.001\,461t - 0.000\,000\,048\,8t^3} + 0.12K \quad \text{（附2-1）}$$
$$+ 0.000\,7SH/K + 0.007HD/K + 11.7$$

在模型（附 2-1）中，t 表示时间，1900 年=1，1978 年=79……2002 年=103。其中，Y 是国内生产总值；K 是固定资本存量；D 是固定资产投资；S 是研究开发经费；H 是人力资本；L 是劳动力。

附表 2-2 劳动报酬模型

被解释变量：$\log V$				
模型估计方法：最小二乘法				
样本范围（调整后）：1902~2002				
观察值的个数：101（调整端点后）				
5 次迭代后实现收敛				
解释变量	系数	标准误	t 统计量	概率
C	−2.490 222	0.643 256	−3.871 27	0.000 2
$\log HL$	0.481 456	0.064 72	7.439 013	0
$t^3 \log SD/L$	−4.88E−08	8.93E−09	−5.460 37	0
$t \log SD/L$	0.001 461	0.000 18	8.110 894	0
AR（1）	0.789 106	0.064 115	12.307 58	0
样本决定系数	0.998 978	因变量的均值		3.012 006
调整后的样本决定系数	0.998 935	因变量的标准差		0.468 07
回归标准差	0.015 275	赤池信息量（AIC）		−5.476 91
残差平方和	0.022 4	施瓦茨信息量（SC）		−5.347 45
对数似然比	281.583 9	f 检验统计量		23 449.42
DW 统计量	1.283 108	模型显著性的概率值		0
特征根	0.79			

附表 2-3 投资价值模型

被解释变量：M				
模型估计方法：最小二乘法				
样本范围：1900~1945				
观察值的个数：46				
解释变量	系数	标准误	t 统计量	概率
C	11.727 97	11.032 89	1.063 001	0.293 9
K	0.115 745	0.006 44	17.974 27	0
SH/K	0.000 696	0.000 117	5.963 635	0
HD/K	0.006 999	0.000 431	16.247 85	0
样本决定系数	0.991 766	因变量的均值		366.909 8
调整后的样本决定系数	0.991 178	因变量的标准差		161.708 1
回归标准差	15.188 76	赤池信息量（AIC）		8.361 93
残差平方和	9 689.334	施瓦茨信息量（SC）		8.520 942
对数似然比	−188.324	f 检验统计量		1 686.24
DW 统计量	1.043 807	模型显著性的概率值		0

附表 2-4　生产要素配置效率分析

年份	效率	固定资本的浪费率	劳动力的浪费率	人力资本的浪费率
1901	0.73	0.00	0.58	0.42
1902	0.73	0.00	0.58	0.45
1903	0.58	0.00	0.44	0.31
1904	0.58	0.00	0.44	0.31
1905	0.78	0.00	0.59	0.44
1906	0.78	0.00	0.61	0.44
1907	0.65	0.00	0.48	0.34
1908	0.65	0.00	0.47	0.31
1909	0.65	0.00	0.48	0.34
1910	0.65	0.00	0.48	0.36
1911	0.55	0.00	0.39	0.27
1912	0.69	0.00	0.50	0.33
1913	0.69	0.00	0.50	0.36
1914	0.69	0.00	0.50	0.36
1915	0.61	0.00	0.41	0.27
1916	0.61	0.00	0.42	0.29
1917	0.61	0.00	0.42	0.29
1918	0.73	0.00	0.50	0.35
1919	0.61	0.00	0.43	0.29
1920	0.61	0.00	0.43	0.31
1921	0.54	0.00	0.34	0.22
1922	0.54	0.00	0.36	0.24
1923	0.65	0.00	0.44	0.31
1924	0.65	0.00	0.44	0.31
1925	0.68	0.00	0.45	0.31
1926	0.68	0.00	0.46	0.33
1927	0.68	0.00	0.46	0.33
1928	0.62	0.00	0.40	0.26
1929	0.62	0.00	0.40	0.28
1930	0.62	0.00	0.39	0.26
1931	0.48	0.00	0.27	0.15
1932	0.48	0.00	0.23	0.11
1933	0.40	0.00	0.19	0.09
1934	0.48	0.00	0.26	0.15
1935	0.57	0.00	0.31	0.19
1936	0.57	0.00	0.33	0.23
1937	0.65	0.00	0.39	0.28

续表

年份	效率	固定资本的浪费率	劳动力的浪费率	人力资本的浪费率
1938	0.65	0.00	0.39	0.26
1939	0.60	0.00	0.34	0.23
1940	0.67	0.00	0.40	0.29
1941	0.75	0.00	0.46	0.34
1942	0.83	0.00	0.51	0.40
1943	0.90	0.00	0.53	0.40
1944	0.91	0.00	0.49	0.34
1945	0.81	0.00	0.40	0.27
1946	0.71	0.00	0.35	0.24
1947	0.75	0.00	0.41	0.30
1948	0.75	0.00	0.41	0.31
1949	0.75	0.00	0.41	0.31
1950	0.81	0.00	0.45	0.35
1951	0.82	0.00	0.45	0.37
1952	0.87	0.00	0.49	0.39
1953	0.87	0.00	0.48	0.39
1954	0.83	0.00	0.43	0.34
1955	0.84	0.00	0.42	0.33
1956	0.84	0.00	0.43	0.33
1957	0.84	0.00	0.41	0.32
1958	0.81	0.00	0.37	0.28
1959	0.81	0.00	0.36	0.27
1960	0.85	0.00	0.38	0.28
1961	0.82	0.00	0.35	0.26
1962	0.83	0.00	0.34	0.26
1963	0.83	0.00	0.33	0.24
1964	0.87	0.00	0.33	0.24
1965	0.87	0.00	0.34	0.24
1966	0.91	0.00	0.35	0.26
1967	0.88	0.00	0.32	0.24
1968	0.88	0.00	0.31	0.23
1969	0.89	0.00	0.32	0.23
1970	0.84	0.00	0.26	0.18
1971	0.87	0.00	0.25	0.17
1972	0.87	0.00	0.25	0.18
1973	0.90	0.00	0.27	0.19
1974	0.87	0.00	0.26	0.18

续表

年份	效率	固定资本的浪费率	劳动力的浪费率	人力资本的浪费率
1975	0.83	0.00	0.21	0.14
1976	0.86	0.00	0.21	0.14
1977	0.88	0.00	0.23	0.16
1978	0.91	0.00	0.25	0.18
1979	0.91	0.00	0.25	0.19
1980	0.87	0.00	0.23	0.16
1981	0.86	0.00	0.20	0.15
1982	0.84	0.00	0.18	0.13
1983	0.86	0.00	0.17	0.12
1984	0.90	0.00	0.20	0.15
1985	0.90	0.00	0.19	0.14
1986	0.90	0.00	0.18	0.12
1987	0.90	0.00	0.17	0.13
1988	0.92	0.00	0.18	0.14
1989	0.92	0.00	0.17	0.13
1990	0.92	0.00	0.17	0.13
1991	0.90	0.00	0.14	0.11
1992	0.91	0.00	0.14	0.11
1993	0.93	0.00	0.14	0.11
1994	0.94	0.00	0.15	0.13
1995	0.94	0.00	0.14	0.11
1996	0.97	0.00	0.14	0.11
1997	0.98	0.00	0.14	0.11
1998	0.98	0.00	0.12	0.10
1999	0.99	0.00	0.11	0.08
2000	0.99	0.00	0.09	0.08
2001	0.98	0.00	0.07	0.06
2002	0.98	0.00	0.05	0.04
2003	0.97	0.00	0.02	0.01
2004	0.98	0.00	0.01	0.00
2005	0.99	0.00	0.01	0.00
2006	1.00	0.00	0.00	0.00
2007	1.00	0.00	0.00	0.00
2008	1.00	0.00	0.00	0.00

附录 3

英国经济增长数据和模型

（1）数据及其来源。

研究开发经费来自于经济合作与发展组织的 *Main Science and Technology Indicators data base* 以及 *National Science Foundation*；就业者人均受教育年限来自于 Andrea Bassanini and Stefano Scarpetta 的 *Does Human Capital Matter for Growth in OECD Countries? Evidence from Pooled Mean-group Estimates*；劳动报酬来自于世界银行；GDP 等来自于英国统计局、格罗宁根增长与发展中心和 *The Conference Board* 等机构的数据库。

附表 3-1　英国经济增长数据（2000 年价格）

年份	GDP（十亿英镑）	研究开发经费/GDP（％）	就业者人均受教育年限（年）	劳动力（千人）	劳动报酬份额	固定资产投资/GDP	净资本（十亿英镑）
1960	313.21	1.47	7.59	24 178	0.588 019	0.138 554	
1961	321	1.48	7.67	24 452	0.599 694	0.145 846	650
1962	324.99	1.48	7.66	24 627	0.601 992	0.144 226	676
1963	340.3	1.48	7.7	24 657	0.597 113	0.140 985	706
1964	358.9	1.46	7.75	24 946	0.592 386	0.153 138	734
1965	368	1.52	7.82	25 199	0.593 844	0.153 949	762
1966	375.18	1.58	7.88	25 351	0.597 999	0.154 759	797
1967	383.79	1.68	7.94	24 987	0.591 807	0.160 431	834
1968	399.49	1.7	8.01	24 836	0.584 324	0.162 862	871
1969	407.66	1.7	8.07	24 858	0.580782	0.157 19	912
1970	417.4	1.6	9.2	24 753	0.595 089	0.158	955
1971	425.77	1.6	9.3	24 533	0.585 057	0.158 431	997
1972	441.21	1.5	9.4	24 510	0.589 813	0.152 826	1 038
1973	473.48	1.5	9.5	25 076	0.594 675	0.151 728	1 080
1974	465.53	1.5	9.6	25 148	0.627 848	0.151 31	1 119
1975	462.37	1.5	9.7	25 055	0.62	0.149 459	1 162
1976	475.34	1.5	9.8	24 845	0.625 323	0.147 892	1 202

续表

年份	GDP（十亿英镑）	研究开发经费/GDP（%）	就业者人均受教育年限（年）	劳动力（千人）	劳动报酬份额	固定资产投资/GDP	净资本（十亿英镑）
1977	486.58	1.6	9.9	24 865	0.595 804	0.142 265	1 238
1978	503.14	1.8	10	25 014	0.589 558	0.141 04	1 273
1979	516.96	2	10.1	25 394	0.588 216	0.140 865	1 306
1980	505.69	2.2	10.2	25 327	0.598 292	0.137 164	1 339
1981	499.26	2.39	10.3	24 345	0.592 368	0.126 866	1 372
1982	508.24	2.3	10.4	23 908	0.573 607	0.131 735	1 399
1983	527.29	2.21	10.4	23 626	0.562 665	0.133 543	1 418
1984	540.2	2.2	10.5	24 019	0.561 039	0.141 898	1 440
1985	560.64	2.25	10.6	24 390	0.556 022	0.142 678	1 464
1986	584.24	2.27	10.7	24 545	0.558 284	0.140 185	1 494
1987	608.6	2.2	10.7	24 931	0.548 993	0.146 776	1 525
1988	640.22	2.15	10.8	25 859	0.549 244	0.160 489	1 556
1989	654.02	2.16	10.9	26 689	0.556 765	0.166 477	1 594
1990	659.17	2.16	11	26 935	0.567 203	0.161 538	1 643
1991	650.09	2.08	11.2	26 153	0.572 728	0.150 517	1 696
1992	651.57	2.09	11.3	25 573	0.569 224	0.148 938	1 743
1993	667.8	2.12	11.6	25 342	0.556 822	0.145 344	1 777
1994	698.92	2.08	11.6	25 543	0.542 537	0.145 78	1 807
1995	719.18	1.99	11.7	25 856	0.537 724	0.145 629	1 834
1996	738.05	1.92	11.8	26 099	0.531 962	0.149 244	1 865
1997	763.47	1.84	11.9	26 567	0.533 815	0.154 294	1 896
1998	786.3	1.83	11.959 5	26 838	0.541 153	0.169 414	1 930
1999	803.02	1.88	12.019 3	27 212	0.545 979	0.168 709	1 969
2000	827.43	1.86	12.079 39	27 528	0.552 275	0.166 014	2 022
2001	845.69	1.74	12.139 79	27 756	0.563 166	0.165 596	2 070
2002	866.58	1.72	12.200 49	27 966	0.56	0.167 651	2 120
2003	899.64	1.7	12.261 49	28 230	0.56	0.163 355	2 181.769
2004	925.8	1.68	12.322 8	28 530	0.55	0.166 669	2 233.671
2005	951.49	1.73	12.384 41	28 819	0.54	0.166 063	2 289.286
2006	976.23	1.75	12.446 34	29 076	0.54	0.172 116	2 332.319
2007	1 011.69	1.78	12.508 57	29 277	0.54	0.179 621	2 385.579
2008	1 001.9	1.77	12.7	29 488	0.53	0.172 976	2 461.067
2009	962.08	1.85	12.763 5	29 003	0.55	0.155 464	2 536.295
2010	979.39	1.77	12.827 32	29 067	0.55	0.158 066	2 588.883

注："净资本"滞后一年。

（2）英国经济增长模型：

$$Y = 0.000\,002(HL)^{0.83}(SD/L)^{0.115} + 0.12K + 139SD/K - 9.6 \quad （附3\text{-}1）$$

附表 3-2　英国劳动报酬模型

被解释变量：$\log V$				
模型估计方法：最小二乘法				
样本范围（调整后）：1963～2005				
观察值的个数：43（调整端点后）				
7 次迭代后实现收敛				
解释变量	系数	标准误	t 统计量	概率
C	−5.720 83	0.617 573	−9.263 41	0
$\log HL$	0.831 099	0.063 987	12.988 47	0
$\log SD/L$	0.115 351	0.022 089	5.222 099	0
AR（3）	−0.362 88	0.194 397	−1.866 69	0.069 7
AR（2）	0.487 679	0.198 219	2.460 302	0.018 5
样本决定系数	0.991 273	因变量的均值		2.510 972
调整后的样本决定系数	0.990 355	因变量的标准差		0.111 559
回归标准差	0.010 956	赤池信息量（AIC）		−6.080 86
残差平方和	0.004 562	施瓦茨信息量（SC）		−5.876 07
对数似然比	135.738 4	f 检验统计量		1 079.108
DW 统计量	1.050 439	模型显著性的概率值		0
特征根	0.47+0.41i	0.47−0.41i	−0.94	

附表 3-3　英国投资价值模型

被解释变量：M				
模型估计方法：最小二乘法				
样本范围（调整后）：1962～2010				
观察值的个数：49（调整端点后）				
5 次迭代后实现收敛				
解释变量	系数	标准误	t 统计量	概率
C	−9.578 17	18.360 39	−0.521 68	0.604 5
K	0.118 932	0.015 408	7.718 833	0
SD/K	139.258 3	25.788 75	5.399 963	0
AR（1）	0.787 707	0.093 282	8.444 388	0
样本决定系数	0.993 432	因变量的均值		272.822
调整后的样本决定系数	0.992 994	因变量的标准差		102.509 7
回归标准差	8.580 171	赤池信息量（AIC）		7.214 892
残差平方和	3 312.87	施瓦茨信息量（SC）		7.369 327
对数似然比	−172.765	f 检验统计量		2 268.801
DW 统计量	1.424 981	模型显著性的概率值		0
特征根	0.79			

附表 3-4　生产要素配置效率分析

年份	效率	固定资本的浪费率	劳动力的浪费率	人力资本的浪费率
1960	1.00	0.00	0.00	0.00
1961	0.99	0.00	0.00	0.01
1962	0.97	0.00	0.00	0.00
1963	0.98	0.00	0.00	0.00
1964	1.00	0.00	0.00	0.00
1965	0.99	0.00	0.01	0.00
1966	0.97	0.00	0.02	0.00
1967	0.97	0.00	0.04	0.00
1968	0.97	0.00	0.06	0.00
1969	0.96	0.00	0.07	0.00
1970	0.93	0.00	0.00	0.06
1971	0.92	0.00	0.00	0.05
1972	0.92	0.00	0.00	0.04
1973	0.96	0.00	0.00	0.05
1974	0.91	0.00	0.00	0.04
1975	0.88	0.00	0.00	0.04
1976	0.88	0.00	0.00	0.03
1977	0.88	0.00	0.00	0.03
1978	0.89	0.00	0.00	0.03
1979	0.89	0.00	0.00	0.03
1980	0.86	0.00	0.00	0.03
1981	0.84	0.00	0.00	0.01
1982	0.84	0.00	0.00	0.01
1983	0.86	0.00	0.01	0.00
1984	0.87	0.00	0.00	0.00
1985	0.89	0.00	0.00	0.01
1986	0.91	0.00	0.00	0.01
1987	0.92	0.00	0.00	0.01
1988	0.95	0.00	0.00	0.03
1989	0.94	0.00	0.00	0.03
1990	0.92	0.00	0.00	0.03
1991	0.89	0.00	0.00	0.02
1992	0.88	0.00	0.00	0.01
1993	0.89	0.00	0.00	0.02
1994	0.91	0.00	0.00	0.01

续表

年份	效率	固定资本的浪费率	劳动力的浪费率	人力资本的浪费率
1995	0.93	0.00	0.00	0.02
1996	0.93	0.00	0.00	0.02
1997	0.95	0.00	0.00	0.03
1998	0.96	0.00	0.00	0.03
1999	0.96	0.00	0.00	0.03
2000	0.96	0.00	0.00	0.03
2001	0.96	0.00	0.00	0.02
2002	0.96	0.00	0.00	0.02
2003	0.97	0.00	0.00	0.02
2004	0.98	0.00	0.00	0.01
2005	0.99	0.00	0.00	0.01
2006	0.99	0.00	0.00	0.01
2007	1.00	0.00	0.00	0.00
2008	0.98	0.02	0.00	0.01
2009	0.96	0.06	0.00	0.02
2010	0.98	0.06	0.00	0.02

附录 4

韩国经济增长数据和模型

（1）数据及其来源。

GDP、劳动力、劳动报酬、固定资本存量、固定资产投资来自于韩国统计信息网；就业者人均受教育年限来自于 Futoshi Yamauchi, Yoshihisa Godo 的 *Human Capital Accumulation, Technological Change and International Spillovers: Comparative Growth Experience from Japan, Korea and the United States*；研究开发经费数据来自于 Hak Kil Pyo and Bongchan Ha 的 *Technology and Long-run Economic Growth in Korea*。其中，劳动报酬参考了 Jungho Yoo 的 *Neoclassical versus Revisionist View of Korean Economic Growth*、Hak K. Pyo 的 *An Episode of Rapid Productivity Convergence and Stagnation: Korea（1954—2002）*；固定资本存量参考了 Hak K. Pyo 的 *Estimates of Fixed Reproducible Tangible Assets in the Republic of Korea, 1953—1996*。

附表 4-1　韩国经济增长数据（2005 年价格）

年份	GDP（亿韩元）	固定资产投资（亿韩元）	就业者人均受教育年限（年）	固定资本存量（亿韩元）	劳动力（千人）	劳动报酬（亿韩元）	研究开发经费（亿韩元）
1960	30 908.55	1 327.55	3.23	28 436	6 829	9 272.565	6.594 621
1961	32 206.71	1 579.61	3.33	30 729	7 074	9 984.08	6.858 406
1962	33 333.94	2 119.45	3.43	32 317	7 318	10 666.86	7.132 742
1963	36 367.33	2 701.31	3.53	34 295	7 563	12 001.22	7.418 052
1964	39 858.59	2 871.45	3.64	37 045	7 698	13 551.92	7.729 61
1965	42 170.39	3 180.23	3.75	40 001	8 112	14 337.93	8.333 485
1966	47 526.31	4 627.51	3.86	43 328	8 325	16 158.85	9.091 833
1967	50 662.75	5 669.38	3.98	48 180	8 624	17 225.34	10.363 23
1968	56 387.64	7 744.73	4.1	54 559	9 061	19 171.8	11.386 01
1969	64 169.14	10 397.72	4.22	62 831	9 285	21 817.51	13.307 29

续表

年份	GDP（亿韩元）	固定资产投资（亿韩元）	就业者人均受教育年限（年）	固定资本存量（亿韩元）	劳动力（千人）	劳动报酬（亿韩元）	研究开发经费（亿韩元）
1970	69 046	10 320.3	4.5	74 167	9 617	23 931.34	14.692 2
1971	74 737.5	10 798.2	4.715	82 689	9 946	25 724.65	16.916 29
1972	78 076.7	10 983.3	4.93	88 975	10 379	26 514.85	20.534 12
1973	87 472.7	13 866.3	5.145	102 673	10 942	29 600.76	26.350 35
1974	93 755.1	15 824.6	5.36	113 349	11 421	29 926.63	23.311 35
1975	99 331.3	17 240.5	5.575	123 693	11 691	32 044.28	22.264 79
1976	109 832.9	20 816.2	5.79	140 873	12 412	36 233.87	25.066 44
1977	120 810.5	27 095.7	6.005	159 602	12 812	41 812.51	46.025 91
1978	132 040	36 423.1	6.22	179 670	13 412	48 260.62	40.803 29
1979	140 996.2	40 077.6	6.435	197 613	13 602	53 691.35	46.760 28
1980	138 897.9	35 783	6.65	200 512	13 683	54 309.08	71.267 16
1981	147 458.2	34 676.6	6.865	219 256	14 023	56 653.44	81.331 65
1982	158 259.7	38 531.6	7.08	242 376	14 379	61 942.85	77.331 76
1983	175 312	45 254.6	7.295	276 546	14 505	70 668.27	75.844
1984	189 516.2	50 168.1	7.51	307 921	14 429	76 526.64	111.726
1985	202 408	52 813.4	7.725	338 734	14 970	81 570.42	151.402 7
1986	223 901.5	58 901.3	7.94	385 944	15 505	89 829.28	166.262 5
1987	248 763.9	69 556.9	8.155	441 664	16 354	101 296.7	210.361
1988	275 235.3	79 032.1	8.37	503 323	16 869	115 791.5	278.146 6
1989	293 798.5	91 669.7	8.585	553 387	17 560	130 270.3	366.719 8
1990	320 696.4	114 989	8.8	622 172	18 085	144 473.7	428.823 9
1991	350 819.9	131 589.2	9.07	701 032	18 623	162 043.7	492.642 3
1992	371 433	132 313	9.34	764 490	18 985	171 416.3	534.854 5
1993	394 215.8	142 536.9	9.61	835 723	19 211	182 403.7	575.437 4
1994	427 868.2	160 340.6	9.88	934 277	19 829	197 846.3	645.493 3
1995	467 099.2	181 345.2	10.15	1 050 538	20 397	219 116.2	719.575 9
1996	499 789.8	196 550.1	10.42	1 157 784	20 838	238 949.5	834.470 8
1997	523 034.7	192 033.8	10.69	1 247 980	21 201	241 380.5	992.894 9
1998	487 183.5	147 991.7	10.96	1 197 311	19 920	218 355.6	1 105.638
1999	533 399.3	160 336.3	11.23	1 350 219	20 275	229 575.1	1 211.944
2000	578 664.5	179 907.7	11.5	1 508 745	21 137	248 247.1	1 297.729
2001	600 865.9	179 576.3	11.77	1 567 622	21 557	261 316.6	1 140.876
2002	642 748.1	191 464.6	12.04	1 633 677	22 151	276 574.5	1 200.955
2003	662 654.8	199 047.9	12.31	1 702 031	22 116.3	292 562.1	1 384.85

续表

年份	GDP（亿韩元）	固定资产投资（亿韩元）	就业者人均受教育年限（年）	固定资本存量（亿韩元）	劳动力（千人）	劳动报酬（亿韩元）	研究开发经费（亿韩元）
2004	693 995.5	203 187.9	12.42	1 769 056	22 557.1	306 884.8	1 556.006
2005	723 126.8	208 054.8	12.51	1 835 586	22 856.1	325 696.3	1 627.394
2006	759 234.4	214 624.7	12.61	1 903 364	23 150.8	344 464.6	1 743.672
2007	776 696.8	210 546.8	12.9	1 961 642	23 432.8	354 173.7	1 859.908
2008	779 026.9	208 441.4	13.2	2 013 152	23 577.3	358 352.4	2 155.1
2009	828 105.6	220 531	13.4	2 072 631	23 505.6	380 928.6	2 277.703
2010	857 917.4	218 105.1	13.6	2 124 926	23 828.8	394 642	2 493.197

注："研究开发经费"滞后三年。

(2) 韩国经济增长模型：

$$Y = 1.16(HL)^{0.53}(SD/L)^{0.18} + 0.189K + 19SD/K + 11.5LD/K + 1810 \quad （附4\text{-}1）$$

附表4-2　劳动报酬模型

被解释变量：$\log V$			
模型估计方法：最小二乘法			
样本范围（调整后）：1963～2010			
观察值的个数：48（调整端点后）			
52次迭代后实现收敛			
解释变量	系数	标准误	t统计量	概率
C	0.062 808	0.680	0.09	0.926 7
$\log HL$	0.532 579	0.090	5.99	0
$\log SD/L$	0.180 383	0.030	6.22	0
AR（3）	0.733 073	0.120	6.19	0
样本决定系数	0.997 938	因变量的均值		6.082 917
调整后的样本决定系数	0.997 797	因变量的标准差		0.485 114
回归标准差	0.022 768	赤池信息量（AIC）		-4.647 251
残差平方和	0.022 809	施瓦茨信息量（SC）		-4.491 317
DW统计量	0.8	f检验统计量		7 098

附表4-3　投资价值模型

被解释变量：$Y-V$			
模型估计方法：最小二乘法			
样本范围（调整后）：1963～2006			
观察值的个数：44（调整后）			
8次迭代后实现收敛			

续表

解释变量	系数	标准误	t统计量	
C	1 810	8 034.452	2.254 86	0.03
K	0.189 112	0.013 328	14.188 77	0
SD/K	19	86.843 37	2.211 049	0.033 1
LD/K	11.475 9	3.120 802	3.677 228	0.000 7
AR（1）	1.089 222	0.099 214	10.978 53	0
AR（3）	-0.324 086	0.100 674	-3.219 166	0.002 6
样本决定系数	0.998		因变量的均值	160 714
调整后的样本决定系数	0.998		因变量的标准差	120 498
回归标准差	5 224		赤池信息量（AIC）	20.1
残差平方和	1.04E+09		施瓦茨信息量（SC）	20.3
DW 统计量	2.18		f检验统计量	4 567

附表 4-4　生产要素配置效率分析

年份	效率	固定资本的浪费率	劳动力的浪费率	人力资本的浪费率
1960	0.99	0.00	0.04	0.20
1961	0.96	0.00	0.03	0.16
1962	0.94	0.00	0.04	0.14
1963	0.97	0.00	0.05	0.12
1964	0.98	0.00	0.02	0.07
1965	0.96	0.00	0.02	0.05
1966	1.00	0.00	0.00	0.00
1967	0.98	0.00	0.01	0.00
1968	0.98	0.00	0.01	0.00
1969	1.00	0.00	0.00	0.00
1970	0.98	0.00	0.00	0.00
1971	0.99	0.00	0.01	0.00
1972	0.98	0.00	0.04	0.00
1973	0.99	0.00	0.03	0.00
1974	0.99	0.00	0.04	0.00
1975	0.99	0.00	0.05	0.00
1976	0.99	0.00	0.04	0.00
1977	1.00	0.00	0.03	0.00
1978	1.00	0.00	0.02	0.00
1979	1.00	0.00	0.00	0.00
1980	0.97	0.00	0.03	0.00
1981	0.97	0.00	0.04	0.00
1982	0.97	0.00	0.04	0.00

续表

年份	效率	固定资本的浪费率	劳动力的浪费率	人力资本的浪费率
1983	0.99	0.00	0.02	0.00
1984	1.00	0.00	0.00	0.00
1985	0.99	0.00	0.01	0.00
1986	1.00	0.00	0.01	0.00
1987	1.00	0.00	0.01	0.00
1988	1.00	0.00	0.00	0.00
1989	0.99	0.00	0.01	0.00
1990	0.99	0.00	0.00	0.00
1991	1.00	0.00	0.00	0.00
1992	0.99	0.00	0.01	0.00
1993	0.98	0.00	0.00	0.00
1994	0.98	0.00	0.00	0.00
1995	0.98	0.00	0.00	0.00
1996	0.97	0.00	0.00	0.00
1997	0.96	0.00	0.00	0.00
1998	0.93	0.00	0.00	0.00
1999	0.93	0.00	0.00	0.00
2000	0.92	0.00	0.00	0.02
2001	0.92	0.00	0.00	0.00
2002	0.94	0.00	0.00	0.00
2003	0.94	0.00	0.00	0.00
2004	0.95	0.00	0.00	0.00
2005	0.97	0.00	0.00	0.02
2006	0.99	0.00	0.00	0.06
2007	0.98	0.00	0.00	0.02
2008	0.95	0.00	0.00	0.00
2009	0.99	0.00	0.00	0.01
2010	1.00	0.00	0.00	0.00

附录 5

法国经济增长数据和模型

（1）数据及其来源。

GDP、劳动力、劳动报酬、固定资本存量、固定资产投资来自于《法国统计年鉴》及格罗宁根增长与发展中心、世界银行、The Conference Board 和联合国统计司等机构的数据库；就业者人均受教育年限来自于 Andrea Bassanini and Stefano Scarpetta 的 *Does Human Capital Matter for Growth in OECD Countries? Evidence from Pooled Mean-Group Estimates*、Michael J. Boskin and Lawrence J. Lau 的 *The Comparative Postwar Economic Performance of the G-7 Countries*、经济合作与发展组织（OECD）；研究开发经费指标来自于 OECD 等机构。

附表 5-1　法国经济增长数据（2005 年价格）

年份	GDP（亿欧元）	劳动报酬（亿欧元）	就业者人均受教育年限（年）	研究开发经费（亿欧元）	固定资本存量（亿欧元）	固定资产投资（亿欧元）	劳动力（千人）
1980	10 322	5 809	9.5	175		2 000	22 845
1981	10 423	5 837	9.6	182	16 482	1 962	22 806
1982	10 675	6 089	9.6	195	17 220	1 933	22 849
1983	10 807	6 121	9.7	209	17 883	1 863	22 825
1984	10 968	6 135	9.7	222	18 541	1 836	22 691
1985	11 145	6 175	9.8	230	19 162	1 880	22 633
1986	11 396	6 158	9.8	246	19 809	1 966	22 750
1987	11 668	6 235	9.8	259	20 426	2 062	22 941
1988	12 213	6 404	9.9	270	21 125	2 256	23 160
1989	12 724	6 607	9.9	285	21 937	2 426	23 557
1990	13 058	6 853	10	292	22 913	2 523	23 766
1991	13 193	6 957	10	302	23 977	2 516	23 798
1992	13 388	7 081	10.2	317	25 070	2 466	23 634
1993	13 299	7 043	10.3	315	26 076	2 319	23 360

续表

年份	GDP（亿欧元）	劳动报酬（亿欧元）	就业者人均受教育年限（年）	研究开发经费（亿欧元）	固定资本存量（亿欧元）	固定资产投资（亿欧元）	劳动力（千人）
1994	13 598	7 081	10.4	324	26 981	2 357	23 459
1995	13 876	7 228	10.5	333	27 686	2 400	23 679
1996	14 024	7 313	10.6	328	28 417	2 416	23 812
1997	14 331	7 440	10.6	331	29 067	2 430	23 973
1998	14 815	7 631	10.6	341	29 735	2 611	24 383
1999	15 302	7 937	10.7	338	30 315	2 833	24 943
2000	15 866	8 246	10.9	346	31 069	3 024	25 588
2001	16 157	8 481	11.0	354	31 909	3 086	25 970
2002	16 307	8 568	11.2	351	32 818	3 023	26 105
2003	16 454	8 677	11.3	347	33 687	3 087	26 137
2004	16 872	8 774	11.5	356	34 700	3 192	26 176
2005	17 180	8 934	11.6	363	35 660	3 333	26 349
2006	17 604	9 154	11.8	371	36 140	3 464	26 634
2007	18 007	9 363	11.9	380	36 713	3 682	27 006
2008	17 992	9 536	12.2	380	37 458	3 693	27 137
2009	17 426	9 236	12.4	368	38 154	3 300	26 783
2010	17 716	9 389	12.5	374	37 639	3 341	26 766

注："研究开发经费"滞后两年。

（2）法国经济增长模型：

$$Y = 0.013(HL)^{0.57}(SD/L)^{0.08} + 0.142K + 74SD/K + 603 \quad (附5\text{-}1)$$

附表 5-2　法国劳动报酬模型

被解释变量：$\log V$				
模型估计方法：最小二乘法				
样本范围（调整后）：1982～2010				
观察值的个数：29（调整端点后）				
11 次迭代后实现收敛				
解释变量	系数	标准误	t 统计量	概率
C	-1.866 11	0.679 232	-2.747 38	0.011
$\log HL$	0.573 278	0.072 968	7.856 555	0
$\log SD/L$	0.080 741	0.041 026	1.968 044	0.060 2
AR（1）	0.818 749	0.114 573	7.146 123	0
样本决定系数	0.996 822	因变量的均值		3.869 587
调整后的样本决定系数	0.996 441	因变量的标准差		0.067 342
回归标准差	0.004 018	赤池信息量（AIC）		-8.06 881

续表

解释变量	系数	标准误	t 统计量	概率
残差平方和	0.000 404	施瓦茨信息量（SC）		−7.88 022
对数似然比	120.997 7	f 检验统计量		2 613.894
DW 统计量	1.731 71	模型显著性的概率值		0
特征根	0.82			

附表 5-3　法国投资价值模型

被解释变量：M
模型估计方法：最小二乘法
样本范围（调整后）：1982～2010
观察值的个数：29（调整端点后）
14 次迭代后实现收敛

解释变量	系数	标准误	t 统计量	概率
C	603.078 8	300.344 8	2.007 955	0.055 6
K	0.141 904	0.008 137	17.439 89	0
SD/K	73.740 14	11.414 06	6.460 467	0
AR（1）	0.668 473	0.199 549	3.349 92	0.002 6
样本决定系数	0.996 478	因变量的均值		6 800.487
调整后的样本决定系数	0.996 055	因变量的标准差		1 258.243
回归标准差	79.030 43	赤池信息量（AIC）		11.704 99
残差平方和	156 145.2	施瓦茨信息量（SC）		11.893 58
对数似然比	−165.722	f 检验统计量		2 357.462
DW 统计量	1.594 888	模型显著性的概率值		0
特征根	0.67			

附表 5-4　生产要素配置效率分析

年份	效率	固定资本的浪费率	劳动力的浪费率	人力资本的浪费率
1980	1.00	0.00	0.00	0.00
1981	0.99	0.00	0.00	0.00
1982	0.99	0.00	0.00	0.00
1983	0.98	0.00	0.00	0.01
1984	0.98	0.00	0.00	0.00
1985	0.97	0.00	0.00	0.01
1986	0.97	0.00	0.00	0.00
1987	0.98	0.00	0.00	0.00
1988	0.99	0.00	0.00	0.00
1989	1.00	0.00	0.00	0.00
1990	1.00	0.00	0.00	0.00

◆附录 5
法国经济增长数据和模型

续表

年份	效率	固定资本的浪费率	劳动力的浪费率	人力资本的浪费率
1991	1.00	0.00	0.03	0.00
1992	0.99	0.00	0.03	0.00
1993	0.98	0.00	0.04	0.00
1994	0.98	0.00	0.04	0.00
1995	0.98	0.00	0.03	0.00
1996	0.97	0.00	0.02	0.00
1997	0.98	0.00	0.00	0.00
1998	1.00	0.00	0.00	0.00
1999	1.00	0.00	0.00	0.00
2000	1.00	0.00	0.00	0.00
2001	0.99	0.00	0.00	0.00
2002	0.99	0.00	0.00	0.00
2003	0.98	0.00	0.00	0.00
2004	1.00	0.01	0.00	0.00
2005	1.00	0.01	0.00	0.00
2006	1.00	0.00	0.00	0.00
2007	1.00	0.00	0.00	0.00
2008	0.99	0.01	0.00	0.02
2009	0.98	0.01	0.00	0.04
2010	0.99	0.02	0.00	0.05

附录 6

德国经济增长数据和模型

（1）数据及其来源。

GDP、劳动力、劳动报酬、固定资本存量、固定资产投资来自于《德国统计年鉴》及格罗宁根增长与发展中心、世界银行、The Conference Board 和联合国统计司等机构的数据库；就业者人均受教育年限来自于 Andrea Bassanini and Stefano Scarpetta 的 *Does Human Capital Matter for Growth in OECD Countries? Evidence from Pooled Mean-Group Estimates*、Michael J. Boskin and Lawrence J. Lau 的 *The Comparative Postwar Economic Performance of the G-7 Countries*、经济合作与发展组织（OECD）；研究开发经费指标来自于 OECD 等机构。

附表 6-1　德国经济增长数据（1990 年价格）

年份	GDP（亿欧元）	劳动报酬（亿欧元）	固定资本存量（亿欧元）	固定资产投资（亿欧元）	研究开发经费（亿欧元）	就业者人均受教育年限（年）	劳动力（千人）
1990	17 821	9 980	33 038	3 487	407	11.5	37 404
1991	18 732	10 302	34 095	3 661	423	11.5	38 712
1992	19 090	10 611	35 194	3 836	453	11.6	38 183
1993	18 899	10 455	36 286	3 678	472	11.6	37 695
1994	19 366	10 450	37 440	3 831	448	11.6	37 667
1995	19 690	10 619	38 322	3 819	434	11.7	37 802
1996	19 846	10 643	39 139	3 800	440	11.7	37 772
1997	20 191	10 649	39 949	3 837	439	11.7	37 716
1998	20 567	10 793	40 805	3 986	453	11.8	38 148
1999	20 952	11 025	41 559	4 163	471	11.8	38 721
2000	21 592	11 515	42 456	4 272	504	11.8	39 382
2001	21 919	11 632	43 630	4 132	527	11.9	39 485
2002	21 921	11 618	44 295	3 878	544	11.9	39 257
2003	21 839	11 356	44 702	3 830	554	12.0	38 918
2004	22 093	11 488	44 917	3 821	554	12.1	39 034

续表

年份	GDP（亿欧元）	劳动报酬（亿欧元）	固定资本存量（亿欧元）	固定资产投资（亿欧元）	研究开发经费（亿欧元）	就业者人均受教育年限（年）	劳动力（千人）
2005	22 244	11 344	45 091	3 852	552	12.2	38 976
2006	23 067	11 764	45 335	4 171	553	12.4	39 192
2007	23 821	12 149	45 879	4 367	557	12.5	39 857
2008	24 079	12 040	46 576	4 423	586	12.7	40 348
2009	22 845	11 879	47 273	3 919	603	12.8	40 370
2010	23 794	12 135	47 411	4 147	648	13.0	40 603

（2）德国经济增长模型：

$$Y = 0.038(HL)^{0.292}(SD)^{0.15} + 0.235K + 0.48SD/K - 2326 \quad （附6\text{-}1）$$

附表 6-2　德国劳动报酬模型

被解释变量：$\log V$				
模型估计方法：最小二乘法				
样本范围（调整后）：1991~2010				
观察值的个数：20（调整端点后）				
9 次迭代后实现收敛				
解释变量	系数	标准误	t 统计量	概率
C	0.808 033	1.295 16	0.623 887	0.541 5
$\log HL$	0.291 655	0.135 362	2.154 622	0.046 8
$\log SD$	0.144 784	0.069 56	2.081 424	0.053 8
AR（1）	0.581 123	0.170 59	3.406 545	0.003 6
样本决定系数	0.945 822		因变量的均值	4.049 502
调整后的样本决定系数	0.935 664		因变量的标准差	0.023 937
回归标准差	0.006 072		赤池信息量（AIC）	-7.193 55
残差平方和	0.000 59		施瓦茨信息量（SC）	-6.994 4
对数似然比	75.935 48		f 检验统计量	93.107 59
DW 统计量	2.134 04		模型显著性的概率值	0
特征根	0.58			

附表 6-3　德国投资价值模型

被解释变量：M				
模型估计方法：最小二乘法				
样本范围：1990~2010				
观察值的个数：21				
解释变量	系数	标准误	t 统计量	概率
C	-2 325.69	563.271 9	-4.128 89	0.000 6

续表

解释变量	系数	标准误	t 统计量	概率
K	0.235 38	0.016 766	14.039 13	0
SD/K	0.479 968	0.138 263	3.471 427	0.002 7
样本决定系数	0.965 623		因变量的均值	9 996.099
调整后的样本决定系数	0.961 803		因变量的标准差	1 198.594
回归标准差	234.254 4		赤池信息量（AIC）	13.882 26
残差平方和	987 752.1		施瓦茨信息量（SC）	14.031 47
对数似然比	−142.764		f 检验统计量	252.799 3
DW 统计量	1.059 194		模型显著性的概率值	0

附表 6-4　生产要素配置效率分析

年份	效率	固定资本的浪费率	劳动力的浪费率	人力资本的浪费率
1990	0.98	0.00	0.01	0.00
1991	1.00	0.00	0.00	0.00
1992	0.99	0.00	0.03	0.00
1993	0.96	0.00	0.04	0.00
1994	0.97	0.00	0.06	0.00
1995	0.97	0.00	0.06	0.00
1996	0.96	0.00	0.07	0.00
1997	0.96	0.00	0.06	0.00
1998	0.96	0.00	0.06	0.00
1999	0.96	0.00	0.05	0.00
2000	0.97	0.00	0.05	0.00
2001	0.98	0.00	0.05	0.00
2002	0.98	0.01	0.04	0.00
2003	0.98	0.02	0.04	0.00
2004	0.98	0.01	0.03	0.00
2005	0.97	0.01	0.02	0.00
2006	0.99	0.01	0.01	0.00
2007	1.00	0.00	0.00	0.00
2008	1.00	0.00	0.00	0.00
2009	0.95	0.00	0.00	0.02
2010	0.98	0.00	0.00	0.04

附录 7

加拿大经济增长数据和模型

（1）数据及其来源。

GDP、劳动力、劳动报酬、固定资本存量、固定资产投资数据来自于历年的《加拿大统计年鉴》及格罗宁根增长与发展中心、世界银行、联合国统计司等机构的数据库；就业者人均受教育年限来自于 Andrea Bassanini and Stefano Scarpetta 的 *Does Human Capital Matter for Growth in Oecd Countries? Evidence from Pooled Mean-Group Estimates*、Michael J. Boskin and Lawrence J. Laur 的 *The Comparative Postwar Economic Performance of the G-7 Countries*；研究开发经费指标来自于 Statistics Canada、OECD 等机构。

附表 7-1 加拿大经济增长数据（1990 年价格）

年份	GDP（亿加拿大元）	固定资本存量（亿加拿大元）	固定资产投资（亿加拿大元）	研究开发经费/GDP（%）	就业者人均受教育年限（年）	劳动力（千人）
1980	6 886		1 256			11 057
1981	7 127	15 425	1 349	1.2	10.6	11 379
1982	6 923	16 254	1 194	1.2	10.7	11 019
1983	7 111	17 133	1 183	1.2	10.7	11 098
1984	7 525	17 806	1 211	1.4	10.8	11 377
1985	7 885	18 429	1 317	1.4	10.8	11 704
1986	8 076	19 062	1 378	1.4	10.9	12 064
1987	8 419	19 763	1 522	1.4	11.0	12 412
1988	8 838	20 496	1 664	1.5	11.1	12 788
1989	9 069	21 350	1 758	1.4	11.1	13 075
1990	9 087	22 314	1 689	1.4	11.1	13 165
1991	8 897	23 318	1 597	1.5	11.3	12 935
1992	8 975	24 207	1 553	1.5	11.4	12 807
1993	9 184	24 942	1 522	1.6	11.6	12 868
1994	9 626	25 570	1 636	1.6	11.9	13 132

续表

年份	GDP（亿加拿大元）	固定资本存量（亿加拿大元）	固定资产投资（亿加拿大元）	研究开发经费/GDP（%）	就业者人均受教育年限(年)	劳动力（千人）
1995	9 896	26 161	1 601	1.7	12.1	13 365
1996	10 056	26 816	1 671	1.8	12.2	13 484
1997	10 481	27 407	1 926	1.7	12.4	13 769
1998	10 911	28 002	1 973	1.7	12.5	14 107
1999	11 514	28 883	2 116	1.7	12.6	14 462
2000	12 117	29 836	2 215	1.8	12.7	14 817
2001	12 333	30 987	2 303	1.8	12.8	14 994
2002	12 694	31 000	2 339	1.9	12.8	15 352
2003	12 932	31 169	2 484	2.1	12.9	15 718
2004	13 336	31 783	2 677	2.0	13.0	15 977
2005	13 738	32 553	2 926	1.9	13.0	16 184
2006	14 126	33 526	3 133	1.9	13.1	16 471
2007	14 437	34 648	3 244	1.9	13.2	16 867
2008	14 537	35 813	3 310	2.1	13.3	17 150
2009	14 134	36 974	2 881	2	13.3	16 877
2010	14 588	37 637	3 170	2	13.3	17 105

注："固定资本存量"滞后一年；"研究开发经费/GDP"滞后两年。

（2）加拿大经济增长模型：

$$Y = 0.0436 H^{1.04}(SDH)^{0.091} + 0.115K + 83.7 SD/K + 818 \quad （附7-1）$$

附表 7-2 加拿大劳动报酬对数模型 $\log V$

样本范围：1981~2010				
观察值的个数：30				
解释变量	系数	标准误	t 统计量	概率
C	−1.362 76	0.732 348	−1.860 81	0.073 7
$\log L$	1.042 58	0.274 781	3.794 22	0.000 8
$\log SDH$	0.091 424	0.047 492	1.925 04	0.064 8
样本决定系数	0.993 611	因变量的均值		3.739 303
调整后的样本决定系数	0.993 138	因变量的标准差		0.094 553
回归标准差	0.007 833	赤池信息量（AIC）		−6.766 38
残差平方和	0.001 656	施瓦茨信息量（SC）		−6.626 26
对数似然比	104.495 8	f 检验统计量		2 099.483
DW 统计量	0.854 362	模型显著性的概率值		0

附表 7-3　加拿大投资价值模型

被解释变量：M			
模型估计方法：最小二乘法			
样本范围（调整后）：1983～2010			
观察值的个数：28（调整端点后）			
7 次迭代后实现收敛			

解释变量	系数	标准误	t 统计量	概率
C	818.105 6	303.626 5	2.694 448	0.012 9
K	0.114 661	0.014 511	7.901 497	0
SD/K	83.670 11	10.605 07	7.889 634	0
AR（2）	−0.491 59	0.197 145	−2.493 53	0.020 3
AR（1）	1.144 191	0.186 098	6.148 319	0
样本决定系数	0.994 637	因变量的均值		5 141.276
调整后的样本决定系数	0.993 704	因变量的标准差		1 277.473
回归标准差	101.366	赤池信息量（AIC）		12.235 78
残差平方和	236 326.4	施瓦茨信息量（SC）		12.473 68
对数似然比	−166.301	f 检验统计量		1 066.319
DW 统计量	1.790 061	模型显著性的概率值		0
特征根	0.57−0.41i	0.57+0.41i		

附表 7-4　生产要素配置效率分析

年份	效率	固定资本的浪费率	劳动力的浪费率	人力资本的浪费率
1981	1.00	0.00	0.00	0.00
1982	0.95	0.00	0.00	0.10
1983	0.95	0.00	0.00	0.12
1984	0.98	0.00	0.00	0.13
1985	0.99	0.00	0.00	0.12
1986	0.98	0.00	0.00	0.12
1987	0.98	0.00	0.00	0.11
1988	0.99	0.00	0.00	0.11
1989	0.98	0.00	0.00	0.13
1990	0.95	0.00	0.00	0.17
1991	0.93	0.03	0.00	0.16
1992	0.94	0.05	0.00	0.14
1993	0.94	0.06	0.00	0.12
1994	0.94	0.04	0.00	0.10
1995	0.94	0.03	0.00	0.08
1996	0.93	0.03	0.00	0.07
1997	0.94	0.02	0.00	0.06

续表

年份	效率	固定资本的浪费率	劳动力的浪费率	人力资本的浪费率
1998	0.95	0.02	0.00	0.05
1999	0.97	0.02	0.00	0.04
2000	0.99	0.03	0.00	0.03
2001	0.99	0.01	0.00	0.03
2002	0.99	0.00	0.00	0.01
2003	0.99	0.00	0.00	0.00
2004	1.00	0.00	0.00	0.00
2005	1.00	0.00	0.00	0.00
2006	1.00	0.00	0.00	0.00
2007	1.00	0.01	0.01	0.00
2008	0.99	0.02	0.01	0.00
2009	0.98	0.06	0.01	0.00
2010	0.99	0.07	0.02	0.00

附录 8

日本经济增长数据和模型

（1）数据及其来源。

GDP、劳动力、劳动报酬、固定资本存量、固定资产投资来自于《日本统计年鉴》及格罗宁根增长与发展中心、世界银行、The Conference Board 和联合国统计司等机构的数据库；就业者人均受教育年限来自于 Futoshi Yamauchi，Yoshihisa Godo 的 *Human Capital Accumulation，Technological Changeand International Spillovers：Comparative Growth Experience from Japan，Korea and the United States*、Michael J. Boskin and Lawrence J. Lau 的 *The Comparative Postwar Economic Performance of the G-7 Countries*、经济合作与发展组织（OECD）；研究开发经费指标来自于 Statistics Canada、OECD 等机构。

附表 8-1　日本经济增长数据（2005 年价格）

年份	固定资产投资（万亿日元）	劳动报酬（万亿日元）	GDP（万亿日元）	劳动力（万人）	研究开发经费（万亿日元）	固定资本存量（万亿日元）	就业者人均受教育年限（年）
1955	12	20	45.64	3926	0.25	50.88	8.2
1956	11	21	49.06	4032	0.27	64.50	8.4
1957	13	24	52.89	4138	0.29	78.24	8.5
1958	14	27	56.16	4244	0.36	94.20	8.6
1959	15	31	61.44	4350	0.44	112.03	8.7
1960	15	28	69.49	4436	0.74	131.41	8.8
1961	16	31	77.86	4498	0.85	151.97	9.0
1962	21	36	84.80	4556	1.06	177.51	9.1
1963	24	39	91.99	4595	1.17	200.28	9.2
1964	28	44	102.73	4655	1.28	223.54	9.3
1965	29	48	108.70	4730	1.45	266.21	9.4
1966	33	52	120.27	4827	1.60	288.48	9.4
1967	40	57	133.60	4920	1.72	316.45	9.6

续表

年份	固定资产投资（万亿日元）	劳动报酬（万亿日元）	GDP（万亿日元）	劳动力（万人）	研究开发经费（万亿日元）	固定资本存量（万亿日元）	就业者人均受教育年限（年）
1968	48	63	150.81	5002	2.00	351.52	9.7
1969	56	72	169.63	5040	2.39	395.37	9.8
1970	68	83	187.79	5094	2.73	451.10	9.9
1971	68	92	196.61	5121	3.30	498.24	10.0
1972	75	101	213.16	5126	3.54	531.66	10.1
1973	83	113	230.28	5259	3.67	591.75	10.1
1974	78	121	227.46	5237	3.75	626.22	10.2
1975	74	129	234.49	5223	4.29	602.05	10.3
1976	77	134	243.81	5271	4.35	601.54	10.4
1977	80	140	254.51	5342	4.55	606.09	10.4
1978	86	145	267.93	5408	4.79	631.06	10.5
1979	91	153	282.62	5479	5.16	655.37	10.6
1980	91	157	290.59	5536	5.55	705.31	10.7
1981	93	165	299.80	5581	6.10	742.90	10.8
1982	93	172	308.97	5638	6.83	791.65	10.9
1983	91	176	316.14	5733	7.33	827.01	10.9
1984	96	181	328.53	5766	7.85	862.27	11.0
1985	102	186	342.99	5807	8.45	891.48	11.1
1986	106	190	352.92	5853	9.35	933.77	11.1
1987	115	196	367.60	5911	9.66	972.22	11.1
1988	130	206	390.37	6011	10.27	1028.53	11.3
1989	140	217	409.24	6128	10.87	1093.91	11.4
1990	151	229	430.04	6249	11.82	1188.43	11.5
1991	156	242	446.37	6369	12.74	1259.74	11.6
1992	151	247	450.98	6436	13.19	1335.14	11.7
1993	145	251	452.34	6450	13.23	1394.49	11.8
1994	142	258	455.26	6453	13.02	1415.55	11.9
1995	145	260	462.04	6457	13.00	1436.37	11.9
1996	157	267	480.07	6486	13.83	1475.44	12.0
1997	158	275	487.75	6557	14.43	1535.14	12.1
1998	149	274	482.87	6514	15.25	1566.39	12.2
1999	146	263	486.25	6462	15.46	1611.71	12.3
2000	150	268	496.95	6446	15.50	1643.53	12.4
2001	124	259	497.15	6412	15.79	1636.33	12.5
2002	129	249	497.20	6330	16.41	1634.70	12.6
2003	114	244	497.60	6316	16.79	1618.37	12.7

续表

年份	固定资产投资（万亿日元）	劳动报酬（万亿日元）	GDP（万亿日元）	劳动力（万人）	研究开发经费（万亿日元）	固定资本存量（万亿日元）	就业者人均受教育年限（年）
2004	117	244	509.04	6329	17.19	1605.98	12.8
2005	125	245	522.28	6356	17.61	1602.85	12.9
2006	125	276	534.34	6382	17.96	1599.13	13.0
2007	124	277	544.07	6412	19.47	1594.99	13.1
2008	123	276	521.78	6385	20.09	1590.36	13.2
2009	122	270	509.45	6282	20.20	1585.01	13.3

注：2001～2009 年的固定资本存量按照 8%的折旧率测算。

(2) 日本经济增长模型：

$$Y = 0.11788(HL)^{0.4}(SD/L)^{0.36} + 0.117K + 99.5SD/K - 332SD/L + 19.95 \quad （附8\text{-}1）$$

附表 8-2 日本劳动报酬模型

被解释变量：log V				
模型估计方法：最小二乘法				
样本范围（调整后）：1958～2009				
观察值的个数：52（调整端点后）				
24 次迭代后实现收敛				
解释变量	系数	标准误	t 统计量	概率
C	−0.928 9	1.991 792	−0.466 36	0.643 1
log HL	0.404 921	0.226 382	1.788 662	0.080 1
log SD/L	0.362 7	0.058 007	6.252 709	0
AR（2）	0.824 307	0.177 945	4.632 365	0
AR（3）	−0.222 71	0.176 883	−1.259 08	0.214 2
样本决定系数	0.992 958	因变量的均值		2.136 302
调整后的样本决定系数	0.992 358	因变量的标准差		0.320 654
回归标准差	0.028 031	赤池信息量（AIC）		−4.219 83
残差平方和	0.036 928	施瓦茨信息量（SC）		−4.032 21
对数似然比	114.715 6	f 检验统计量		1 656.724
DW 统计量	1.159 227	模型显著性的概率值		0
特征根	0.72	0.3	−1.02	
	AR 根是不稳定的			

附表 8-3 日本投资价值模型

被解释变量：M
模型估计方法：最小二乘法
样本范围（调整后）：1957～2009
观察值的个数：53（调整端点后）
25 次迭代后实现收敛

续表

解释变量	系数	标准误	t统计量	概率
C	19.951 85	38.064 88	0.524 154	0.602 5
K	0.116 835	0.033 885	3.447 958	0.001 2
SD/K	99.496 3	40.695 08	2.444 922	0.018 1
SD/L	−332.158	193.768 9	−1.714 2	0.092 8
AR（1）	0.925 468	0.058 853	15.725 16	0
样本决定系数	0.992 961	因变量的均值		148.791 1
调整后的样本决定系数	0.992 387	因变量的标准差		74.356 21
回归标准差	6.487 816	赤池信息量（AIC）		6.665 751
残差平方和	2 062.496	施瓦茨信息量（SC）		6.849 916
对数似然比	−174.975	f检验统计量		1 728.167
DW统计量	1.756 441	模型显著性的概率值		0
特征根	0.93			

附表 8-4　生产要素配置效率分析

年份	效率	固定资本的浪费率	劳动力的浪费率	人力资本的浪费率
1955	1.00	0.00	0.00	0.00
1956	0.95	0.00	0.00	0.01
1957	0.92	0.00	0.00	0.01
1958	0.88	0.00	0.00	0.02
1959	0.86	0.00	0.00	0.02
1960	0.88	0.00	0.00	0.02
1961	0.89	0.00	0.00	0.03
1962	0.87	0.00	0.00	0.03
1963	0.87	0.00	0.00	0.02
1964	0.89	0.00	0.00	0.02
1965	0.83	0.00	0.00	0.01
1966	0.85	0.00	0.00	0.01
1967	0.88	0.00	0.00	0.02
1968	0.91	0.00	0.00	0.01
1969	0.93	0.00	0.00	0.01
1970	0.92	0.00	0.01	0.00
1971	0.89	0.00	0.02	0.00
1972	0.91	0.00	0.02	0.00
1973	0.90	0.00	0.04	0.00
1974	0.86	0.00	0.04	0.00
1975	0.90	0.00	0.03	0.00
1976	0.94	0.00	0.02	0.00
1977	0.97	0.00	0.00	0.00

续表

年份	效率	固定资本的浪费率	劳动力的浪费率	人力资本的浪费率
1978	0.98	0.00	0.00	0.00
1979	1.00	0.00	0.00	0.00
1980	0.98	0.00	0.00	0.00
1981	0.98	0.00	0.00	0.00
1982	0.96	0.00	0.00	0.00
1983	0.95	0.00	0.00	0.00
1984	0.96	0.00	0.00	0.00
1985	0.98	0.00	0.00	0.00
1986	0.98	0.00	0.01	0.00
1987	0.99	0.00	0.01	0.00
1988	1.00	0.00	0.00	0.00
1989	1.00	0.00	0.00	0.00
1990	1.00	0.00	0.00	0.00
1991	1.00	0.00	0.00	0.00
1992	0.98	0.00	0.01	0.00
1993	0.96	0.00	0.02	0.00
1994	0.96	0.00	0.02	0.00
1995	0.96	0.00	0.02	0.00
1996	0.98	0.00	0.02	0.00
1997	0.97	0.00	0.02	0.00
1998	0.96	0.00	0.03	0.00
1999	0.96	0.00	0.04	0.00
2000	0.97	0.00	0.04	0.00
2001	0.96	0.00	0.04	0.00
2002	0.96	0.00	0.04	0.00
2003	0.96	0.00	0.02	0.00
2004	0.98	0.00	0.01	0.00
2005	0.99	0.00	0.00	0.00
2006	1.00	0.00	0.00	0.00
2007	1.00	0.00	0.00	0.00
2008	0.96	0.01	0.00	0.01
2009	0.955	0.03	0.00	0.01

附录 9

澳大利亚经济增长数据和模型

(1) 数据及其来源。

GDP、劳动力、劳动报酬、固定资本存量、固定资产投资来自于《澳大利亚统计年鉴》及格罗宁根增长与发展中心、世界银行、The Conference Board 和联合国统计司等机构的数据库,并参考了 Kamps C. 的 *New Estimates of Net Capital Stocks for 22 OECD Countries 1960-2001*、Erwin Diewert and Denis Lawrence 的 *Australia's Productivity Growth and the Role of Information and Communications Technology: 1960—2004*;就业者人均受教育年限来自于 Andrea Bassanini and Stefano Scarpetta 的 *Does Human Capital Matter for Growth in OECD Countries? Evidence from Pooled Mean-Group Estimates*、经济合作与发展组织(OECD);研究开发经费指标来自于 OECD 等机构。

附表 9-1 澳大利亚经济增长数据(2005 年价格)

年份	GDP (亿澳元)	固定资本存量(亿澳元)	劳动力(千人)	固定资产投资(亿澳元)	研究开发经费(亿澳元)	劳动报酬(亿澳元)	就业者人均受教育年限(年)
1980	4 375		6 287	905		2 251	11.6
1981	4 516	12 130	6 416	971	38	2 338	11.6
1982	4 412	12 444	6 418	878	41	2 351	11.7
1983	4 621	12 794	6 301	923	42	2 307	11.8
1984	4 855	13 476	6 494	1 012	43	2 415	11.8
1985	5 078	14 142	6 701	1 071	48	2 521	11.9
1986	5 211	14 843	6 974	1 075	52	2 567	11.9
1987	5 505	15 115	7 128	1 155	58	2 614	12
1988	5 721	15 666	7 398	1 280	65	2 681	12
1989	5 926	16 047	7 720	1 291	68	2 851	12.1
1990	5 905	16 769	7 859	1 169	70	2 861	12.1
1991	5 930	17 406	7 674	1 122	75	2 852	12.2

续表

年份	GDP（亿澳元）	固定资本存量（亿澳元）	劳动力（千人）	固定资产投资（亿澳元）	研究开发经费（亿澳元）	劳动报酬（亿澳元）	就业者人均受教育年限（年）
1992	6 173	18 133	7 636	1 198	77	2 946	12.2
1993	6 424	18 787	7 684	1 267	84	3 048	12.2
1994	6 682	19 206	7 921	1 415	94	3 190	12.3
1995	6 949	19 643	8 236	1 457	100	3 342	12.3
1996	7 220	20 075	8 346	1 555	106	3 528	12.3
1997	7 547	20 505	8 427	1 700	113	3 630	12.3
1998	7 921	21 455	8 617	1 779	120	3 850	12.3
1999	8 225	21 833	8 762	1 925	120	3 986	12.4
2000	8 381	22 750	8 990	1 772	120	4 025	12.4
2001	8 709	23 466	9 091	1 933	126	4 120	12.5
2002	8 984	24 474	9 270	2 179	130	4 256	12.5
2003	9 357	25 155	9 485	2 375	138	4 365	12.6
2004	9 655	26 105	9 661	2 538	145	4 634	12.6
2005	9 948	27 226	9 998	2 775	154	4 775	12.7
2006	10 324	27 823	10 258	2 916	166	4 956	12.8
2007	10 714	28 513	10 578	3 196	184	5 143	12.8
2008	10 860	29 428	10 875	3 240	205	5 213	12.9
2009	11 113	30 314	10 953	3 314	236	5 334	13.0
2010	11 325	31 203	11 189	3 444	261	5 436	13.0

注："固定资本存量"滞后一年；"研究开发经费"滞后两年。

（2）澳大利亚经济增长模型：

$$Y = 0.102(HL)^{0.487}(SD/L)^{0.13} + 0.14K + 83SD/K + 208 \quad （附9-1）$$

附表9-2 澳大利亚劳动报酬模型

被解释变量：$\log V$				
模型估计方法：最小二乘法				
样本范围（调整后）：1983～2010				
观察值的个数：28（调整端点后）				
6次迭代后实现收敛				
解释变量	系数	标准误	t统计量	概率
C	−0.987 16	0.580 964	−1.699 17	0.102 8
$\log HL$	0.486 598	0.069 239	7.027 858	0
$\log SD/L$	0.134 122	0.033 439	4.010 939	0.000 5
AR（1）	1.086 779	0.122 675	8.859 013	0
AR（3）	−0.318 85	0.125 441	−2.541 8	0.018 2

续表

解释变量	系数	标准误	t 统计量	概率
样本决定系数	0.997 137	因变量的均值		3.552 254
调整后的样本决定系数	0.996 639	因变量的标准差		0.117 621
回归标准差	0.006 819	赤池信息量（AIC）		−6.977 73
残差平方和	0.001 07	施瓦茨信息量（SC）		−6.739 83
对数似然比	102.688 2	f 检验统计量		2 002.451
DW 统计量	2.283 099	模型显著性的概率值		0
特征根	0.77+0.33i	0.77−0.33i	−0.45	

附表 9-3　澳大利亚投资价值模型

被解释变量：M
模型估计方法：最小二乘法
样本范围：1981～2000
观察值的个数：20

解释变量	系数	标准误	t 统计量	概率
C	208.222 4	177.604 3	1.172 395	0.257 2
K	0.143 876	0.017 474	8.233 876	0
SD/K	83.431 67	23.183	3.598 83	0.002 2
样本决定系数	0.987 64	因变量的均值		3 164.915
调整后的样本决定系数	0.986 186	因变量的标准差		680.279 2
回归标准差	79.954 02	赤池信息量（AIC）		11.738 26
残差平方和	108 675	施瓦茨信息量（SC）		11.887 62
对数似然比	−114.383	f 检验统计量		679.229
DW 统计量	1.057995	模型显著性的概率值		0

附表 9-4　生产要素配置效率分析

年份	效率	固定资本的浪费率	劳动力的浪费率	人力资本的浪费率
1980	0.99	0.00	0.20	0.34
1981	1.00	0.00	0.20	0.34
1982	0.95	0.00	0.18	0.30
1983	0.94	0.00	0.14	0.24
1984	0.94	0.00	0.13	0.23
1985	0.94	0.00	0.12	0.21
1986	0.95	0.00	0.14	0.23
1987	0.97	0.00	0.14	0.22
1988	0.98	0.00	0.15	0.24
1989	0.97	0.00	0.15	0.23
1990	0.93	0.00	0.13	0.21

续表

年份	效率	固定资本的浪费率	劳动力的浪费率	人力资本的浪费率
1991	0.90	0.00	0.09	0.15
1992	0.90	0.00	0.06	0.11
1993	0.92	0.00	0.05	0.10
1994	0.93	0.00	0.06	0.11
1995	0.95	0.00	0.08	0.13
1996	0.97	0.00	0.07	0.12
1997	0.97	0.00	0.04	0.09
1998	1.00	0.00	0.05	0.09
1999	0.99	0.00	0.03	0.07
2000	0.98	0.00	0.03	0.06
2001	0.98	0.00	0.00	0.03
2002	0.98	0.00	0.00	0.03
2003	0.99	0.00	0.00	0.02
2004	1.00	0.00	0.00	0.00
2005	0.99	0.00	0.00	0.00
2006	1.00	0.00	0.00	0.00
2007	1.00	0.00	0.00	0.00
2008	0.99	0.00	0.00	0.00
2009	1.00	0.00	0.00	0.00
2010	1.00	0.00	0.00	0.00

附录 10

新加坡经济增长数据和模型

（1）数据及其来源。

GDP、劳动力、劳动报酬、固定资本存量、固定资产投资、研究开发经费来自于《新加坡统计年鉴》、联合国统计司、Shandre Mugan Thangavelu 的 *Total Factor Productivity Growth: Survey Report*；就业者人均受教育年限来自于 Lawrence J. Lau 的 *The Sources of Long-Term Economic Growth*。

附表 10-1　新加坡经济增长数据（2000 年价格）

年份	GDP（亿新加坡元）	固定资本存量（亿新加坡元）	固定资产投资（亿新加坡元）	研究开发经费（亿新加坡元）	劳动力（千人）	就业者人均受教育年限（年）	劳动报酬（亿新加坡元）
1980	371		113		102	8	
1981	401	679	127	1	107	8.2	168
1982	430	769	153	1	115	8.3	180
1983	478	874	173	1	122	8.4	201
1984	508	999	186	2	125	8.5	213
1985	491	1137	159	2	127	8.7	206
1986	495	1277	139	3	123	8.8	208
1987	543	1370	137	3	121	8.9	228
1988	619	1430	147	4	127	9.1	260
1989	679	1494	169	5	133	9.2	285
1990	805	1577	202	5	139	9.3	338
1991	863	1688	230	6	147	9.5	363
1992	908	1792	252	7	152	9.6	381
1993	1033	1918	284	9	158	9.8	434
1994	1151	2069	314	11	159	9.9	483
1995	1261	2244	358	11	165	10.1	530

续表

年份	GDP（亿新加坡元）	固定资本存量（亿新加坡元）	固定资产投资（亿新加坡元）	研究开发经费（亿新加坡元）	劳动力（千人）	就业者人均受教育年限（年）	劳动报酬（亿新加坡元）
1996	1322	2429	431	13	170	10.2	555
1997	1417	2627	470	14	175	10.4	595
1998	1395	2899	446	18	183	10.5	586
1999	1418	3187	406	21	187	10.7	596
2000	1599	3422	466	25	189	11.0	672
2001	1519	3591	440	26	209	11.1	638
2002	1583	3694	390	30	222	11.2	665
2003	1655	3770	371	32	221	11.4	695
2004	1807	3877	409	34	224	11.5	759
2005	1940	3977	410	35	227	11.6	815
2006	2110	4124	466	39	251	11.7	886
2007	2297	4341	547	43	263	12.0	965
2008	2336	4612	618	46	286	12.1	981
2009	2313	4844	600	55	291	12.2	972

注："固定资本存量"滞后一年；"研究开发经费"滞后两年。

（2）新加坡经济增长模型：

$$Y = 0.038(HL)^{0.276}(SD/L)^{0.247} + 0.27K + 112.3HSD/K^2 - 8.69S - 0.84 \quad (附10\text{-}1)$$

附表 10-2　新加坡劳动报酬模型

被解释变量：log V				
模型估计方法：最小二乘法				
样本范围：1981～2005				
观察值的个数：25				
解释变量	系数	标准误	t 统计量	概率
C	0.843 274	0.46 382	1.818 105	0.082 7
log HL	0.275 616	0.093 325	2.953 283	0.007 3
log SD/L	0.247 201	0.037 129	6.657 927	0
样本决定系数	0.982 575		因变量的均值	2.593 506
调整后的样本决定系数	0.980 991		因变量的标准差	0.224 872
回归标准差	0.031 003		赤池信息量（AIC）	-3.997 27
残差平方和	0.021 147		施瓦茨信息量（SC）	-3.851 01
对数似然比	52.96 592		f 检验统计量	620.294 8
DW 统计量	0.687 342		模型显著性的概率值	0

附表 10-3　新加坡投资价值模型

被解释变量：M

模型估计方法：最小二乘法

样本范围（调整后）：1985～2005

观察值的个数：21（调整端点后）

17 次迭代后实现收敛

解释变量	系数	标准误	t 统计量	概率
C	−0.839 08	60.485 65	−0.013 87	0.989 1
K	0.271 161	0.049 336	5.496 187	0
SHD/K^2	112.343 2	56.981 23	1.971 583	0.062 7
S	−8.690 51	4.602 327	−1.888 29	0.073 6
AR（1）	0.874 405	0.187 679	4.659 033	0.000 2
AR（3）	−0.464 58	0.166 66	−2.787 59	0.011 4
样本决定系数	0.991 823	因变量的均值		676.714 3
调整后的样本决定系数	0.989 779	因变量的标准差		0.989 1
回归标准差	34.841 35	赤池信息量（AIC）		0
残差平方和	24 278.4	施瓦茨信息量（SC）		0.062 7
对数似然比	−125.803	f 检验统计量		0.073 6
DW 统计量	2.369 576	模型显著性的概率值		0.000 2
特征根	0.72−0.55i	0.72+0.55i	−0.57	

附表 10-4　生产要素配置效率分析

年份	效率	固定资本的浪费率	劳动力的浪费率	人力资本的浪费率
1981	1.00	0.00	0.00	0.00
1982	0.94	0.00	0.00	0.00
1983	0.92	0.00	0.00	0.00
1984	0.86	0.00	0.01	0.00
1985	0.74	0.00	0.03	0.00
1986	0.70	0.00	0.04	0.00
1987	0.73	0.00	0.04	0.00
1988	0.80	0.00	0.03	0.00
1989	0.83	0.00	0.02	0.00
1990	0.92	0.00	0.01	0.00
1991	0.93	0.00	0.00	0.01
1992	0.91	0.00	0.00	0.01
1993	0.96	0.00	0.00	0.01
1994	0.99	0.00	0.00	0.00
1995	1.00	0.00	0.00	0.00
1996	0.99	0.00	0.00	0.00

续表

年份	效率	固定资本的浪费率	劳动力的浪费率	人力资本的浪费率
1997	1.00	0.00	0.00	0.00
1998	0.93	0.01	0.00	0.00
1999	0.91	0.02	0.00	0.00
2000	1.00	0.00	0.00	0.00
2001	0.86	0.00	0.00	0.00
2002	0.85	0.00	0.00	0.00
2003	0.88	0.00	0.00	0.00
2004	0.94	0.00	0.00	0.00
2005	0.99	0.01	0.00	0.00
2006	0.98	0.00	0.00	0.00
2007	1.00	0.00	0.00	0.00
2008	0.96	0.00	0.00	0.04
2009	0.91	0.00	0.00	0.02

附录 11

新西兰经济增长数据和模型

（1）数据及其来源。

GDP、劳动力、劳动报酬、固定资本存量、固定资产投资来自于《新西兰统计年鉴》及格罗宁根增长与发展中心、世界银行、The Conference Board、联合国统计司等机构的数据库；就业者人均受教育年限来自于 Andrea Bassanini and Stefano Scarpetta 的 *Does Human Capital Matter for Growth in OECD Countries? Evidence from Pooled Mean-Group Estimates*、经济合作与发展组织（OECD）；研究开发经费指标来自于 OECD 等机构。

附表 11-1 新西兰经济增长数据（2005 年价格）

年份	GDP（亿新西兰元）	就业者人均受教育年限（年）	劳动报酬（亿新西兰元）	固定资产投资（亿新西兰元）	固定资本存量（亿新西兰元）	劳动力（十万人）	研究开发经费（亿新西兰元）
1980	809	10.9	405	92	1715	127	6.5
1981	836	11	418	111	1719	127	7.0
1982	872	11	436	119	1719	129	7.6
1983	896	11.1	443	125	1737	128	7.6
1984	940	11.1	451	141	1761	129	7.4
1985	947	11.2	465	136	1787	134	7.4
1986	967	11.2	469	133	1819	145	7.6
1987	971	11.2	468	127	1856	156	7.1
1988	989	11.3	463	139	1896	151	6.9
1989	994	11.3	453	137	2123	147	6.7
1990	997	11.4	449	149	2335	148	6.7
1991	987	11.4	441	144	2503	146	6.8
1992	997	11.5	441	120	2644	147	7.2
1993	1061	11.5	454	126	2633	150	7.4
1994	1114	11.6	474	150	2611	156	7.7

续表

年份	GDP（亿新西兰元）	就业者人均受教育年限（年）	劳动报酬（亿新西兰元）	固定资产投资（亿新西兰元）	固定资本存量（亿新西兰元）	劳动力（十万人）	研究开发经费（亿新西兰元）
1995	1161	11.7	494	177	2693	163	8.1
1996	1198	11.7	518	199	2822	169	8.4
1997	1231	11.7	535	208	2978	169	8.8
1998	1247	11.8	545	205	3101	173	11.0
1999	1311	11.9	553	194	3305	175	11.0
2000	1340	12.1	562	213	3259	178	10.6
2001	1388	12.2	580	219	3363	182	10.6
2002	1456	12.2	618	233	3572	188	12.3
2003	1513	12.3	647	264	3657	197	13.4
2004	1566	12.4	673	287	3761	203	13.9
2005	1616	12.5	695	309	3882	209	14.4
2006	1644	12.6	723	300	3988	214	14.8
2007	1702	12.7	766	323	4112	218	15.0
2008	1671	12.8	752	302	4208	220	16.2
2009	1687	12.9	759	261	4259	217	16.3
2010	1691	13.0	761	278	4323	219	17.6

（2）新西兰经济增长模型：

$$Y = 6.6(HL)^{0.32}(SD/L)^{0.14} + 0.105K + 84.9LD/K + 1.64L + 48.7 \quad （附11\text{-}1）$$

附表11-2　新西兰劳动报酬模型

被解释变量：log V			
模型估计方法：最小二乘法			
样本范围（调整后）：1981～2010			
观察值的个数：30（调整端点后）			
17次迭代后实现收敛			

解释变量	系数	标准误	t 统计量	概率
C	0.822 479	0.250 72	3.280 465	0.002 9
log HL	0.319 992	0.046 884	6.825 137	0
log SD/L	0.141 349	0.030 197	4.680 869	0.000 1
AR（1）	0.849 799	0.106 821	7.955 343	0
样本决定系数	0.992 904	因变量的均值		2.731 614
调整后的样本决定系数	0.992 086	因变量的标准差		0.088 119
回归标准差	0.007 839	赤池信息量（AIC）		6.735 76

续表

解释变量	系数	标准误	t 统计量	概率
残差平方和	0.001 598	施瓦茨信息量（SC）		−6.548 94
对数似然比	105.036 4	f 检验统计量		1 212.741
DW 统计量	2.139 213	模型显著性的概率值		0
特征根	0.85			

附表 11-3　新西兰投资价值模型

被解释变量：M
模型估计方法：最小二乘法
样本范围（调整后）：1982～2010
观察值的个数：29（调整端点后）
32 次迭代后实现收敛

解释变量	系数	标准误	t 统计量	概率
C	48.724 34	91.498 05	0.532 518	0.599 3
K	0.104 768	0.022 514	4.653 467	0.000 1
LD/K	84.935 27	51.054 45	1.663 621	0.109 2
L	1.643 709	0.817 041	2.011 783	0.055 6
AR（2）	0.519 383	0.226 774	2.290 309	0.031 1
样本决定系数	0.983 711	因变量的均值		691.956 4
调整后的样本决定系数	0.980 996	因变量的标准差		174.045 4
回归标准差	23.99 325	赤池信息量（AIC）		9.349 008
残差平方和	13 816.23	施瓦茨信息量（SC）		9.584 749
对数似然比	−130.561	f 检验统计量		362.336 4
DW 统计量	0.905 374	模型显著性的概率值		0
特征根	0.72	−0.72		

附表 11-4　生产要素配置效率分析

年份	效率	固定资本的浪费率	劳动力的浪费率	人力资本的浪费率
1980	0.89	0.01	0.02	0.00
1981	0.91	0.00	0.01	0.00
1982	0.95	0.00	0.02	0.01
1983	0.97	0.00	0.00	0.00
1984	1.00	0.00	0.00	0.00
1985	0.99	0.00	0.02	0.03
1986	1.00	0.00	0.08	0.09
1987	0.98	0.00	0.12	0.13
1988	0.90	0.00	0.00	0.01

续表

年份	效率	固定资本的浪费率	劳动力的浪费率	人力资本的浪费率
1989	0.92	0.07	0.00	0.00
1990	0.91	0.09	0.00	0.00
1991	0.91	0.15	0.00	0.00
1992	0.91	0.11	0.00	0.00
1993	0.95	0.09	0.00	0.00
1994	0.95	0.05	0.00	0.00
1995	0.94	0.03	0.00	0.00
1996	0.94	0.04	0.00	0.00
1997	0.97	0.08	0.00	0.00
1998	0.95	0.09	0.00	0.00
1999	0.98	0.04	0.00	0.00
2000	0.98	0.00	0.00	0.00
2001	0.98	0.01	0.00	0.00
2002	1.00	0.00	0.00	0.00
2003	0.99	0.00	0.00	0.00
2004	0.99	0.00	0.00	0.00
2005	0.99	0.00	0.00	0.00
2006	0.99	0.00	0.00	0.00
2007	1.00	0.00	0.00	0.00
2008	0.97	0.00	0.00	0.01
2009	0.99	0.03	0.00	0.02
2010	0.99	0.05	0.00	0.02

附录 12

意大利经济增长数据和模型

（1）数据及其来源。

GDP、劳动力、劳动报酬、固定资本存量、固定资产投资来自于《意大利统计年鉴》及格罗宁根增长与发展中心、世界银行、The Conference Board、联合国统计司等机构的数据库；就业者人均受教育年限来自于 Andrea Bassanini and Stefano Scarpetta 的 *Does Human Capital Matter for Growth in OECD Countries? Evidence from Pooled Mean-Group Estimates*、经济合作与发展组织（OECD）；研究开发经费指标来自于 OECD 等机构。

附表 12-1　意大利经济增长模型（2005 年价格）

年份	GDP（亿欧元）	固定资产投资（亿欧元）	劳动报酬（亿欧元）	研究开发经费（亿欧元）	固定资本存量（亿欧元）	劳动力（千人）	就业者人均受教育年限（年）
1980	9 202	1 998	4 655			21 373	3.3
1981	9 279	1 967	4 739	78	13 493	21 356	7.4
1982	9 318	1 901	4 743	79	14 032	21 399	7.5
1983	9 427	1 873	4 755	82	14 454	21 468	7.6
1984	9 731	1 948	4 780	85	14 825	21 467	7.7
1985	10 003	1 968	4 884	90	15 253	21 670	7.8
1986	10 289	2 023	4 909	98	15 608	21 819	7.9
1987	10 618	2 120	5 066	113	16 082	21 869	8.0
1988	11 063	2 273	5 245	116	16 567	22 104	8.1
1989	11 438	2 372	5 419	126	17 114	22 255	8.2
1990	11 673	2 474	5 628	135	17 784	22 609	8.4
1991	11 852	2 506	5 768	142	18 451	23 032	8.5
1992	11 943	2 471	5 795	151	19 126	22 865	8.6
1993	11 841	2 188	5 700	146	19 723	22 251	8.8
1994	12 096	2 198	5 658	141	20 152	21 885	9.0
1995	12 445	2 350	5 628	134	20 429	21 841	9.2

续表

年份	GDP (亿欧元)	固定资产投资(亿欧元)	劳动报酬(亿欧元)	研究开发经费(亿欧元)	固定资本存量(亿欧元)	劳动力(千人)	就业者人均受教育年限(年)
1996	12 587	2 394	5 679	127	20 727	21 965	9.4
1997	12 821	2 430	5 843	124	21 184	22 035	9.6
1998	13 007	2 525	5 677	127	21 588	22 252	9.8
1999	13 196	2 625	5 814	127	22 004	22 494	10.2
2000	13 678	2 793	5 992	133	22 530	22 930	10.4
2001	13 933	2 870	6 109	137	23 307	23 394	10.6
2002	13 996	2 968	6 088	146	24 061	23 794	10.7
2003	13 989	2 930	6 015	155	24 817	24 150	10.9
2004	14 231	2 989	5 977	155	25 394	24 256	11.0
2005	14 364	3 027	6 033	155	26 091	24 396	11.2
2006	14 680	3 129	6 165	155	26 509	24 875	11.3
2007	14 927	3 186	6 269	156	26 987	25 188	11.5
2008	14 754	3 067	6 197	165	27 475	25 256	11.6
2009	13 943	2 707	5 996	175	27 794	24 840	11.8
2010	14 196	2 765	5 962	178	27 722	24 661	11.9

注:"研究开发经费"滞后两年;"固定资本存量"滞后一年。

(2) 意大利经济增长模型:

$$Y = 95.5(HLSD)^{0.12} + 0.168K + 0.106SD/K + 569.7 \quad (附12\text{-}1)$$

附表 12-2 意大利劳动报酬模型

被解释变量:log V				
模型估计方法:最小二乘法				
样本范围(调整后):1982~2010				
观察值的个数:29(调整端点后)				
8 次迭代后实现收敛				
解释变量	系数	标准误	t 统计量	概率
C	1.979 786	0.444 194	4.457 027	0.000 1
log SDHL	0.116 474	0.028 857	4.036 287	0.000 4
AR(1)	0.862 757	0.100 285	8.603 078	0
样本决定系数	0.971 963	因变量的均值		3.750 363
调整后的样本决定系数	0.969 806	因变量的标准差		0.037 709
回归标准差	0.006 553	赤池信息量(AIC)		−7.120 24
残差平方和	0.001 116	施瓦茨信息量(SC)		−6.978 79
对数似然比	106.243 4	f 检验统计量		450.667 5
DW 统计量	1.684 815	模型显著性的概率值		0
特征根	0.86			

附表 12-3　意大利投资价值模型

被解释变量：M
模型估计方法：最小二乘法
样本范围（调整后）：1984～2010
观察值的个数：27（调整端点后）
22 次迭代后实现收敛

解释变量	系数	标准误	t 统计量	概率
C	569.742 7	938.782 5	0.606 895	0.550 1
K	0.168 292	0.037 887	4.441 989	0.000 2
SD/K	0.105 655	0.019 859	5.320 171	0
AR（1）	0.928 283	0.149 774	6.197 895	0
AR（3）	−0.169	0.157 737	−1.071 4	0.295 6
样本决定系数	0.989 267	因变量的均值		6 999.9
调整后的样本决定系数	0.987 316	因变量的标准差		1 156.869
回归标准差	130.291	赤池信息量（AIC）		12.742 99
残差平方和	373 466.2	施瓦茨信息量（SC）		12.982 96
对数似然比	−167.03	f 检验统计量		506.951 7
DW 统计量	1.772 851	模型显著性的概率值		0
特征根	0.65+0.23i	0.65−0.23i	−0.36	

附表 12-4　生产要素配置效率分析

年份	效率	固定资本的浪费率	劳动力的浪费率	人力资本的浪费率
1981	1.00	0.00	0.00	0.00
1982	0.97	0.00	0.01	0.00
1983	0.96	0.00	0.01	0.00
1984	0.97	0.00	0.01	0.00
1985	0.97	0.00	0.01	0.00
1986	0.98	0.00	0.00	0.00
1987	0.98	0.00	0.00	0.00
1988	1.00	0.00	0.00	0.00
1989	1.00	0.00	0.00	0.00
1990	0.99	0.00	0.00	0.00
1991	0.98	0.00	0.00	0.00
1992	0.97	0.00	0.00	0.00
1993	0.97	0.02	0.00	0.00
1994	0.99	0.02	0.00	0.00
1995	1.00	0.00	0.00	0.00
1996	1.00	0.00	0.00	0.00
1997	1.00	0.00	0.00	0.00

◆附录 12
意大利经济增长数据和模型

续表

年份	效率	固定资本的浪费率	劳动力的浪费率	人力资本的浪费率
1998	1.00	0.00	0.00	0.00
1999	0.99	0.00	0.00	0.00
2000	1.00	0.00	0.00	0.00
2001	1.00	0.01	0.00	0.02
2002	0.99	0.03	0.00	0.03
2003	0.97	0.04	0.00	0.04
2004	0.98	0.06	0.00	0.06
2005	0.99	0.08	0.00	0.07
2006	0.99	0.08	0.00	0.08
2007	0.99	0.08	0.00	0.09
2008	0.98	0.09	0.00	0.10
2009	0.94	0.11	0.00	0.11
2010	0.97	0.12	0.00	0.12

附录 13

爱尔兰经济增长数据和模型

（1）数据及其来源。

GDP、劳动力、劳动报酬、固定资本存量、固定资产投资来自于《爱尔兰统计年鉴》及格罗宁根增长与发展中心、世界银行、The Conference Board、联合国统计司等机构的数据库；就业者人均受教育年限来自于 Andrea Bassanini and Stefano Scarpetta 的 *Does Human Capital Matter for Growth in OECD Countries? Evidence from Pooled Mean-Group Estimates*、经济合作与发展组织（OECD）；研究开发经费指标来自于 OECD 等机构。

附表 13-1　爱尔兰经济增长数据（1995 年价格）

年份	GDP（百万英镑）	研究开发经费（百万英镑）	劳动报酬（国内生产总值）	固定资本存量（百万英镑）	劳动力（万人）	固定资产投资（百万英镑）	就业者人均受教育年限(年)
1980	21 587	108			1 141	3 928	8.5
1981	22 294	111	0.55	29 734	1 138	3 364	8.6
1982	22 788	137	0.53	31 827	1 133	3 220	8.7
1983	22 535	139	0.52	33 921	1 124	3 670	8.8
1984	23 497	145	0.51	35 533	1 103	3 487	8.9
1985	24 222	146	0.51	36 684	1 094	3 200	9
1986	24 080	163	0.51	37 531	1 092	3 215	9
1987	25 283	180	0.50	38 203	1 099	3 234	9.1
1988	26 708	198	0.48	38 870	1 099	3 508	9.2
1989	28 356	213	0.46	39 661	1 099	3 937	9.3
1990	30 869	258	0.46	40 763	1 151	4 686	9.4
1991	31 430	287	0.47	42 369	1 147	4 214	9.5
1992	32 482	327	0.48	43 988	1 155	4 132	9.6
1993	33 348	337	0.48	45 239	1 174	4 025	9.7
1994	35 326	342	0.47	46 349	1 213	4 302	9.8
1995	38 960	393	0.46	47 500	1 272	5 035	10

续表

年份	GDP（百万英镑）	研究开发经费（百万英镑）	劳动报酬（国内生产总值）	固定资本存量（百万英镑）	劳动力（万人）	固定资产投资（百万英镑）	就业者人均受教育年限(年)
1996	42 187	422	0.45	49 084	1 319	5 986	10.1
1997	46 927	436	0.43	51 357	1 372	7 233	10.2
1998	51 159	532	0.42	54 485	1 487	8 835	10.3
1999	57 020	667	0.41	58 720	1 583	10 401	10.4
2000	62 814	823	0.41	64 098	1 664	11 715	10.5
2001	66 386	850	0.41	70 292	1 710	11 620	10.7
2002	69 902	923	0.39	75 054	1 749	16 509	10.9
2003	73 842	945	0.40	79 385	1 776	16 917	11.2
2004	76 711	959	0.41	83 440	1 809	17 977	11.4
2005	80 057	953	0.43	87 467	1 870	19 694	11.7
2006	84 762	975	0.44	92 428	1 962	22 650	11.9
2007	89 343	1 027	0.46	98 344	2 048	23 764	12.2
2008	94 208	1 112	0.47	104 825	2 123	24 320	12.5
2009	92 221	1 107	0.49	111 298	2 100	21 879	12.7
2010	87 189	1 066	0.50	116 773	1 929	15 839	13.0

（2）爱尔兰经济增长模型：

$$Y = 7.56(HL)^{0.4}(SD/L)^{0.15} + 0.316K + 0.144SDH/K^2 + 4289.7 \quad （附13-1）$$

附表13-2　爱尔兰劳动报酬模型

被解释变量：$\log V$				
模型估计方法：最小二乘法				
日期：06/13/13　时间：17：52				
样本范围：1981～2006				
观察值的个数：26				
解释变量	系数	标准误	t统计量	概率
C	0.878 642	0.479 712	1.831 603	0.08
$\log HL$	0.399 975	0.081 766	4.891 682	0.000 1
$\log SD/L$	0.148 512	0.035 479	4.185 85	0.000 4
样本决定系数	0.991 848	因变量的均值		4.256 268
调整后的样本决定系数	0.991 139	因变量的标准差		0.162 473
回归标准差	0.015 294	赤池信息量（AIC）		−5.414 6
残差平方和	0.005 38	施瓦茨信息量（SC）		−5.269 43
对数似然比	73.389 78	f检验统计量		1 399.252
DW统计量	0.678 112	模型显著性的概率值		0

附表 13-3　爱尔兰投资价值模型

被解释变量：M				
模型估计方法：最小二乘法				
样本范围（调整后）：1983～2009				
观察值的个数：27（调整端点后）				
37 次迭代后实现收敛				
解释变量	系数	标准误	t 统计量	概率
C	4 289.686	7 745.177	0.553 853	0.585 5
K	0.315 808	0.112 514	2.806 82	0.010 6
SHD/K^2	0.143 621	0.033 401	4.299 849	0.000 3
AR（4）	−2.175 73	0.501 658	−4.337 09	0.000 3
AR（3）	2.872 362	0.432 67	6.638 689	0
样本决定系数	0.984 708	因变量的均值		29 212.39
调整后的样本决定系数	0.981 795	因变量的标准差		14 198.48
回归标准差	1 891.538	赤池信息量（AIC）		16.068 35
残差平方和	75 136 248	施瓦茨信息量（SC）		16.308 32
对数似然比	−230.29	f 检验统计量		2 770.283
DW 统计量	1.257541	模型显著性的概率值		0
特征根	0.91−0.22i	0.91+0.22i	−0.91−1.27i	

附表 13-4　生产要素配置效率分析

年份	效率	固定资本的浪费率	劳动力的浪费率	人力资本的浪费率
1981	0.77	0.00	0.25	0.13
1982	0.73	0.00	0.20	0.09
1983	0.68	0.00	0.15	0.04
1984	0.67	0.00	0.11	0.01
1985	0.68	0.00	0.10	0.00
1986	0.67	0.00	0.11	0.00
1987	0.69	0.00	0.11	0.00
1988	0.72	0.00	0.11	0.00
1989	0.75	0.00	0.11	0.00
1990	0.79	0.00	0.09	0.00
1991	0.78	0.00	0.10	0.00
1992	0.79	0.00	0.11	0.00
1993	0.79	0.00	0.10	0.00
1994	0.81	0.00	0.09	0.00
1995	0.85	0.00	0.05	0.00
1996	0.88	0.00	0.04	0.00
1997	0.93	0.00	0.03	0.00

续表

年份	效率	固定资本的浪费率	劳动力的浪费率	人力资本的浪费率
1998	0.96	0.00	0.05	0.03
1999	0.99	0.00	0.04	0.03
2000	1.00	0.00	0.00	0.00
2001	0.99	0.00	0.01	0.00
2002	0.99	0.00	0.01	0.00
2003	1.00	0.00	0.00	0.00
2004	1.00	0.00	0.00	0.00
2005	1.00	0.00	0.00	0.00
2006	1.00	0.00	0.00	0.00
2007	1.00	0.00	0.00	0.00
2008	1.00	0.00	0.00	0.00
2009	0.98	0.00	0.00	0.01
2010	1.00	0.00	0.00	0.00

附录 14

瑞典经济增长数据和模型

（1）数据及其来源。

GDP、劳动力、劳动报酬、固定资本存量、固定资产投资来自于《瑞典统计年鉴》及格罗宁根增长与发展中心、世界银行、The Conference Board、联合国统计司等机构的数据库；就业者人均受教育年限来自于 Andrea Bassanini and Stefano Scarpetta 的 *Does Human Capital Matter for Growth in OECD Countries? Evidence from Pooled Mean-Group Estimates*、经济合作与发展组织（OECD）；研究开发经费指标来自于 OECD 等机构。

附表 14-1　瑞典经济增长数据（2000 年价格）

年份	GDP（十亿瑞典克朗）	固定资本存量（十亿瑞典克朗）	固定资产投资（十亿瑞典克朗）	劳动报酬比例	研究开发经费（十亿瑞典克朗）	就业者人均受教育年限（年）	劳动力（千人）
1980	1254.32	2341.93	217.66	0.6223	26.97	10.1	4226
1981	1248.28	2412.33	204.50	0.6229	27.71	10.2	4219
1982	1263.66	2472.82	205.80	0.6018	29.70	10.3	4213
1983	1289.31	2533.98	211.65	0.5813	31.85	10.4	4218
1984	1351.30	2598.55	228.44	0.5668	35.54	10.5	4249
1985	1383.46	2674.78	244.80	0.5673	38.46	10.6	4293
1986	1425.47	2757.66	247.97	0.5678	39.91	10.7	4326
1987	1478.83	2844.30	268.69	0.5669	42.29	10.8	4340
1988	1520.74	2939.18	285.97	0.5673	43.19	10.9	4410
1989	1566.45	3051.74	321.54	0.5767	43.86	11	4480
1990	1582.79	3170.79	321.69	0.5903	44.00	11.1	4513
1991	1560.86	3259.91	293.62	0.5758	43.55	11.2	4447
1992	1537.07	3305.95	259.54	0.5695	46.57	11.3	4265
1993	1500.59	3317.12	221.07	0.55	49.07	11.3	4028
1994	1571.83	3334.07	238.13	0.54	52.81	11.4	3992
1995	1638.84	3386.20	262.71	0.53	57.36	11.5	4056

续表

年份	GDP（十亿瑞典克朗）	固定资本存量（十亿瑞典克朗）	固定资产投资（十亿瑞典克朗）	劳动报酬比例	研究开发经费（十亿瑞典克朗）	就业者人均受教育年限（年）	劳动力（千人）
1996	1662.03	3456.33	274.68	0.55	59.17	11.5	4019
1997	1706.08	3523.48	276.04	0.55	62.61	11.6	3973
1998	1776.80	3592.32	300.14	0.54	64.32	11.6	4034
1999	1867.99	3672.08	327.88	0.54	68.18	11.65	4117
2000	1955.66	3756.98	347.63	0.56	77.25	11.73	4229
2001	1978.79	3831.94	348.82	0.58	84.49	11.88	4310
2002	2003.65	3865.53	340.15	0.57	73.13	11.94	4393
2003	2053.34	3902.58	346.29	0.57	81.11	12.00	4368
2004	2100.78	3949.60	359.23	0.55	84.03	12.06	4337
2005	2188.88	4025.72	392.09	0.55	83.18	12.12	4349
2006	2258.90	4127.22	423.56	0.53	81.32	12.18	4422
2007	2356.04	4262.54	465.49	0.55	84.23	12.24	4524
2008	2435.10	4412.56	491.03	0.55	86.67	12.30	4565
2009	2419.29	4493.81	434.26	0.57	89.13	12.36	4455
2010	2297.31	4548.66	414.35	0.55	78.04	12.43	4509

（2）瑞典经济增长模型：

$$Y = 0.06(HL)^{0.42}(SD/L)^{0.268} + 0.166K + 0.36SD/K + 9.5 \quad （附14\text{-}1）$$

附表14-2 瑞典劳动报酬模型

被解释变量：log V				
模型估计方法：最小二乘法				
样本范围（调整后）：1981～2010				
观察值的个数：30（调整端点后）				
11次迭代后实现收敛				
解释变量	系数	标准误	t 统计量	概率
C	−1.217 58	0.945 719	−1.287 46	0.209 3
log HL	0.421 269	0.119 7	3.519 383	0.001 6
log SD/L	0.268 53	0.033 835	7.936 48	0
AR（1）	0.662 105	0.122 427	5.408 159	0
样本决定系数	0.983 614	因变量的均值		2.988 117
调整后的样本决定系数	0.981 724	因变量的标准差		0.081 915
回归标准差	0.011 074	赤池信息量（AIC）		−6.044 85
残差平方和	0.003 189	施瓦茨信息量（SC）		−5.858 02
对数似然比	94.672 68	f 检验统计量		520.252 3
DW 统计量	2.124 479	模型显著性的概率值		0
特征根	0.66			

附表 14-3　瑞典投资价值模型

被解释变量：M
模型估计方法：最小二乘法
样本范围：1980~2010
观察值的个数：31

解释变量	系数	标准误	t 统计量	概率
C	9.506 712	47.267 36	0.201 126	0.842 1
K	0.165 689	0.022 861	7.247 698	0
SD/K	0.359 27	0.067 124	5.352 349	0
样本决定系数	0.974 71	因变量的均值		766.067 7
调整后的样本决定系数	0.972 903	因变量的标准差		184.430 7
回归标准差	30.359 32	赤池信息量（AIC）		9.755 85
残差平方和	25 807.27	施瓦茨信息量（SC）		9.894 623
对数似然比	−148.216	f 检验统计量		539.571 3
DW 统计量	1.032 2	模型显著性的概率值		0

附表 14-4　生产要素配置效率分析

年份	效率	固定资本的浪费率	劳动力的浪费率	人力资本的浪费率
1980	0.9596	0	0.3766	0.2147
1981	0.9316	0	0.3515	0.2017
1982	0.9203	0	0.3334	0.1926
1983	0.9156	0	0.3194	0.1862
1984	0.9323	0	0.3157	0.1861
1985	0.9258	0	0.3052	0.1825
1986	0.9249	0	0.2937	0.1773
1987	0.9285	0	0.2779	0.168
1988	0.9196	0	0.2662	0.163
1989	0.9117	0	0.2537	0.1571
1990	0.896	0	0.2379	0.1496
1991	0.8713	0	0.2096	0.132
1992	0.8551	0	0.1692	0.1029
1993	0.8306	0	0.1177	0.0571
1994	0.8566	0	0.1045	0.0488
1995	0.875	0	0.1054	0.0539
1996	0.8705	0	0.0846	0.0339
1997	0.8764	0	0.0627	0.0186
1998	0.8929	0	0.0599	0.0144
1999	0.9176	0	0.0609	0.0165
2000	0.9418	0	0.07	0.0289

续表

年份	效率	固定资本的浪费率	劳动力的浪费率	人力资本的浪费率
2001	0.9447	0	0.0801	0.0489
2002	0.9475	0	0.0898	0.0622
2003	0.9594	0	0.0754	0.0522
2004	0.963	0	0.0527	0.0342
2005	0.9787	0	0.0337	0.0196
2006	0.978	0	0.0199	0.0103
2007	0.9853	0	0.0091	0.0041
2008	1	0	0	0
2009	1	0	0	0
2010	0.9381	0.0072	0	0.0047

附录 15

芬兰经济增长数据和模型

（1）数据及其来源。

GDP、劳动力、劳动报酬、固定资本存量、固定资产投资来自于《芬兰统计年鉴》及格罗宁根增长与发展中心、世界银行、The Conference Board、联合国统计司等机构的数据库；就业者人均受教育年限来自于 Andrea Bassanini and Stefano Scarpetta 的 *Does Human Capital Matter for Growth in OECD Countries? Evidence from Pooled Mean-Group Estimates*、经济合作与发展组织（OECD）；研究开发经费指标来自于 OECD 等机构。

附表 15-1　芬兰经济增长数据（2005 年价格）

年份	GDP（亿欧元）	固定资本存量（亿欧元）	固定资产投资（亿欧元）	劳动报酬（亿欧元）	研究开发经费（亿欧元）	劳动力（千人）	就业者人均受教育年限（年）
1980	834		192	450		2355	9.6
1981	845	1827	197	465	9	2384	9.7
1982	871	1878	208	473	10	2411	9.7
1983	897	1935	215	484	10	2420	9.8
1984	925	1995	213	497	11	2435	9.9
1985	955	2048	221	525	12	2439	10
1986	981	2105	223	541	14	2431	10.1
1987	1015	2160	236	561	15	2445	10.1
1988	1068	2223	263	575	16	2469	10.2
1989	1122	2308	296	607	18	2493	10.3
1990	1128	2419	285	628	19	2481	10.4
1991	1060	2510	233	621	20	2341	10.5
1992	1023	2542	196	580	21	2176	10.6
1993	1015	2534	169	536	22	2046	10.7
1994	1052	2501	169	535	22	2017	10.8
1995	1094	2469	194	545	22	2053	10.9

续表

年份	GDP（亿欧元）	固定资本存量（亿欧元）	固定资产投资（亿欧元）	劳动报酬（亿欧元）	研究开发经费（亿欧元）	劳动力（千人）	就业者人均受教育年限（年）
1996	1133	2466	212	568	24	2082	11
1997	1203	2481	234	585	25	2153	11.1
1998	1263	2516	260	609	29	2193	11.2
1999	1313	2575	269	642	33	2247	11.3
2000	1383	2638	286	663	36	2293	11.4
2001	1414	2712	294	694	42	2324	11.5
2002	1440	2789	283	705	47	2346	11.7
2003	1469	2849	291	728	48	2348	11.9
2004	1530	2912	305	758	50	2357	12.1
2005	1574	2985	316	780	51	2389	12.3
2006	1644	3062	322	815	53	2433	12.5
2007	1731	3140	357	858	55	2486	12.7
2008	1737	3245	354	861	57	2550	12.9
2009	1588	3340	308	787	60	2484	13.1
2010	1641	3380	313	813	64	2482	13.3

（2）芬兰经济增长模型：

$$Y = 1.235(HL)^{0.338}(SD/L)^{0.17} + 0.154K + 5SHD/K^2 + 35.7 \quad （附15-1）$$

附表 15-2　芬兰劳动报酬模型

被解释变量：$\log V$			
模型估计方法：最小二乘法			
样本范围（调整后）：1982～2010			
观察值的个数：29（调整端点后）			
9次迭代后实现收敛			
解释变量	系数	标准误	t统计量	概率
C	0.091 607	0.689 107	0.132 936	0.895 3
$\log HL$	0.338 039	0.090 078	3.752 74	0.000 9
$\log SD/L$	0.169 789	0.030 751	5.521 398	0
AR（1）	0.744 177	0.147 917	5.031 032	0
样本决定系数	0.988 604	因变量的均值		2.799 806
调整后的样本决定系数	0.987 237	因变量的标准差		0.077 208
回归标准差	0.008 723	赤池信息量（AIC）		-6.518 38
残差平方和	0.001 902	施瓦茨信息量（SC）		-6.329 79
对数似然比	98.516 49	f检验统计量		722.941 3
DW统计量	1.501 231	模型显著性的概率值		0
特征根	0.74			

附表 15-3　芬兰投资价值模型

被解释变量：M				
模型估计方法：最小二乘法				
样本范围（调整后）：1982～2010				
观察值的个数：29（调整端点后）				
7 次迭代后实现收敛				

解释变量	系数	标准误	t 统计量	概率
C	35.692 38	110.985 2	0.321 596	0.750 4
K	0.154 275	0.053 257	2.896 794	0.007 7
SHD/K^2	5.000 958	1.327 116	3.768 291	0.000 9
AR（1）	0.630 374	0.213 769	2.948 852	0.006 8
样本决定系数	0.976 73	因变量的均值		594.579 3
调整后的样本决定系数	0.973 937	因变量的标准差		160.380 2
回归标准差	25.891 61	赤池信息量（AIC）		9.473 157
残差平方和	16759.39	施瓦茨信息量（SC）		9.661 75
对数似然比	−133.361	f 检验统计量		349.779 5
DW 统计量	1.551 518	模型显著性的概率值		0
特征根	0.63			

附表 15-4　生产要素配置效率分析

年份	效率	固定资本的浪费率	劳动力的浪费率	人力资本的浪费率
1981	0.84	0.00	0.33	0.17
1982	0.84	0.00	0.32	0.16
1983	0.84	0.00	0.31	0.15
1984	0.84	0.00	0.30	0.14
1985	0.85	0.00	0.28	0.13
1986	0.84	0.00	0.27	0.12
1987	0.85	0.00	0.26	0.10
1988	0.87	0.00	0.25	0.10
1989	0.88	0.00	0.24	0.08
1990	0.85	0.00	0.19	0.05
1991	0.79	0.02	0.14	0.00
1992	0.81	0.08	0.13	0.00
1993	0.85	0.12	0.13	0.00
1994	0.88	0.12	0.13	0.00
1995	0.89	0.09	0.13	0.00
1996	0.90	0.07	0.12	0.00
1997	0.92	0.04	0.12	0.00
1998	0.94	0.03	0.11	0.00

续表

年份	效率	固定资本的浪费率	劳动力的浪费率	人力资本的浪费率
1999	0.94	0.02	0.10	0.00
2000	0.96	0.01	0.10	0.00
2001	0.96	0.02	0.09	0.00
2002	0.96	0.02	0.08	0.00
2003	0.96	0.02	0.06	0.00
2004	0.98	0.03	0.05	0.00
2005	0.98	0.02	0.03	0.00
2006	0.99	0.01	0.02	0.00
2007	1.00	0.00	0.00	0.00
2008	0.98	0.01	0.00	0.02
2009	0.92	0.06	0.00	0.03
2010	0.95	0.07	0.00	0.04

附表 15
广东省水稻文献向心度

年份	文献	内部向心度	实际内部密度	人均内部密度
1999	0.99	0.03	0.10	0.00
2000	0.98	0.01	0.10	0.00
2001	0.90	0.02	0.09	0.00
2002	0.96	0.02	0.08	0.00
2003	0.96	0.02	0.06	0.00
2004	0.98	0.04	0.05	0.00
2005	0.96	0.02	0.03	0.00
2006	0.99	0.01	0.02	0.00
2007	1.00	0.00	0.00	0.00
2008	0.98	0.01	0.00	0.02
2009	0.92	0.06	0.00	0.03
2010	0.95	0.07	0.06	0.09